書山有路勤為徑
學海無涯苦作舟

書山有路勤為徑
學海無涯苦作舟

Thick Face, Black Heart

厚黑學大全 伍

厚黑妙法心戰篇

「厚黑」這個名詞古代沒有，但這種道理古今中外人人都見得到，有看見全體的，有看見一部分的，有看得清清楚楚的，有看得依稀恍惚的。因為所見到的形式千差萬別，所以擬定的名詞也就千差萬別。

老子見到了，給它起名叫「道德」；孔子見到了，給它起名叫「仁義」；孫子見到了，給它起名叫「廟算」，韓非子見到了，給它起名叫「法術」；達爾文見到了，給它起名叫「競爭」；俾斯麥見到了，給它起名叫「鐵血」；他的信徒威廉見到了，起名叫「生存」。

李宗吾◎著

前言

俗話說：「世事洞明皆學問，人情練達亦文章」。人生在世，每時每刻都不離開與人打交道，待人處世與每個人的關係，猶如魚和水一樣，須臾不可分離。然而，世事紛繁，我們怎樣才能在越來越複雜的社會中站穩腳跟、呼風喚雨、左右逢源、一帆風順地使自己的人生更為完美呢？

世事如井水，如何探得其中深淺，最終達到如魚得水的境地，確實需要下一番功夫。而如果你知曉一些厚黑智慧，掌握厚黑處世的一些基本法則，在社會生活和待人處世中你才能圓潤通達、左右逢源，戰無不勝，得心應手。

「厚黑」這個名詞古代沒有，但這種道理古今中外人人都見得到，有看見全體的，有看見一部分的，有看得清清楚楚的，有看得依稀恍惚的。因為所見到的形式千差萬別，所以擬定的名詞也就千差萬別。老子見到了，給它起名叫「道德」；孔子見到了，給它起名叫「仁義」；孫子見到了，給它起名叫「廟算」；韓非子見到了，給它起名叫「法術」；達爾文見到了，給它起名叫「競爭」；俾斯麥見到了，給它起名叫「鐵血」；他的信徒威廉見到了，起名叫「生存」。

長期以來，談起厚黑學，人們一直存在一個誤區，認為厚黑學中的理論只是教人如何做到臉厚心黑，是惡的源頭。一切事物都具有其兩面性，譬如刀刃，它既可以用來切割物品，助人一臂之力，同時也可以用來傷害人，殘害生命。然而，厚黑學並非是教人作惡的洪水猛獸，而是教我們如何在當今複雜的社會中安身立命，為人處事的法寶。它是一種謀心之學，關鍵在於人們如何去運用它。厚黑學的運用完全在於人內心的需求，即人們運用它來達到什麼樣的目的。如果我們把它用在好的一方面，我們在處理職場、愛情、人際關係等方面的問題就處理的更加理智、更為科學。

厚黑學並不神秘，人的日常交往中皆可體現厚黑學的運用價值，厚黑學的運用會讓人在處世為人中左右逢源遊刃有餘。

所謂「厚」，並非只是臉厚，而是隱忍、寬厚與醇厚，它要求我們為人處事要有「厚」的誠心，用誠意和寬容之心去對待人，你才能遊刃有餘，應對自如，否則你就很難與他人友好相處，更不可能廣結人脈，為己所用。由此可見，為人處世確實要有「厚」的功夫。如果你為人內向靦腆，不能忍受那些在處世交往中的屈辱，過於顧及自己的虛榮之心，你就不能夠與朋友和敵人相處，更不可能抓住適當的機會來顯示自己。既使你本身的才智再出眾，也會淹沒在芸芸眾生之中，那是非常可惜的。

所謂「黑」，並非讓你不擇手段、放棄道德，去做只對自己名利有益的事情，也不是強調用陰謀詭計去陷害和算計別人，而更多地包含了處事為人的種種計謀和智慧，也包含了保護自己、認清他人的深刻內涵。社會複雜，人心叵測，常言道「防人之心不可無」，運用「黑」的智慧，可以防禦別人的圈套陷阱，達到保護自己的目的。

所以，我們要對厚黑學中所謂的「厚」與「黑」要有正確的認識和理解：「厚」是一種交往態度，而「黑」則是一種處事態度。

當今社會，既是競爭的社會，更是鬥智的社會。誰要想充分實現自我的價值與品質，誰就要擁有較別人更多的智慧與韜略。你是願意做一個智力上的弱者，還是努力在智力較量中斬將奪關，決勝千里呢？相信每一個渴望取勝的人都能從《厚黑學智慧大全集》一書中找到自己的答案。本書把厚黑學的智慧全面地滲入社會生活的方方面面：教你如何使用計謀；教你做人做事的智慧；教你如何走上成功之道……願讀者諸君能夠有所悟，有所得，並對您在社會上輕鬆自如地行走有所裨益。

第一篇 厚黑妙法

第一章 空求：一心一意，堅忍不拔

厚黑妙法一：凍死不下驢

厚黑真經

求人辦事，別人自然要「拿捏」你一把，因為你有求於他，你們之間在地位上是不可能平等的。那麼，求人這種態勢上不平衡的「人際交往」是不是就不可能成功了呢？厚黑學的精妙之處就是在不可能之處，行可能之事。當然，首先必須承認求人辦事是一種非常被動的事情，你所做的就是如何變被動為主動。厚黑學認為，必須採取非常措施，其中，以極大的忍耐之心，「撞了南牆也不回頭」就是一條妙計。「忍」是這一策略的要訣。

厚黑妙用

戰國時，魏國的國君打算發兵征伐中山國。有人向他推薦一位叫樂羊的人，說他文武雙全，一定能攻下中山國。可是有人又說樂羊的兒子樂舒如今正在中山國做大官，怕是投鼠忌器，樂羊不肯下手。

後來，魏文侯瞭解到樂羊曾經拒絕了兒子奉中山國君之命發出的邀請，還勸兒子不要跟荒淫無道的中山國君跑了，文侯這才決定重用樂羊，派他帶兵去征伐中山國。

樂羊帶兵一直攻到中山國的都城，然後就按兵不動，只圍不攻。幾個月過去了，樂羊還是沒有攻打，魏國的大臣們都議論紛紛，可是魏文侯不聽他們的，只是不斷地派人去慰勞樂羊。

可是樂羊照舊按兵不動，他的手下西門豹忍不住詢問樂羊為什麼還不動手，樂羊說：「我之所以只圍不打，還寬限他們投降的日期，就是為了讓中山國的百姓們看出誰是誰非，這樣我們才能真正收服民心，我才不是為了區區樂舒一個人呢！」

又過了一個月，樂羊發動攻勢，終於攻下了中山國的都城。樂羊留下西門豹，自己帶兵回到魏國。

魏文侯親自為樂羊接風洗塵，宴會完了之後，魏文侯送給樂羊一只箱子，讓他拿回家再打開。

樂羊回家後打開箱子一看，原來裡面全是自己攻打中山國時，大臣們誹謗自己的奏章。

假如當初魏文侯聽信了別人的話，而沉不住氣，中途對樂羊採取行動，那麼將是另一番結果。

同樣的，求人辦事也就像打一場戰爭。在這場戰爭中，你會遇到各種各樣的突發、棘手的問題，只有那些心理素質好的人才有能力打贏這場戰爭。相反，急功近利的小人往往欲速則不達。

有些人在求人辦事時，心急火燎，巴不得對方馬上著手就辦。如果對方一兩大沒什麼動靜，便有些沉不住氣了，一催再催，搞得對方很不耐煩。這不是求人的正確態度。也許，對方有自己的難處，不得不慢慢作打算；也許，他真的無能為力。不過，無論對方處於什麼境況，我們必須要有不急不躁的耐心。請記住：一旦求了人家，就要充分相信對方，

另外，還應注意：求人辦事不同於求己，人家前因後果、各個方面總是要考慮考慮的，有時候還要故意地做些姿態，讓你看看。這時候，你只能平心靜氣地等待。你不能老去打聽催問結果，這樣，不僅會讓對方感到厭煩，而且覺得是你不信任他們，明明有心想要幫忙的事情，經你這麼一攪和，希望倒沒有了，這叫得不償失。所以，求人辦事不能急於求成，這樣才能讓事情朝好的方向發展。在求人辦事中，如果遇到了冷遇也不能灰心，要研究對策，針對問題具體分析。

瞭解受到冷遇的具體情況再做不同的反應，是十分必要的。若按遭冷遇的成因而分，不

外乎三種情況：

第一種是由於自我估計錯誤造成的冷遇。無論是對自己估計過高還是過低，都容易給對方形成錯覺，認為你不誠實，從而導致冷遇。在這種情況下，首先應對自己重新分析、判斷，擺正自己的位置，及時糾正對方的看法，這樣冷遇就會緩解。

第二種是由於對方考慮欠佳，不經意造成的冷遇。如果受到這種冷遇，你不應過分計較，因為每個人平時都生活在多重人際關係中，你無權要求別人隨時顧及到你的存在。畢竟人們難以面面俱到，遭受這種冷遇是難免的，你應充分理解對方，千萬不要因此弄僵與對方的關係。

第三種是對方故意給你冷遇和難堪。對於這種情況，你應努力克制憤怒，使自己看上去滿不在乎，不論對方如何冷落你，你仍然熱情地與之交往，使對方受到感動，從而慢慢對你改變態度。

在求人辦事，遭受冷遇的時候，千萬不能灰心氣餒，而是要區別情況，弄清原委，再決定對策。下面就是針對三種不同原因所造成的冷遇而做出的不同策略，希望會對那些求人辦事遭冷遇的人有所幫助。

一・由於自我估計錯誤造成的冷遇

就像上面所說的那個年輕人一樣，其實，這種冷遇是對彼此關係估計過高，期望太大而形成的。這種冷遇是「假」冷遇，非「真」冷遇。如遇到這種情況，應檢點自己，重新審視自己的期望值，使之適應彼此關係的客觀水準。這樣就會使自己的心理恢復平靜，心安理得，除去不必要的煩惱。

二·由於對方考慮欠佳所造成的無意性冷遇

對於無意性冷遇，則應採取理解和寬容的態度。在交際場上，有時人多，主人難免照應不周，特別是各類、各層次人員同席時出現顧此失彼的情形是很常見的。這時，照顧不到的人就會產生被冷落的感覺。

當你遇到這種情況，千萬不要責怪對方，更不應拂袖而去。相反，應設身處地為對方想一想，給予充分的理解和體諒。

比如，有位司機開車送人去作客，主人熱情地把坐車的迎進去，卻把司機忘了。開始司機有些生氣，繼而一想，在這樣鬧哄哄的場合下，主人疏忽是難免的，並不是有意看低自己，冷落自己。這樣一想，氣也就消了。他悄悄地把車開到街上吃了飯。

等主人突然想起司機時，他已經吃了飯又把車停在門外了。主人感到過意不去，一再檢討。見狀，司機還說自己不習慣大場合，且胃口不好，不能喝酒。這種大度和為主人著想的精神使主人很感動。事後，主人又專程請司機來家作客。從此，兩人關係不但沒受影響，反而更密切了。

三．對方故意給你冷遇

遇到故意的冷遇時也要具體分析，必要時可採取針鋒相對的手段，給予適當的回擊。

有這樣一個例子：一天，納斯列金穿著舊衣服去參加宴會。他走進門時，沒有人理睬他，更沒人給他安排座位。於是，他回到家裡，把最好的衣服穿起來，又來到宴會上。主人馬上走過來迎接他，安排了一個好位子為他擺了最好的菜。

納斯列金把他的外套脫下來，放在餐桌上說：「外衣，吃吧！」

主人感到奇怪，問：「你幹什麼？」

他答道：「我在招待我的外衣吃東西。你們的這酒和菜，不是給衣服吃的嗎？」

主人的臉刷地紅了。他巧妙地把窘迫還給了冷落他的主人。

總之，在辦事過程中遇到冷遇時，不可主觀臆斷，而應針對問題具體分析，否則只會造成不必要的損失。

厚黑妙法二：火到豬頭爛

厚黑真經

俗話說：「好事多磨，水滴石穿。」求人辦事很多時候就是靠「磨」出來的，纏著對方不放是一種特殊的求人術，它以消極的形式爭取積極的效果，既表現出毅力，又給對方增加壓力。

厚黑妙用

有一位先生是一家汽車輪胎公司的經理，有一次他在酒吧飲酒，無意中碰撞了一位喝得酩酊大醉的年輕人，因而惹起這位醉漢的借酒撒瘋，對他大打出手。

事後，這位先生從店主那裡瞭解到，那位年輕人發明了一種能增加輪胎強度的方法，而且申請到了專利。但他找了好幾家生產汽車輪胎的廠商，要求他們購買他的專利，都碰了壁，而且被他們視為異想天開。所以，他感到懷才不遇，整日憂鬱不樂，來這裡借酒澆愁。

當這位先生得知這些情況後，不但不介意這位年輕人對他的不恭，並且決定聘請他來自己公司做事。

一天早晨，他在工廠的門口等到了這位年輕人，但年輕人卻心灰意冷，不願向任何人談起他的發明。他沒有理睬這位先生，逕自進工廠幹活去了。但是，這位先生一直等在工廠的大門口。

傍晚，工人下班了，卻不見那位年輕人的蹤影。有人告訴這位先生，那個年輕人做的是計件工作，上下班沒有固定的時間。

天氣很冷，風也很大，但這位先生一直沒有離去。就這樣，他從早上八點一直等到下午六點。那位年輕人走出廠門，他一見這位先生的面，便爽快地答應了與他合作的要求。

原來吃午飯時，那位年輕人出來看到這位先生等在門口，便轉身回去了。但後來，他知道這位先生一天不吃不喝，在寒風中等了近十個小時之久，不禁動心了。

當然，這位先生正是求得了這位青年才俊後，才推出了新的汽車輪胎產品，並很快打進了競爭激烈的市場。

這位先生以他的忍耐之心表達了他求才的殷切之情，並獲得了那位年輕人的同情，從而使他答應了自己的請求。

每一個人都有這樣的經歷，那就是當人們不耐煩時，往往變得粗魯無禮，固執己見，使人感覺難以相處。這種行為是有害無益的，尤其在求人辦事的過程中，俗話說：「心急吃不了熱豆腐。」當一個人失去耐心時，同時也就失去了明智的頭腦去分析事物。

怎樣使自己變得有耐心，在緊張的情況下也能心平氣和，對情緒有所控制呢？你應當給自己來一些心理暗示。

比如說，如果你覺得自己異常急躁，就不妨對自己說「沒什麼可急躁的，平靜下來」。同時去想一些非常平靜的畫面或事物，將思緒帶離現在的處境，你就會非常有耐心，保持平靜，成功的把握也就多了幾分。

要記住，急躁使人偏離正確的判斷，容易給人造成不易接近的印象，當你喪失耐心時，同時也喪失了別人對你的支持。不要總是暴躁易怒。暴躁易怒的人，朋友會越來越少。

保持平靜的心態還有另一個訣竅，那就是充滿幽默感。善於將尷尬轉化為幽默的人不但聰明，而且討人喜愛。

有耐心的人向人顯示的不僅是平靜，而且還是一種修養。

當你求人辦事時，表現出足夠的耐心與人家「磨」，這不是要無賴，而是一種靜靜的、禮貌的等待。不要讓對方感到你是故意找麻煩，故意影響他的工作和休息。要盡量通情達理，盡量減少對對方的干擾，這樣，才能磨成功。磨可以不露鋒芒，不提要辦的事，只是不間斷地接近對方，使雙方關係漸近，讓對方更多地瞭解你、同情你，從而產生幫助你的願望。也就是說，你想辦法與對方接近或與對方家人接近，並透過各種辦法與他們處好關係，從感情上貼近。這種感情上的磨，對方是難以拒絕的。

而且有很多領導者就喜歡讓人磨，不願輕易同意任何事情。你很有耐心地去磨他，反而會使他從精神上得到一種滿足，即權力欲得到滿足。在這種情況下必須去磨，如果怕苦怕麻煩，存有虛榮心反而會被對方見笑，他會說：「本來他再來一次我就同意了，可是他沒來。」

所以，要想將事辦成，你就要鍛鍊自己具有超強的耐心。「人心都是肉長的。」不管朋友之間認識距離有多大，只要你善於用行動證明你的誠意，就會促使對方去思索，進而理解你的苦心，從固執的框架裡跳出來，那時你就將「磨」出希望了。

日本「推銷之神」——原一平，小時候是全村裡的「混世魔王」，人見人怕。由於自己聲名狼藉，23歲那年他便隻身一人來到東京開始創業。到了35歲的時候，他已經成為日本保險界赫赫有名的人物，闊別家鄉十幾年的他，終於高高興興地回去探親。

原一平這次回家有兩個目的，一是想讓家鄉人都知道當年的「混世魔王」已經改好了；二是想在自己的家鄉開展保險工作。所以回到家鄉不久，便大力宣揚保險知識。遺憾的是村民根本不相信當年的「混世魔王」，怕吃虧，誰也不願參加。原一平明白要想在村裡開展保險工作，最重要的是先求助於村長的幫忙才能順利進行。

現在的村長是當年和原一平一起玩的朋友，而且當時的原一平經常欺負他，如今要想取得村長的幫忙，肯定很不容易。不過，原一平沒有放棄，找了時間提了點禮物來到村長家，村長一看是當年的「混世魔王」回來了，不禁想起了他以前在村裡做的壞事，下意識地吃了一驚。

當原一平提及讓村長幫忙動員村民一起學習、參加保險的時候，村長一口回絕了。

第二天，原一平提著禮物又來了，村長好像有點不好意思，但是依然拒絕。

第三天，原一平又來了。不過這次村長的家人告訴他說，村長到幾十里外的鄰縣親戚家幫助蓋房。原一平得知這個消息後，明白村長是故意不肯見他。於是原一平騎車按照村長家人說的地點追了去，車子一放，袖子一挽就幹活，幹完活還和村長「磨」。

為了找一個長談的時機，原一平乾脆天不亮就起床，冒雨趕到村裡，在村長家門外一站就是兩個鐘頭，村長起床開門愣住了，見原一平淋得像落湯雞，只好答應了他的請求。

村長這個堡壘一攻破，這個村參加保險工作的局面就打開了。

但是，這種纏著對方不放的求人術並不是人人都能做得很好的，只有控制好自己，才能充分發揮其作用，為此你必須掌握以下幾點：

第一，要有足夠的耐心

當求人過程中出現僵局時，人的直接反應通常是煩躁、失意、惱火甚至發怒。然而，這無助於事情解決。你應理智地控制自己，採取忍耐態度。這時，忍耐所表現的是對對方處境的理解，是對轉機到來的期待，有了這種心境，你就能在精神上使自己處於強有力的地位。

能夠方寸不亂，運用自己全部的聰明才智，想方設法去突破僵局。

第二，要能抓住時機辦事

「磨」不是消極地耗時間，也不是硬和人家耍無賴，而是要善於採取積極的行動影響對方、感化對方，促進事態向好的方向轉化。只要你善於用行動證明你的誠意，就會促使對方去思索，進而理解你的苦心，從固執的框架裡跳出來，那時你就將「磨」出希望了。磨功，也是一種韌勁，一種謀略。在求人辦事中，誰磨的功夫高，誰就是勝者。

很多時候人們認為纏著對方不放求人是一件很為難的事情。但事情不辦是不行的，對方有意推託、拒絕，那我們只能靠纏著對方來達到目的了。所以臉皮厚、有耐心也是求人的基本工夫。

厚黑妙法三：媳婦熬成婆

厚黑真經

運用「媳婦熬成婆」的辦法，關鍵在於「熬」。但這個「熬」並不是消極的等待，而是等待機會，積極進取。如果是消極等待，聽天由命，那就不是厚黑之術了。眾所周知，無論求財、求官，所求的一定是「稀缺資源」，隨便就能得到的東西，就談不上「求」了。比如說正教授職稱，有一定的限額，只有空缺時才可以遞補上去。而一旦出現空額，想補上去的人很多，此時就要分析對手的情況，採取相應的措施，找關係，積極爭取，如若沒有機會，也不要著急，就耐心等。這才是「熬」的真諦。

厚黑妙用

王老師的弟弟想進學校任職，可是職缺有限，除非校長批准才能得到特殊照顧。像他這種情況很多，校長也不敢給他開先例，於是就一拖再拖。

眼看著快開學了，王老師坐不住了，他來到了校長家。

當他聽校長老婆說校長不在家後，嘿嘿一笑：「我就坐在門口等他。」說完，真的一屁股坐在樓道臺階上。

校長老婆並沒有當回事，關上門，做自己的事。等到電視臺傳出「時間已晚，請注意音量」時，校長老婆察覺門外有動靜，打開門一看，見王老師還坐在臺階上。

「你怎麼還不回家？」校長老婆忍不住問。

「等校長呀，我想，校長再忙，總要回家睡覺的吧。」王老師平靜地說。

「不過，有時也可能不回來。」校長老婆又說。

「那沒關係，反正今天我見不到校長，我老婆也不會讓我回家睡覺的。」王老師無奈地說。

校長老婆意識到事情的嚴重性，關上門，向校長說明情況。

顯然，若是讓他在門外坐一夜，那麼，給鄰居看見，影響自然不好，傳出去也有損校長的形象。若是讓他進來，也不妥，且不說已經騙人家校長不在家，讓人家坐在門口等了幾個小時，現在忽然從天而降般地坐在家中，豈不是拿人家開心嗎？

終於，校長靈機一動，想出一個辦法，從陽臺翻下。校長家在一樓，還算幸運，跌了一跤，已到院中。校長拍拍身上的土，撿起老婆扔下來的公事包，用胳膊一夾，然後彷彿剛下班地來到自家門口。見王老師坐在臺階上，就故作驚訝：「咦，你在這裡幹什麼？」

王老師見到他，涕淚橫流：「校長，我可等到你了……」

如此這般，其後來的結果就可想而知了。

俗話說：「精誠所至，金石為開。」堅持是辦事成功的要素之一。當前進受阻出現僵局時，人們的直接反應通常是煩躁，惱火甚至發怒，這根本無助於事情的解決。在日常生活和工作中，個人與事業同樣都不可避免地會遇到各種各樣的挫折，我們去求人時，也會遇到許多障礙。但如果我們對於要實現的目標有堅定的信仰和不斷向前的決心，我們便能戰勝逆境。要是能夠樹立起一種「持之以恆」的個人哲學觀，那麼，我們便會把挫折僅僅看成是我們要越過的障礙，看成是對我們智慧的挑戰。相反，如果缺乏這種堅強的力量，挫折就會變成摧毀自我信念的工具，變成我們前行道路上不可逾越的難關。

一八三二年，美國有一個人和大家一樣因大環境不景氣失業了。他很傷心，但他下決心改行從政，當個政治家，當個州議員。糟糕的是，他競選失敗了。一年遭受兩次打擊，這對他來說痛苦是接踵而至了。

但是他並沒有灰心，接下來他著手開辦自己的企業，可是，不到一年，這家企業又倒閉了。此後十七年的時間裡，他不得不為償還債務而到處奔波，歷盡磨難。

他再次參加競選州議員，這一次他當選了，他內心升起一絲希望，認定生活有了轉機：「我可能可以成功了！」

第二年，即一八五一年，他與一位美麗的女孩訂婚。沒料到，離結婚日期還有幾個月的時候，未婚妻卻不幸去世。這對他的精神打擊太大了，他心力交瘁，數月臥床不起，因此患上了精神衰弱症。

一八五二年，他覺得身體康復過來，於是決定競選美國國會議員，可是仍然失敗了。

一次次嘗試，一次次失敗，你在碰到這種情況時會不會萬念俱灰放棄新的嘗試？

但他沒有放棄，一八五六年，他再度競選國會議員，他認為自己的表現是出色的，相信選民會繼續支持他。可是，機遇好像總是想捉弄他，他再次落選了。

之後，為了賺回競選中花費的一大筆錢，他向州政府申請擔任該州的土地官員。州政府退回了他的申請書，上面的批文是：「本州的土地官員要求具備卓越的才能、超常的智慧，你的申請未能滿足這些要求。」

在他一生經歷的十一次較大事件當中，只成功了兩次，然後又是一連串的碰壁。可是他始終沒有停止自己的追求，他一直在做自己生活的主宰。一八六〇年，他最終當選為美國總統。他，就是後來在美國歷史上創建豐功偉績的亞伯拉罕·林肯。

很顯然，林肯的成功是與他的堅持不懈分不開的，於是在美國白宮的總統辦公室裡，他的肖像被懸掛在顯眼的位置上，羅斯福總統曾告訴別人說：「每當我碰到猶疑不決的事，便看看林肯的肖像，想像他處在這個情況下應該怎麼辦，也許你會覺得好笑，但這是使我解決一切困難最有效的辦法。」

林肯在屢遭失敗後，如果他放棄了嘗試，美國歷史就要重新改寫了。然而，面對艱難、不幸和挫折，他沒有動搖，沒有沮喪，他堅持著，奮鬥著。他根本沒有想過放棄努力。他不願在失敗之後放棄。正是這樣促成了他最後的成功。

你為什麼不去試用一下羅斯福的辦法呢？如果你在辦事的時候碰到了困難，請不要氣餒，你可以想一下，當年的林肯，要比你困難得多！林肯競選參議員失敗後，他告訴他的同伴說：「即使失敗十次，甚或一百次，我也絕不灰心放棄！」

著名心理學家詹姆士有一段名言，希望你每天清晨都誦讀一遍——「年輕人不必煩惱自己所受的教育會落空，不論你做什麼事業，只要你忠於工作，每天都忙到累了為止，總有一天清晨醒來，你會發現自己是全世界能力最強的人。」

在求人辦事的過程中，如果有永不言敗的勇氣，那麼一切困難都會迎刃而解。

厚黑妙法四：軟繩牽牛鼻

厚黑真經

「忍」、「磨」、「熬」的要訣如運用得當，固然在求人中能化腐朽為神奇，但畢竟此三種辦法有些被動。如果能在運用過程中，巧施謀略，緊抓轠繩，牽牛鼻子，就更能充分地發揮出厚黑求人的威力。正如《厚黑學》所說：「生存之法，以厚行事，只能屈居人下，不能揚眉吐氣，以黑行事，置人於死地，固然痛快，但不能忍受羞辱，動輒此處不養爺，自有養爺處，其勢必不能長久。」因此，厚黑之道，一厚一黑相輔相成，對立統一，缺一不可。各種厚黑求人之術應盡量綜合使用。「牽」就是「軟繩牽牛鼻」這一策略的要訣。

厚黑妙用

在美國，關於第六任總統亞當斯的故事很多，他的一個特點是不願輕易表露自己的觀點。這使報社的很多記者們經常失望而去。有個叫安妮．羅亞爾的女記者是他的一個朋友，兩人私交不錯，她也一直很想瞭解總統關於銀行問題的看法，但，即使屢次採訪也同樣沒有結果。

後來她瞭解到總統有個習慣，喜歡在黎明前一兩個小時起床、散步、騎馬或去河邊裸泳。於是她心生一計。

一天，她尾隨總統來到河邊，先藏在樹後，待亞當斯下水以後便坐在他的衣服上喊道：「游過來，總統。」

亞當斯滿臉通紅，吃驚地問道：「安妮，你要幹什麼？」

「我是一名記者，也是你的朋友，」她回答道，「幾個月來我一直想見到你，就國家銀行的問題採訪一下。我多次到白宮，他們不讓我進去，於是我觀察你的行蹤，今天早上悄悄尾隨你從白宮來到這裡。現在我正坐在你的衣服上。如果你認為我們還是朋友的話，就回答問題。你不讓我採訪就別想拿到它。是回答我的問題？還是在水裡待一輩子，隨便。」

亞當斯本想騙走她，「讓我上岸穿好衣服，我保證讓你採訪。請到樹叢後面去，等我穿衣服。」

「不，絕對不行，」安妮急促地說，「你若上岸來換衣服，我就要喊了，那邊有三個打魚的。」

最後，亞當斯無可奈何地待在水裡回答了她的問題。

在求人的時候有時是應該要點小計謀的。這種逼對方就範之計，自有其高明之處。對方一般不是那麼容易上當，所以，你應該先給他安放好「梯子」，也就是故意給他方便。等其

「上樓」，也就是進入已布好的「口袋」之後即可拆掉「梯子」，這時候他就一定得聽你的安排了。

當年，裴文是大唐開元盛世時期東都洛陽的一位將軍，劍法超群。

他家親人亡故，為表達他對死者難以磨滅的敬意，他想請人在天宮寺繪製一幅壁畫，一來為親人超度亡靈，二來也暗合了自己的嗜好。於是遍訪各地，但一直未找到合適的畫師。一日，裴文來到天宮寺，巧遇畫家吳道子和書法家張旭。

他熱情迎上前去，主動報上姓名，盛情邀請二位藝術家到一家酒肆「便宴」。他們也不推辭，口呼「幸會」，腳已毫不猶豫地邁向酒肆。

席間，裴文虛心請教畫壇之事。吳道子像是遇到知己般大談畫壇境況。裴文直點頭，大叫深刻、精闢，很受啟發。

酒過三巡，裴文道出自己的心事，並分別給他們送上玉帛十匹、紋銀百兩，作為作畫、題字的酬禮。哪知二位藝術家笑意全消，立刻冷若冰霜，拂袖而去。

裴文見狀，心想大概是兩位藝術家嫌這報酬太低，有辱「大師」的名聲。

他立即帶著痛改前非的誠懇表情攔住二位，趕忙賠禮道歉：「二位先生莫嫌錢少，等畫作好之後，我再補齊。」

吳道子聽罷，怒從心起：「裴將軍不是太小看人了嗎？」說罷，氣呼呼地轉頭就要走。

裴文覺得十分難堪。他想，論社會地位，我不比你們低，我是將軍；論本事，也是各有所長，說不上誰高誰低。你畫畫得好，字寫得棒，我的劍術亦堪稱一流。今天我屈尊求畫，反在這公共場合受到冷落，好生尷尬。裴文不由怒氣上升，一時難以壓下。

裴文有個「毛病」，一怒就要舞劍，一邊口中念念有詞：「什麼大師！什麼書聖！畫聖！我看是欺世盜名，徒有其表！光會舞文弄墨，描些香草美人，於世道無補，甚至不能助我盡一份人子孝心……還不如咱手中這把劍，可以斬妖驅邪，換來人間太平。有能耐來呀，是騾子是馬牽出來遛遛！」

吳道子、張旭聽著，面面相覷，不禁汗顏，看罷舞劍，上前與裴文熱情地握手、擁抱。「剛才不是我們故意使你難堪，實在是我們太厭惡銅臭味。我們絕不為了錢而出賣藝術。」說罷，吳道子靈感大發，揮動大筆，在畫壁上舞墨作畫，一口氣繪成一幅巨型壁畫。這就是吳道子平生最得意的《除災滅患圖》。

裴文在怒氣中暗示了吳道子和張旭徒有其名，懷疑他們是否真稱得上是書聖、畫聖。吳道子和張旭聽完後當然感到自己的聲譽受損，因此就毫不猶豫地揮毫潑墨。

所以，在求人辦事時，如果直求、婉求都沒有效果時，不妨適時激對方出手，從而「牽」著他的「牛鼻」走。

厚黑妙法五：趕鴨子上架

厚黑真經

為了避免求人過程中運用「忍」、「磨」、「熬」時可能出現的「守株待兔」式的傻等，以及「牽」的過程的「久拖不決」、「勞而無功」，就要設法縮短求人辦事的進程。這時就可以採取「趕鴨子上架」的策略，「趕」得對方無處藏身，巴不得事情趕緊了斷，這時你求人的目的也就達到了。

厚黑妙用

求人辦事者，總是想儘快解決問題，可實際上，事事往往難以如願。顯然，被動等待是不行的，還須一次又一次地向對方催問，「趕鴨子上架」。

因此，要求你說話辦事要有良好的心理素質，要做到遇硬不怕，逢險不驚，要學會控制自己的感情，喜怒不形於色才行。

有這麼一個人，去找別人辦事，拿出菸來遞給對方，對方拒絕了，他便一下子失去了託他辦事的信心。這樣是不行的，這樣的心態什麼事也辦不成。俗話說，張口三分利，不給也夠本，見硬就退是求人辦事的大忌。有道是人在屋簷下，不得不低頭，想當乞丐又不想張口，有誰會願意主動地把好處讓給你？要是真有那樣的事倒要好好地研究一下他的動機了。所以我們說，要想求人應該有張厚臉皮。如上例所說，對方不要你的菸，可能是因為怕你找他去辦事，所以才拒絕的。但話說回來，你應該這樣想才對，對方不要你的菸，並不等於你不找他去辦事，儘管他用這種辦法使你求他的念頭降了溫，但俗話說，讓到是禮，你和他一直是處在同一個高度上講話。如果你決定求人，對方一時不能合作，你不妨一而再，再而三，反覆拜託，反覆渲染，反覆強調，那麼就一定會精誠所至，金石為開的。

宋朝趙普曾做過太祖、太宗兩朝皇帝的宰相，他是個性格堅韌的人。在輔佐朝政時自己認定的事情，就是與皇帝意見相悖，也敢於反覆地堅持。

有一次趙普向宋太祖推薦一位官吏，太祖沒有允諾。趙普沒有灰心，第二天上朝又向太祖提起這件事情，請太祖裁定，太祖還是沒有答應。

趙普仍不死心，第三天又提出來。

趙普三天接連三次反覆地提，同僚也都吃驚了，太祖這次動了氣，將奏摺當場撕碎扔在了地上。

但令人吃驚的是，趙普又默默無言地將那些撕碎的紙片一一拾起，回家後再仔細黏好。第四天上朝，話也不說，將黏好的奏摺舉過頭頂，立在太祖面前不動。

太祖為其所感動，長歎一聲，只好准奏。

趙普還有類似的故事。

某位官吏按政績已該晉職，身為宰相的趙普上奏提出，但因太祖平常就不喜歡這個人，所以對趙普的奏摺又不予理睬。

但趙普出於公心，不計皇上的好惡，前番那種韌性的表現又重複起來。太祖拗他不過，不得不勉強同意了。

太祖又問：「若我不同意，這次你會怎樣？」

趙普面不改色：「有過必罰，有功必賞，這是一條古訓，不能改變的原則，皇帝不該以自己的好惡而無視這個原則。」

這話顯然衝撞了宋太祖，太祖一怒之下拂袖而去。

趙普死跟在後面，到後宮皇帝入寢的門外站著，垂首低頭，良久不動。據說當時太祖很是感動。

平常說話辦事就是不管對方答不答應，採取不軟不硬的方法，反覆催問，不達目的誓不甘休。即不怕對方不高興，在保證對方不發怒的前提下，讓對方在無可奈何中答應你的要求。但使用這種方法要適度，也就是說這種方法不是讓你消極地耗時間，也不是硬和人家要無賴，而是要善於採取積極的行動影響對方，感化對方，使事態向好的方向轉化。

某工地急需一排鋼筋。採購員小王接到命令後到物資部門去領，但負責此事的馬處長推說工作忙，要等一個月才能進貨，小工非常著急，那邊工程馬上就要開工了，他怎麼能等一個月呢？後來他從倉庫保管員那裡瞭解到有現貨，馬處長之所以沒有讓他提貨，是因為他沒有「進貢」。得知這個消息，他簡直氣憤至極，真恨不得馬上找到那個厚臉皮的馬處長理論一番。

但他竭力控制自己的情緒，思考解決問題的辦法。自己手頭一無錢二無物，為那位馬處長「進貢」是不可能了。可是工期拖延不得，他急得像熱鍋上的螞蟻。最後他決心和那位處長大人軟纏硬磨。

從第二天起他天天到處長辦公室來，耐心地向處長懇求訴說。處長感到煩，根本就不理睬他。他就坐在一邊等，一有機會就張口，面帶微笑，心平氣和，不吵不鬧。處長急不得火不得，勸不走也趕不跑。小王一副「堅決要把牢底坐穿」的樣子，就這樣一直耗著。等到「泡」到第五天，處長就坐不住了，他長吁一聲：「唉，我算是服你了。就照顧你這一次，提前批給你吧」小王終於如願以償，高高興興地回去交差了。

上面的例子中，採購員小王透過反覆催問馬處長，直問得那位處長心煩意亂，招架不住，不得不讓他提貨。表面看來，小工是耗費了四、五天的時間，但與兩個月的等待時間相比，他還是爭取到了更多的時間。試想，對於馬處長這樣的人，如果小王與他坐下來理論一番，甚至一臉怒氣地去質問他，那麼事情肯定會變得更糟。小王知道工期不能耽擱，也知道馬處長「作賊心虛」，在這種情況下，反覆催問也許是最有效的辦法。

因此，求人辦事要掌握「趕鴨子上架」的方法，反覆催問，不給別人拖延之機，讓你的事情早日辦成。

厚黑妙法六：留得青山在

厚黑真經

俗話說：「留得青山在，不怕沒柴燒。」在辦事的過程中，難免會遇到一些棘手的，甚至解決不了的難事。這種時候最好不要死挺硬扛，而是要採取「先走為上」之策略。儘管厚黑學強調求人辦事要一心一意、堅忍不拔，但並不是說死抱住一些今日的蠅頭小利或一成不變的目標不放。這裡只是要求厚黑求人者必須有持之以恆的決心，並不是說在情形不利時，還要傻等蠻幹，這樣只能碰得頭破血流。

厚黑妙用

一九九〇年，安德斯．通斯特羅姆被瑞典乒乓球隊聘為主教練。由於通斯特羅姆平時對運動員指導有方，再加上其戰略戰術比較高明，所以瑞典乒乓球隊連年凱歌高奏。在一九九一年世乒賽上，他率領的瑞典男隊贏得了所有項目的冠軍。在一九九二年夏季奧運會上，他們又奪得男子單打金牌，這枚金牌也是瑞典在這屆奧運會上獲得的唯一一枚金牌。

然而，正當瑞典國民向通斯特羅姆投以更熱切期望的時候，他卻突然宣佈將於一九九三年五月世乒賽結束後辭職。通斯特羅姆的業績如此輝煌，瑞典乒乓球聯合會已向他表示：「非常希望」延長其雇用合約，那麼他為什麼要在春風得意時突然提出辭職呢？許多人對此感到迷惑。

後來，人們才知道，正是通斯特羅姆連年的成功促使他做出了辭職的決定，他透露說，自他擔任主教練以來，瑞典乒乓球隊取得一次又一次的勝利，但是「現在我已感到很難激發我自己和運動員去爭取新的引人注目的勝利。瑞典乒乓球隊需要更新，需要一個新人來領導。」

在這裡，主教練通斯特羅姆用的正是「走為上」的計策。所謂「走為上」是指辦事者在自己的力量不夠時，不要以卵擊石，自取失敗，應該採取「走」的策略，避開是非，爭取另開新路。在體育賽場上，沒有永遠不敗的常勝將軍。通斯特羅姆在感到很難再去「爭取新的引人注目的勝利」之際，果斷地退下來，無疑是明智之舉。這樣，既可以保持住自己的聲望，又可以使瑞典隊得以更新。

「忍字心頭一把刀」，不是臉皮極厚、意志極堅強者，很難把這個寫起來極簡單的字做到位。

從某種意義上說，忍耐是保全人生的一種謀略，因為小不忍則亂大謀，因為風物長宜放眼量。忍耐是一種彈性前進策略，就像戰爭中的防禦和後退有時恰恰是贏取勝利的一種必要準備。

事物總是在不斷地運動和變化，機會存在於忍耐之中，對於垂釣者來說，最好的進攻方式就是忍耐。大機會往往蘊藏在大忍耐之中，所謂天將降大任於斯人也，必先苦其心志，勞其筋骨，餓其體膚……就是這個道理。大丈夫志在四方，豈可為雞毛蒜皮的小事而亂了大謀！春秋末期最後一個霸主越王勾踐臥薪嚐膽的故事也正好詮釋了忍耐保全人生的要義。忍耐不是停止、不是逃避、不是無為，而是守弱、蓄積、迂迴前進。當命運陷入無可掌控之時，就要心平氣和地接納這種弱勢，堅強地忍耐弱者的地位，在守弱的基礎上累積實力，發憤圖強，使自己脫離弱者的不利地位，適時出擊，爭取贏得新的成功機會。

懂得忍耐有利於成就事業，意氣用事只會錯失良機。面對別人的侮辱和傷害，我們沒必要急急忙忙以一種對抗的方式來證明自己並非軟弱可欺，因為路遙知馬力，日久見真功，有效地忍耐，會使我們獲得更多的收益。

第二章 貢求：無孔不入，結網鑽營

厚黑妙法七：蜘蛛結大網

厚黑真經

一個人能否找對人辦對事，首先取決於你跟多少人建立了關係，和多少人發展關係，以及這種關係的密切程度。人是有感情的動物，對於有親近關係的人，由於心理上有一種認同傾向，或礙於情面，一般不會輕易拒絕對方，「蜘蛛結大網」這一求人策略，正是利用這種心理所提供的機會。

厚黑妙用

俗話說：「萬丈紅塵三杯酒，千秋大業一杯茶。」一個人的辦事能力跟這個人的人際關係有著直接關係。人們都知道「眾人拾柴火焰高」的道理，一個人是否有人脈，是否有寬廣的人際關係網，是衡量他能否找對人辦對事的標準。請記住：你的人脈有多大，你辦事的能力就會有多大，沒有人脈的人，是絕對成不了大事的！

很多人都讀過《西遊記》，想必對孫悟空的瞭解是最多的。孫悟空給人的第一印象就是本領很大，能力很強。他護送唐僧西天取經，一路上斬妖除魔，最後到達了西天，修成了正果。不可忽略的是，他還是一個會找人，且善於找人的典範。每當他遇到不能戰勝的妖怪時，他的第一反應就是去尋找具有高超法力的相關人士幫忙。孫悟空的關係網簡直就是天羅地網，上至天庭，下達地府，西有如來，東有龍王。所以不管多麼厲害的妖怪，他也有法子找到高人來對付。

不僅孫悟空如此，在日常生活中，對一般人而言也是這個道理。自己能解決的事自己動手就可以搞定，遇到無法達成的事就需要動腦子、想辦法，去尋找可以解決問題的高人。高人不會從天而降，而且也不會在你遇到麻煩的時候及時出現，這需要你平時與各種人建立良好的關係，時常保持聯絡，編織一個有效的人脈關係網，並且要經常維繫這個網絡，只有這樣，在關鍵時候才能找到合適的人替你辦事。

但遺憾的是，很多時候，當我們提起關係網，就讓人們覺得是帶有貶義色彩，這種看法是十分片面的。因為關係網本身沒有錯，它是中性的，關鍵看它是怎樣建立起來，是怎樣運用的。如果建立關係網，不違背一定的道德標準，運用關係網也沒有超出法律制度規定，那麼，這樣的關係網何罪之有呢？

建立合適的關係網是個人成功不可或缺的。在國外成功學中就有「友誼網」之說。它認為，喜歡別人，又能讓別人喜歡的人，才是世界上最成功的人。成功的人們大多喜歡廣泛交際，形成了自己的一面「友誼網」。比如，你要某人推薦幾個供你拜訪的朋友，如果這個人是個失敗的人，他只能好不容易為你提供一兩個人，而且好不容易才找到這一兩個人的地址和電話。成功的人就不同了，他們會推薦出一大堆朋友，而且是在長長的名單上尋找，因為名單上包括各式各樣的朋友。由此顯示出成功者與失敗者在交友方面的差別。

在你的關係網中，應該有各式各樣的朋友，他們能夠從不同的角度為你提供不同的幫助；同時，你也要根據他們不同的需要為他們提供不同的幫助。這才是關係網應當具有的特徵。關係網既然稱作是「網」，就應當具有網的特點。也就是說，在這面網上朋友的構成有點有面，分佈均勻。有的人交友卻不是這樣，他們結交的範圍十分狹窄，分佈十分不均，只在自己熟悉的範圍內認識一些人，而這些人的行業和特長比較單一。這樣就構不成一面標準的關係網了。

建立了廣泛的關係網後，你遇到機遇的機率就更高。在很多情況下，就是靠朋友的推薦、朋友提供的資訊和其他多方面的幫助，人們才獲得了難得的機遇。

例如，某公司新來了一位主管，急需配備秘書，在許多人躍躍欲試、趨之若鶩的情況下，李政被選中了。原因就在於這位主管委託自己的一個下屬黃先生為自己物色秘書，而黃先生和小李是好朋友，他們都是某明星大學畢業生。黃先生自然清楚，小李肯定能勝任秘書職位，於是就把這個朋友推薦出來了。結果，主管本人滿意，組織考察合格，正在為前程茫然奔波的小李更是欣喜若狂，因為他找到了自己適合的位置，在當時情況下當主管的秘書，是他的心願，也是他成功的一個里程碑。這個里程碑的獲得，關鍵因素是他有那麼一個得到主管信任的好朋友。有很多人在交往的過程中存在著急功近利的思想，認為所交往的朋友就應該對自己有幫助，這種想法是非常不正確的，殊不知，有很多機遇是在交往中實現的，而在初步交往中，人們很可能沒有看到這種機遇，在這個時候，不要因為沒有看到交往的價值，就忽視這種交往。誰知道與什麼人的交往會帶來很大的機遇呢？

撐竿跳高選手、兩次奧林匹克金牌得主鮑勃．理查茲曾告訴人們，他將打破達徹．瓦默達姆的紀錄，但不管他怎樣嘗試，他的成績總是比紀錄矮一英尺。後來，他想起達徹．瓦默達姆或許能幫助他，於是他大膽地撥通了達徹．瓦默達姆家的電話，希望達徹．瓦默達姆能幫助他。達徹邀請理查茲到他家來，並許諾將自己所有的技巧傳授給他。達徹確實這樣做了。他花了三天時間指導鮑勃，糾正他的錯誤動作，結果鮑勃的成績提高了八英寸。

當格特魯德．波義耳看到自己的服裝公司面臨困境的時候，她去找了一位耐吉的執行主任，而那人很願意給格特魯德提出建議；當克雷格·基爾柏格向他的同學、協會成員和政府領導尋求支持來消除對孩子的剝削時，他們都義不容辭地、無償地向他伸出了援助之手。因此，每一個偉大的成功者背後都有別人的幫助。沒有人是透過自己一個人而達到事業的頂峰的，一旦你許諾要成為出類拔萃的人，你就可以開始吸收大量對你有幫助的人和資源了。而其他各方面有所建樹的人是你所有資源中最大的資源。你要做的就是找到他們，編織一張有助於你的事業成功的「關係網」。

厚黑妙法八：麻雀攀高枝

厚黑真經

求人辦事無論繞多大的圈子，最終所求的「正主」一定是有權有勢之人。如果能和這種人拉上關係，攀上交情，所求之事就已經成功了一半。因此，在厚黑求人之術中，「麻雀攀高枝」是最直接的計策，正所謂「麻雀雖小，登上枝頭變鳳凰」。

厚黑妙用

與某些重要人物或關鍵人物關係親密或所謂「關係鐵」的人都是神通廣大的人，他們往往能把朋友託辦的事辦得非常漂亮。

所以，要想辦成事，必須靠關係。特別是下級找上級辦事，必要時更要攀附一下關係才行。與上級攀附關係，應該注意的問題有很多。

一．要瞭解和掌握上級的身世和社會關係網

任何一位上級都有自己的人情關係網。這個「網」的形成與他的身世和人生經歷有直接的關係。要想與他攀附關係，必須先暗地裡多留心和注意他的身世和社會關係網，包括他的同鄉關係、親屬關係、朋友關係、同學關係、上下屬關係等等。掌握了這些關係之後，鑑於直接與某上級建立關係多有不便，則可「曲線救國」、另闢蹊徑，設法同一兩位與這位上級關係甚篤的人建立關係。這樣，在必要時，便可以借助這些關係的力量，使上級礙於某些關係的面子不好拒絕，不能拒絕，不便拒絕。

二・要委婉自然，牽動舊情

攀附關係不是生拉硬套，本來沒有親戚關係，偏偏七拐八繞，硬說有親戚關係；或者本來與上司的某位朋友無甚關聯，偏偏鼓吹自己與人家情深義重，如此這般，很容易引起上司的厭惡和鄙視。所以，與上司拉關係，要循循善誘，順埋成章，委婉自然，讓上司感受到雖是不經意地提起，卻一語中的，牽動著上司的舊情，甚至讓上司陷於對舊情舊事的沉湎中。

三・要講究場合

在眾目睽睽之下是不便與上司攀附關係的。因為絕大多數上司是不情願公開自己的身世和社會關係的。非但如此，上司本人還會顧忌你多事，而旁觀者更會認為你是在有意巴結上司。所以，在公開場合攀附關係不但對上司有礙，也對自己有失。與上司拉關係最好是在背後與上司扯家常、閑嗑牙的時候，或者在酒桌上小酌、在茶餘飯後散步的時候，或者在上司情緒好而且還具有拉關係藉口的時候，這種時候，對方心情好，就很容易和你建立關係。

四・同上司建立關係還要講一些手段

作為上司居高臨下，下邊常有溜鬚拍馬、曲意逢迎的人刻意尋找巴結上司的機會，因而與上司攀附關係也存在著一種畸形的競爭關係。要想在競爭中取勝，必要時可以使用一些手段，因為任何一位上司都自覺或不自覺地處在錯綜複雜的社會糾紛中，這糾紛有的是對他有利的，有的是對他有害的；有的是他自己一目了然的，有的是他無從覺察的，那麼，你為了攀附於他，就應該認真關注這些糾紛的風吹草動，一旦有什麼特殊情況或特殊機遇，便可透過委婉干預的手段隨即成為上司的心腹之人，還何愁有事他不幫你辦呢？

五·同上司建立關係時還要找到攻心的突破口

社會心理學研究表明，人們都樂於同與自己有相近之處的人交往，上司也不例外。因為有相似點，既能有效地減少雙方的恐懼和不安，解除戒備，又能對出現的資訊有相同、相似的理解，產生相同、相近的體驗，進而在感情上產生共鳴。

懂得了以上這些攀附關係的學問，就很容易同上司建立牢靠的關係，為求人辦事奠定牢固的基礎。當然，除了攀附上司，我們還可以利用親戚關係。畢竟，在任何社會，親情永遠是最可貴的。中國自古就有「沾親帶故」一詞，「沾」可以理解為攀附，它是利用親戚關係的一個好方法。

運用親情有一個原則，就是需要有一種「踏破鐵鞋」的精神，要有一種不怕吃苦的精神，透過一定的能力，去找尋親戚關係。

其實，在現代社會，由於人們的大規模遷徙，以及人際交往的減少，許多人的親戚交錯分佈在各個地方，致使親戚之間存在著互不認識的奇怪現象。因此，就會有一些「得道」的親戚你並不知道。

然而，一旦自己陷入困境，需要求助的話，這些親戚也許就是能幫助你的對象。千萬要注意提醒自己，放下架子，厚起臉皮，七大姑八大姨地去找、去拉親戚，也許就是因為一個偶然的機會，你的事就順利地辦妥了。

民國大軍閥曹錕就是靠千方百計攀親爬上去的。

當時，清廷批准袁世凱編練新建陸軍後，曹錕便投入袁世凱的帳下。

此時袁已成為慈禧太后十分倚重的人物，曹錕只當了一個小小的幫帶。他清楚地知道，要想升遷，非得依靠袁世凱不行。曹錕慶幸自己以前東遊西蕩的販布生涯使他已學會了一套喜歡吹拍、見風使舵的本領，可一直苦於沒有見袁世凱的機會。

正當他徘徊徬徨、十分苦惱之時，一個偶然的機會，他聽說天津宜興埠曹克忠與袁世凱原係世交，而且曹錕還和曹克忠算是沾點親，不過這種親太遠了，可以說是八竿子打不著的那種。於是他備了一份厚禮，從小站跑到天津，登記求見曹克忠。拜見曹克忠時，曹錕口若懸河與曹認宗攀親。曹克忠在曹錕花言巧語的蠱惑下，認他為族孫，並且答應由他的姨太太出面向袁世凱說情。

俗語說「是親三分向」。因此，曹克忠的姨太太沒少在袁世凱面前替曹錕說話。有了這個內援，加上曹錕的逢迎阿諛，他很快受到重用，幾年間由一個小幫帶爬上了總兵職位。他的成功很大程度上是依賴於巧妙地攀親。

在求助親戚時，我們應該認識到同為親戚，但也有親疏之分，在求助關係比較疏遠，不常聯繫的親人時，要採取循序漸進的方法，「以情感親」逐步攀附，使其能夠接納你、幫助你。

厚黑妙法九：蚯蚓鑽爛泥

厚黑真經

求人辦事，最好是針對關鍵人物下工夫，突破關鍵人物這道關卡，謀求關鍵人物的贊同和協助，問題往往很容易得到解決。但是有的時候，關鍵人物不好找，怎麼辦？這的確有一定難度，但對於厚黑之士卻構不成障礙，正如李宗吾答曰：「無孔者，取出鑽子，新開一孔。」這時，要想在解決問題過程中穩操勝券，除了著眼於主管、領導一類正式組織身分的負責人外，我們還應該爭取足以影響主管領導的非正式的「權威人物」的同情、支持和幫助。透過當事人或上級主管人的親友故舊，來說服當事人，成功的可能性就大得多。

厚黑妙用

一天，一位辦理房地產轉讓的房產公司推銷員來到一位客戶家，帶著這位客戶的朋友的介紹信。彼此一番寒暄客套之後，就聽他講開了：「此次幸會，是因為我的同學孫某極為敬佩您，叮囑我若拜訪閣下時，務請您在這個雕像上簽個名……」邊說邊從公事包裡取出這位朋友最近才完工的一個小型雕像。於是這位朋友不由自主地信任起他來。在這裡，孫某的仰慕和簽名的要求只不過是個藉口，目的是說明自己與孫某的關係，並且對這位朋友進行恭維，使他開懷。

素不相識，陌路相逢，如何讓所求之人瞭解你與他是朋友的朋友，親戚的親戚，顯然十分牽強，但一般人不會駁朋友的面子，斷不至於讓你吃閉門羹。這是一條求人的捷徑。

託人辦事透過第三者的言談，來傳達自己的心情和願望，在辦事過程中是常有的事。人們會不自覺地發揮這一技巧。比如：「我聽同學老張說，你是個熱心人，求你辦這件事肯定錯不了。」等。但要當心，這種話不是說說而已的，也不能太離譜，有時有必要事先做些調查研究。為了事先瞭解對方，可向他人打聽有關對方的情況。第三者提供的情況是很重要的，尤其是與被求者的初次會面有重大意義時，更應該盡可能多方收集對方的資料。但是，對於第三者提供的情況，也不能全部端來當話說，還要根據需要有所取捨，配合自己的臨場觀察、切身體驗靈活引用。同時，還必須切實弄清這個第三者與被託付者之間的關係。這一點非常重要，不然，說不定效果適得其反。

幽默大師林語堂曾斷言：中國一向就是女權社會，女人總是在暗地裡對男人施加影響，左右著男人的心理情緒和處事態度，無形中便決定了事態的發展。一些老謀深算者深諳此道，找人辦事時，專門利用女人作些文章，結果往往事半功倍。

古今中外有很多這樣的例子。

西漢初年漢高祖劉邦率領大軍與匈奴交戰。劉邦求勝心切，帶領騎兵追擊敵軍，不料中了匈奴埋伏，被迫困守白登山。後續部隊被匈奴軍隊分頭阻擋在各要路口，無法前來解圍，形勢十分危急。

眼見漢軍糧草越來越少，傷亡將士不斷增加，劉邦君臣急得像熱鍋上的螞蟻，坐立不安。跟隨劉邦的謀士陳平連日以來，無時不在苦思冥想著突圍之計。這天，他正在山上觀察敵營動靜，突然發現山下敵軍中一男一女在共同指揮匈奴兵。經瞭解得知那是匈奴王冒頓單于和他的夫人閼氏。

他靈機一動，從閼氏身上想出一條計策，回去和劉邦一說，馬上得到了允許。

接著陳平派一名使者，帶著金銀珠寶和一幅圖畫秘密地去見閼氏。使者用高價買通了閼氏帳下的小番，得到進見閼氏的機會。見到閼氏後，使者指著禮物說：「這些珠寶都是大漢皇帝送給您的，大漢皇帝想與貴國和好，所以送來禮物，請務必與匈奴王疏通疏通。」

閼氏的心被這份厚禮打動了，全部收下。

緊接著，使者又獻上一幅圖畫，打開一看，原來上面畫的是一位嬌美無比的美女。使者說：「大漢皇帝怕匈奴王不答應講和，準備把中原頭號美人獻給他。這就是她的畫像。請您先過目。」

閼氏接過畫像一看，圖上的美女就像天仙一般漂亮，她想，如果自己的丈夫得到如此美麗的中原女子，還有心思寵愛自己嗎？想到這裡，她搖著頭說：「這用不著，拿回去吧！我請單于退兵就是了。」

使者捲起圖畫，告辭了。

閼氏送走漢軍使者後，去見匈奴王，她說：「聽說漢軍的援軍快打過來了，這裡的漢軍陣地又攻不下來。一旦他們的援軍趕來，咱們就被動了。不如接受漢朝皇帝講和的條件，乘機向他們多要些財物。」

匈奴王經過反覆考慮，終於同意了夫人的意見。後來，雙方的代表經過多次談判，達成了停戰協議。

同樣的事情在民國初年大軍閥頭子張作霖身上也發生過。張作霖是個野心勃勃的人，雖說已是土匪大頭目，但他朝思暮想要弄個朝廷官幹幹。

奉天將軍增祺和他有過幾面之緣，算是朋友，但交情不深。他想著如何把兩個人的關係拉近，然後投靠他混個一官半職。恰好增祺的姨太太要從關內返回奉天，此事被張作霖手下幹將湯二虎探知，急忙報告。張作霖一拍大腿，說：「這真是把貨送到家來了。」

於是張作霖就吩咐湯二虎，如此如此行事。

湯二虎奉張作霖之命在新立屯設下埋伏，當這隊人馬行至新立屯時，被湯二虎一聲吶喊阻攔下來，隨後把他們押到新立屯的一個大院裡。

增祺的姨太太和貼身侍者被安置在一座大房子裡，四周站滿了持槍的土匪，這時，張作霖已經接到報告，便飛馬來到大院。故意提高聲音問湯二虎：「哪裡弄來的馬？」湯二虎也提高聲音說：「這是弟兄們在御路上做的一筆買賣，聽說是增祺將軍大人的家眷，剛押回來。」張作霖假裝憤怒說：「混帳東西！我早就跟你們說過，咱們在這裡是保境安民，不要攔行人，我們也是萬不得已才走綠林這條黑道的。今後如有為國效力的機會，我們還得求增大人照應！你們今天卻做出這樣的蠢事，將來怎向增祺大人交代？你們今晚要好好款待他們，明天一早送他們回奉天。」

這邊增祺的姨太太在屋裡聽得清清楚楚，當即傳話要與張作霖面談。張作霖立即先派人給增祺姨太太送來最好的鴉片，然後入內跪地參拜姨太太。

姨太太很感激地對張作霖說：「聽罷剛才你的一番話，將來必有作為，今天只要你保證我平安回奉天，我一定向將軍保薦你這一部分力量為奉天地方效勞。」

張作霖聽後大喜，更是長跪不起。

次日清晨，張作霖侍候增祺姨太太吃好早點，然後親自帶領弟兄們護送姨太太回奉天。姨太太回到奉天後，即把途中遇險和張作霖願為朝廷效力的事向增祺將軍講了一遍。增祺十分高興，接見了張作霖，並對他稱讚一番，立即奏請朝廷，把張作霖的部眾編為巡防營，張作霖從此正式告別了「胡匪」、「馬賊」生活，成為真正的清廷管帶（營長）。

就這樣，張作霖利用「枕邊風」辦成了由黑道轉為正道的一件大事。

利用「枕邊風」求人辦事確實是一種不錯的選擇。有許多辦事高手就深諳此道，求人最愛在女人身上做手腳，其結果總是事半功倍、屢試不爽，即使朋友也莫不如此。

俗話說得好，託人辦事，不能在「一棵樹上吊死」。盯死主要目標，全力以赴，固然很重要，但是對於目標周圍的那些「權威人物」，也要多多花費心思，有時甚至能產生意想不到的作用。他們就像一條條地道，可以順利地把你送到成功的彼岸。

厚黑妙法十：兔子多打洞

厚黑真經

人際關係需要精心經營和維護，在與朋友間的交往中需要培養一種習慣：沒事的時候也要記得與他們經常保持聯絡。一旦有事，你去求他，他對你有情，自然肯幫忙。如果平時連一聲問候也沒有，到了有事相求時才找出塵封已久的名片簿查找別人的聯繫方式，與別人聯絡，結果是可想而知的。所以，善於鑽營的厚黑求人之士，都精於「狡兔三窟」的辦法。

厚黑妙用

如果你的一位十多年前的小學同學，與你住同一城市，彼此都知道對方的聯繫方式。但是在逢年過節或者你遭遇不順時，他從來就未對你問候過。突然有一天，他主動打電話過來要你幫他一個忙，你會怎麼想呢？

多少還是會有那麼一點不太樂意去幫他吧。反過來，如果你與他或許有幾次的聯絡，在節日或你的生日時問候過你、在你患難的時候關心過你，這時他打電話過來尋找你的幫忙，你心裡就樂意多了吧。

道理其實很簡單，經常與別人保持聯繫，你才能在別人的心目中占有一定的分量。有了這些，才會為你以後求人辦事累積資本。

一般來說，人與人之間的關係會隨著見面次數的增多而加深，很久不見面的朋友自然會日漸疏遠。

即使你身為上班族，也不要一天到晚都埋頭在辦公桌前，不論多麼忙碌的人，也總會有吃飯的時間和休息的時間。

至於那些從事業務工作的人，更是整天都在外面奔跑，只有吃飯時間才會回到公司，這樣更能夠多利用在外面跑的機會，聯絡那些久疏聯絡的朋友。

至於整日守在辦公桌邊的人，則不妨利用午餐時間，與在同一地區工作的朋友共進午餐。與其每天一個人吃飯，不如偶爾也打個電話約其他朋友一起吃頓飯，如果沒有時間一起吃飯，一起喝杯咖啡也可以。

如果彼此的距離稍遠，專程跑一趟也沒關係，反正只不過是一個月一次的聯誼。

那些斤斤計較這些小錢的人，很難拓展自己的人際關係。雖然上班族的收入很有限，得靠省吃儉用才能存一點錢。但是，因此而失去了所有與朋友來往的機會，那可就得不償失了。在外面奔波的人不妨利用機會順路探訪久未見面的朋友，即使是五分鐘也可以；或是利用中午休息時間和對方一起吃頓便飯。雖然只有短短的五分鐘，但卻對與對方保持長久聯繫非常重要。

下班後，大家一塊喝杯茶。不論是迎新送舊還是大功告成，找各種理由大家一塊兒聚聚。這不只是大家互相聯絡感情，也是鬆弛一下緊張許久的神經的好機會，人原本就有喜新厭舊的本性，比起早已熟知的朋友，新朋友更能吸引我們的好感而頻頻與之接觸。

此外，你要時刻保持與老朋友的聯繫。所謂老朋友就表示彼此已經有了相當程度的瞭解，珍惜老朋友的態度，也是吸引新朋友願意主動與我們交往的力量。

英文中的「old」也有懷念的、親切的含意在內。隨著時間的累積，人的思想也會更臻成熟，對人生的看法也會更加透徹，所以「老朋友」指的就是值得信賴的朋友。

老朋友指的是不受到時空的阻隔而一直保持著聯繫的朋友，這種朋友才更難能可貴。這些老朋友正表示了我們自己過去的人生過程，不重視老朋友就是根本不重視自己的過去。老朋友或許是比不上新朋友來得新鮮，但擁有愈多的老朋友就如擁有愈多的無形資產一般，這也可以證明你自己的品德值得朋友信賴。

老朋友的價值實非筆墨所能形容。然而，如何和老朋友交往卻不是一件容易的事。如果你自己不能常保持新鮮感，如何讓他人能夠一直把你記在心中呢？畢竟所謂「君子之交淡如水」，和現實可是有著一大段的距離。

因此，無論你採用何種方式，都要積極地與你的新老朋友保持密切的聯繫，為你時不時地求人辦事打下牢固的基礎。

總之，人際關係要不斷拓展，更需經常性地「燒香拜佛」。長期維護的人際關係，才會如陳年的酒一樣越久越醇。

厚黑妙法十一：狼狽是一家

厚黑真經

求人求人，真正辦事的還是所求之人，如果能讓所求之人把你當成自己的人，事情自然就好辦了。因為，替別人辦事和給自己人辦事是完全不同的。由此可見，讓所求之人把你的事當自己的事辦，是求人的最高境界。如何讓對方把你當成自己人呢？「狼狽為奸」就是一個很有效的厚黑策略。在跟別人攀附關係時，可以尋找與對方的共同之處，以便拉近彼此的距離。擅長尋找與對方的共同點並努力建立和維持與對方的友誼，你的問題就解決了大半，有時沒有共同點也要製造共同點拉近彼此的距離。

厚黑妙用

周某大學畢業被分配在外地工作，而妻子在城市工作，夫妻長期分居兩地。周某回城打通「關節」，走「前門」公事公辦，打了許多請調報告，沒有作用，走「後門」請客送禮，不知費了多少心思。想了多少辦法，都不見效。

他幾次找主任彙報工作時，常見主任在圍棋盤上與人對弈，對周某愛理不理。周某只好忍著站立旁邊觀戰。

說也怪，主任對贏棋並不感興趣，輸倒更來勁，棋壇上的高手是他家的常客。但是，要贏主任的棋，單位裡找不出幾個人。

周某從中悟出這個道理，要透過下棋「殺倒」主任，調回城裡來。於是，他買書籍，拜名師，觀棋譜，潛心研究圍棋技藝，不到半年，果真練出了一身好棋藝。

再找主任時，開始「觀陣」，再當「軍師」，然後「參戰」，幾次交鋒，殺得主任大敗，引起了主任的興趣。

從此周某經常在主任身邊，後來不等張開口，主任主動關心他的調動事情，在商調函上蓋章，很快夫妻團聚了。周某迎合主任喜愛，透過棋盤上的你攻我防的較量，增進了瞭解與主任這位名人彼此有了私人交情，建立了朋友般的關係。

心理學家認為，朋友是人與人的彼此交往，自發形成的鬆散型的意緣群體，所謂意緣群體是與血緣群體相對而言的，它是由於意向、志趣、愛好和觀念相似或相近自然結合而成的，不是靠行政或組織行為黏合到一起的。

由於他們對待工作、生活和學習的態度相類似，即價值觀相同，所以，他們在一起時，易於相互感知，相互適應，感情易於溝通，容易產生共鳴，並且容易得到對方的支持，容易預測對方情緒、需求和態度取向，因此相互間容易產生親密感。

人與人之間存在的相似因素很多，有的是明顯的，有的是隱蔽的。只要留心對方的舉止言談，就不難發現，從而將其作為攻心的突破口。

下面是尋找雙方共同點的幾種有效方法：

一．在閒談中找到雙方共同點

沒有人喜歡與自己格格不入的人閒談，人們只願意和那些與自己有共同話題的人交往。善於交友辦事的人都是善於交談的人，即便是完全陌生的人，他也能打破沉默，主動在與對方閒談中找到雙方的共同點。找到了共同點，就抓住了談話的主題，那事情就好辦了。

二．察言觀色，尋找共同點

一個人的心理狀態、精神追求、生活愛好等等，都或多或少地體現在他們的表情、服飾、言談舉止等各方面。只要你善於觀察，就會發現彼此的共同點。

三．以話試探，找到雙方共同點

陌生人相遇，為了打破沉默的局面，主動開口講話是必需的。有人以動作開場，一邊幫對方做某些急需幫助的事，一邊以話語試探，有的透過借書借報來展開彼此交談的話題。

找到了雙方的共同點後，我們還要努力接近要攀附的人，努力把他們變為朋友。朋友之間有困難，向朋友提出幫忙的要求，對方當然就樂於效勞盡力解決了。例如，我們可以與大老闆做朋友。

一般情況下，我們很難與大公司的老闆或者有一定知名度的老闆會面，但是如果能與他們合作或者交上朋友，那將不僅是我們的榮幸，而且可以讓我們大開眼界，學到很多平常學不到的東西。

與大老闆結交的一個有效的方法就是要把握住大老闆的各種社交關係。一般情況下，大老闆都有各種社交關係，有各種各樣的業務關係，也有各種各樣的興趣和愛好。

你可以從他的經歷上認識他；可以從他的過去、他的祖輩父輩上認識他；也可以從他的親屬、他的朋友、他的子女那兒認識他；還可以從業務上瞭解和認識他。他的經營範圍有多大，他的分公司、子公司分佈在什麼地方，這些公司的經營者是誰，他多長時間會去查看分公司、子公司等等。從興趣愛好上瞭解他，他喜好什麼運動、什麼物品，他喜歡或經常參加什麼樣的聚會，他休閒、娛樂的方式有哪些等等。

總之，你不僅要能與對方攀上關係，找到相似點，而且要與名人做成朋友。這樣，當你有求於他時，才會得到他們積極的幫助。

厚黑妙法十二：蜥蜴巧變色

厚黑真經

你如果要求人辦事，就要瞭解對方是什麼樣的人。每個人的脾氣性格不同，所以他的接受方式也不同。要想達到求人成功的目的，就要看人說話，因人而異，運用恰當的技巧，對症下藥，順水推舟把事辦好。千萬不可意氣用事，一言不合，怒髮衝冠，引起被求對象的反感，這絕不是解決問題的正確方法。

厚黑妙用

馬超率兵攻打葭萌關的時候，諸葛亮對劉備說：「只有張飛、趙雲二位將軍，方可對敵馬超。」

這時，張飛聽說馬超前來攻關，主動請求出戰。

諸葛亮佯裝沒聽見，對劉備說：「馬超智勇雙全，無人可敵，除非往荊州喚雲長來，方能對敵。」

張飛說：「軍師為什麼小瞧我？我曾單獨抗拒曹操百萬大軍，難道還怕馬超這個匹夫！」

諸葛亮說：「你在當陽拒水橋，是因為曹操不知道虛實，若知虛實，你怎能安然無事？馬超英勇無比，天下的人都知道，他渭橋六戰，把曹操殺得割鬚棄袍，差一點喪命，絕非等閒之輩，就是雲長來也未必戰勝他。」

張飛說：「我今天就去，如戰勝不了馬超，甘當軍令！」

諸葛亮看「激將法」發揮了作用，便順水推舟地說：「既然你肯立軍令狀，便可以為先鋒！」在《三國演義》中，諸葛亮針對張飛脾氣暴躁的性格，常常採用「激將法」來說服他。每當遇到重要戰事，先說他擔當不了此任，或說怕他貪杯酒後誤事，激他立下軍令狀，增強他的責任感和緊迫感，激發他的鬥志和勇氣，清除輕敵的思想。

求別人辦事的時候，倘若能夠明白對方屬於哪種類型的人，說起話來就比較容易了。現列舉六類人供參考：

一．死板的人

這種類型的人比較木訥，就算你很客氣地和他打招呼、寒暄，他也不會做出你所預期的反應來。他通常不會注意你在說些什麼，甚至你會懷疑他是否聽得進去。

求這種人的時候，剛開始多多少少會感覺不安，但這實在也是沒辦法的事。

當你遇到某先生時，直覺馬上告訴你：「這是一個死板的人。」此人體格健壯，說話帶有家鄉口音，至於他是怎樣的一個人，你卻不太清楚。除了從他的表情中可以察覺出些許緊張之外，其他的一點也看不出來。

遇到這種情況，你就要花些工夫注意他的一舉一動，從他的言行中尋找出他所真正關心的事來。你可以隨便和他閒聊一些中性話題，只要能夠使他回答或產生一些反應，那麼事情也就好辦了，接下去，你要好好利用此類話題，讓他充分表達自己的意見。

每一個人都有他感興趣、關心的事，只要你稍一觸及，他就會滔滔不絕地說，此乃人之常情。

二・傲慢無禮的人

有些人自視清高、目中無人，時常表現出一副「唯我獨尊」的樣子。像這種舉止無禮、態度傲慢的人，實在讓人看了生氣，是最不受歡迎的典型。但是，當你有事需求他幫忙的時候，你應該如何對付他呢？

某企業的一位副科長，說話雖然客氣，眼神裡卻有些許傲慢，並且不帶一絲笑意，這種人實在是非常不好對付的，讓人一見到他，就感覺有一種「威脅」存在。

對付這種類型的人，說話應該簡潔有力才行，最好少和他囉唆，所謂「多說無益」正是如此。因此，你要盡量小心，以免掉進他的圈套裡。

不要認為對方「客氣」，你也禮尚往來地待他，其實，他多半是缺乏真心誠意的。你最好在不得罪對方的情況下，言辭盡可能「簡省」。

當然，每個人都有自己的立場和苦衷，這位副科長可能自覺「懷才不遇」或怨恨自己運氣不好，無法早日出頭；又由於其在社會上打拚甚久，城府頗深，所以儘管不受上司眷顧，也會在「保衛自己」的情況下，與人客氣寒暄。因此，我們只要同情他，而不必理會他的傲慢，盡量簡單扼要地說話就行了。

三・深藏不露的人

我們周圍有許多深藏不露的人，他們不肯輕易讓人瞭解其心思，或讓人知道他們在想些什麼。有時甚至說話不著邊際，一談到正題就「顧左右而言他」，自我防範心理極強。求這樣的人更是難上加難，往往搞得人們無所適從。

當你遇到這麼一個深藏不露的人時，你只有把自己預先準備好了的資料拿給他看，讓他根據你所提供的資料做出最後決斷。

人們多半不願將自己的弱點暴露出來，即使在你要求他做出回答或進行判斷時，他也故意裝傻，或者故意言不及義地閃爍其詞，使你有一種「莫測高深」的感覺。其實這只是對方偽裝自己的手段罷了。

四・草率決斷的人

這種類型的人，乍看好像反應很快，你求他時，他甚至還沒聽明白你到底要幹什麼的時候，忽然做出決斷，給人一種「迅雷不及掩耳」的感覺。由於這種人多半是性子太急了，因此有的時候為了表現自己的「果斷」，就會顯得隨便而草率。

倘若你遇見這種人，最好把談話分成若干段，說完一段之後，馬上徵求他的意見，沒問題了再繼續進行下去，如此才不會發生錯誤，也可避免發生因自己話題設計不周到而引出的不必要的麻煩。

五・過分糊塗的人

這種人一開頭就沒弄懂你的意思，你就算和他長時間頻繁地接觸，結果也是枉然。

小王經常光顧一家書店，那裡的一位女店員常常在小王講明購買的書名時，還會稀裡糊塗地弄錯。像這種錯誤，一般人難免犯一兩次，但像她那樣經常犯，也就有點不可原諒了。因為小王是這家書店的常客，老是遇到這種事情，心裡總感覺不太舒服。終於，有一次小王把這種情形告訴了書店經理，不多久，那個女店員就被辭退了。

經常犯錯的人不外乎兩種：一種人是自己從來不知反省；另一種人則是理解能力差，完全沒聽懂別人的談話。對於這類人，你如果實在找不到合適的人，再去求他吧。

六・行動遲緩的人

對於行動比較遲緩的人，交涉時最需要耐心。

有一位年輕而稍顯肥胖的女士，也許因為體型的關係，她做起事來，總是比別人慢半拍，感覺上，工作效率總比別人差一點。嚴格說起來，倒不是她的辦事能力不如其他同事，只不過她做起事來太過「慢吞吞」而已。

求人時，可能也經常會碰到這種人，此時你絕對不能著急，因為他的步調總是無法跟上你的進度，換句話說，他是很難達到你的辦事標準的。所以，你最好按捺住性子，拿出耐心，言談上永遠別透出惱火的意思，並且盡可能配合他的情況去做。

此外應該注意的是：有些人言行不一致，他可能說話明快、果斷，只是行動並不相符。總之，「見什麼佛燒什麼香，遇什麼人說什麼話。」我們要學會遇到什麼樣的人說什麼樣的話，這樣便會大大提高辦事效率。

第三章　沖求：大話吹牛，偽裝欺騙

厚黑妙法　十三：大旗作虎皮

厚黑真經

求人辦事，首先就要敢於並善於「拉大旗作虎皮」，這與「狐假虎威」相比，雖然都是靠更加有威勢的第三者的壓力，促成所求之事，但是對後者來說，「狐」與「虎」確實存在著某種聯繫，而本策略最妙之處在於，求人者其實根本與這個第三者沒有任何聯繫，只是假借它的名頭唬人罷了！

厚黑妙用

一個推銷百葉窗簾的推銷員偶然得到一條消息：某公司要安裝百葉窗簾，而且其經理和某局長又是老相識，這位推銷員靈機一動，就想出了一個接近對方的好辦法。於是他便打聽到這位經理的所住之處，然後提著一袋水果前去拜訪。在彼此都介紹之後，推銷員這樣說道：「這次能拜訪您，實在是多虧了劉局長的介紹，他還請我替他向您問好呢……」

「說實話，第一次與您見面就十分高興……聽劉局長說，貴公司現在還沒有裝百葉窗……」

第二天，百葉窗簾一事自然就成交了。這位推銷員的高明之處就是他有意地撇開自己，借「劉局長介紹」，來說出自己的目的，這種很巧妙地借他人之力的方法，讓對方很快就接受了他的請求。

社會本來就紛繁複雜，虛虛實實、真真假假，誰又能去時刻提高警惕辨別真假呢？因此這就為那些懂得留心的人創造了絕佳的機會。

某天下午，李剛來到他的一個朋友的朋友家中，並且還帶來了朋友的一封介紹信。他們彼此一番寒暄客套之後，李剛接著說：「此次真是幸會啊，因為我們趙科長極為敬佩您的才華，叮囑我若拜訪您時，務必請您在這本書上簽名……」邊說邊從公事包裡取出這位朋友最近出版的一本新書，於是這位朋友不由自主地便信任起李剛來。

在這裡，趙科長的仰慕和簽名的要求只不過是一個藉口，李剛的目的是想對這位朋友進行恭維，使他高興。

而李剛使用這種巧妙的方法有意撇開自己，用「我的上司是您的忠實讀者」這種借他人之口，傳自己之意的方法，就比「我崇拜您」來得更巧妙、更有效，同時，又不顯露出自己的故意諂媚，因此，更容易使人接受。尤為高超的是，他已將這位朋友的書提前準備好了。像這種求人的高明手段，確實是讓人難以招架，更不失為一個求人辦事的好方法。有事情想求別人幫忙，但由於很多原因，你又不好直接開口說，這種情況下，你不妨拉大旗作虎皮，借別人的口，說自己的話。事實證明，這是求人辦事的一個重要的技巧。難堪的事經由「我聽人說」一打扮，就變得不再尷尬；有風險的話，透過別人傳過去，便有了進退的餘地；不想或不便直接面對的人，也可經第三者從中周旋，穿針引線，解決問題。

對於兩個素不相識，陌路相逢的人來說，你求他辦事的原因是你與他是朋友的朋友、親戚的親戚，顯然這是十分牽強的。但是，一般人是不會不給朋友面子的，也不至於讓你吃閉門羹的。而這個方法是你求人的一條捷徑。

在求人的時候如果透過第三者的話，用來傳達自己的心情與願望，這在求人過程中也是一件很正常的事情。有時人們會不自覺地發揮這一技巧。比如說：「我聽同學王林說，你是個特別熱心的人，求你辦事準錯不了……」但是要當心，這種話不能說得太離譜了，不然就有可能會鬧出笑話。必要的時候最好是事先做一些調查和研究。

比如，為了事先瞭解對方，可向他人打聽有關對方的情況。第三者提供的情況是很重要的，尤其是與被求者的初次會面有重大意義時，更應該盡可能多地收集對方的資料。但是，對於第三者提供的情況，也不能全套照搬，還要根據需要有所取捨，配合自己的臨場觀察、切身體驗靈活引用。同時，還必須切實弄清這個第三者與被求者之間的關係。這一點非常重要，不然說不定效果適得其反。

運用拉大旗作虎皮之計，除了可以借別人之口說自己的話之外，你還可以巧妙地利用對方的攀附之心，找一個對方非常崇拜的名人，借用一下他的地位和聲望，充當你與被求者溝通的媒介。

有位阿拉伯人名叫艾布杜，本來窮困潦倒，身無分文，就是使用了拉大旗作虎皮的手段，廣求於天下，不但求來許多名人做朋友，還為自己求來了百萬家財。

艾布杜是這樣做的：他在自己的簽名簿裡貼有許多世界名人的照片，再模仿名人的親筆字，簽寫在照片底下，艾布杜便帶著這幾本簽名簿遊歷世界，登門造訪工商鉅子和富翁。

「我是因仰慕您而千里迢迢從沙漠地阿拉伯前來拜訪您的，請您貼一張玉照在這本《世界名人錄》上，再請您簽上大名，我們會加上簡介，等它出版後，我會立即寄贈一冊……」

被他拜訪的富豪，一看到其中的照片和簽名都是當代世界的名人時，會有什麼反應呢？人都是好名的，尤其是有錢人更愛虛名。因此，多數的人都心甘情願地簽下大名，並提供照片。

又由於這些人非常有錢，又喜歡擺闊，一想到能跟世界名人排名在一起，便感到無限風光，這樣一來，他們就會毫不吝惜付給艾布杜一筆為數可觀的金錢。

每本簽名簿的出版成本不過是一兩美元。而富人所給的報酬，卻往往超過上千美元。艾布杜整整花了六年的時間，旅行九十六個國家，提供給他照片與簽名的共有二萬多人。給他的酬勞最多的二萬美元，最少的也有五十美元，總計收入大約五百萬美元。

艾布杜就是利用了那些富翁、名人的攀附之心，為自己賺得了大量錢財，可見這種做法的效果之大。

另外，巧妙利用別人的攀附之心，還因為有許多人都崇尚名人。因此，生意場上若能使自己的商品與某個名人掛上鉤，銷路自然大開。

北京北海公園瓊島北面有家名叫仿膳飯店的老飯莊，已有數十年歷史。

雖然這裡的飯菜全是仿照清朝宮廷菜點的方法烹製，但生意一直很冷清。後來他們透過調查，發現外國遊客大都對皇帝的起居飲食懷有濃厚興趣，於是決定以「皇帝吃過的飯菜」作為仿膳的特色，大張旗鼓進行宣傳。他們搜集了許多關於宮廷菜點的傳說和有關的逸事，編成故事，讓服務員背下來，在點菜、上菜時根據不同顧客、不同場合加以介紹，生意一下子變得興盛起來。

有一次，美國華盛頓黑人市長在這裡舉行答謝宴會，席間服務員端上一盤點心，彬彬有禮地介紹說：「慈禧太后夜裡夢見吃肉末燒餅，第二天早上碰巧廚師為她準備的正是肉末燒餅，她高興極了，認為這正是心想事成、吉祥如意的象徵。今天各位吃的就是當年慈禧太后『夢寐以求』的肉末燒餅，願大家今後事事如意，步步吉祥……」一席話把美國客人逗樂了。華盛頓市長高興地敬了服務員一杯酒，說：「下次來北京，願再來你們這裡作客！」

現在有許多商業廣告喜歡用名人而不惜重金，實際上也是借別人攀附之心來做生意。聲名鵲起的人都喜歡用的東西，普通人心理上容易認同：「我和某某用的是同一個品牌。」同樣是消費，多一層攀龍附鳳的光環，自然很多人願意借這個光。

攀龍附鳳之心大部分世人都有，這就為我們求人辦事多提供了一種方法。因此，我們在求人時，可以考慮一下運用拉大旗作虎皮這種方法達成目的。

厚黑妙法十四：臉上貼黃金

厚黑真經

厚黑求人中，運用「拉大旗作虎皮」辦法，假借別人的威名抬高自己，畢竟繞了一個很大圈子。其實更簡單的辦法就是直接「往自己臉上貼金」，只要「貼」的手法巧妙，同樣可以抬高自己身分，使對方不敢拒絕你的請求，或者給自己所求之事找一個冠冕堂皇的理由，使對方無法拒絕。

厚黑妙用

求人辦事，手段一定要靈活，特別是在商業場合求陌生人時，如果自身力量較弱，處於劣勢，那麼你不妨巧用一些手段，往自己臉上貼金，玩個把戲，把身價抬高，增加自身分量，這樣你才好求人，當然臉上的黃金是有一定限度的，否則無限度地拔高自己只能是玩火自焚。商業場合，本就虛虛實實，誰也無法完全摸清商業夥伴和競爭對手的底細。在這種大環境下，如果你勢力弱而又想把自己事業做大，那麼你就應該多往臉上貼些黃金，抬高身價，至少給對方一個你實力強大的假象，只有這樣你才能成功地借助對方的力量。

有一年國際木材市場需求增加，價格上揚，某大型林場看準這一時機，將林場的木材打入國際市場，市場反應良好。然而好景不長，幾個月後，由於市場競爭激烈，木材的價格又大幅下跌，繼續堅持出口，林場將每年虧損上千萬元。面對危機，場長認為，參與國際交易他們是後起者，在強手如林的情況下，擠進去非常不容易，應想辦法站住腳才行。如果一遇風險和危機就退出來，那麼，想再占領市場就會更困難。於是他決心帶領大家從夾縫中衝出去。為此，他親自到歐美一些國家做市場調查，搜集資訊，尋找合夥對象，開闢新市場。

在國外，場長找到一家著名的傢俱生產集團。場長開門見山說明來意，希望那家公司能夠把他們的林場作為原料採購基地。

對方公司總經理說：「現在我們的原料供應系統很穩定，你有什麼優勢讓我們把別的公司換掉，而選用你們的木材？」

場長對此不卑不亢地列舉了該林場三大優勢：第一，我們林場的木材品質有保證，有很高的信譽；第二，我們可以長期合作，保證長期供貨，長期供應價格上給予一定的優惠；第三，我們林場有自備碼頭，保證貨運及時，並有良好的售後服務，更重要的一點是保證信守合約。場長在大談林場的三大優勢後，還不急不徐地對外方總經理說，林場剛剛與國際上另一家知名公司簽訂了供貨合約。那位經理聽說連那樣的大公司都與中方的這家林場簽訂了合約，看來林場實力不弱啊！他立即同意就供貨問題正式洽談。簽訂合約之前對木材進行現場檢測。經檢測，木林質地良好，是傢俱原材料的上上之選，經過一番討論，雙方終於正式簽訂了合約，該林場在國際市場上也站穩了腳。

一般人求人，態度一定會低三下四，讓對方可憐，好像只有這樣才容易獲得救助。但是這種人對方可能見得比較多，也就見怪不怪了。如果你一反常規，巧用手段為自己貼金，從氣勢上並不輸給對手，然後你再故意說一些抬高身價的話語，對方肯定會想到你或許真的實力不凡。正如上例中，那位場長沒有刻意地恭維對方而是底氣十足地向對方提出要求，緊接著在不經意中道出自己與另一家公司簽訂了合約，無形中抬高了林場木材的身價，至此對方對他刮目相看，如此一來事情自然好辦多了。

平常辦事時，你也不妨改變以往謙恭謹慎的求人法，用一些手段自我貼金，為自己更好地辦事創造條件。在求人的理由上做文章，實際上就是為自己的求人辦事尋找個好藉口，也是往自己臉上貼金的重要方法之一。

人類是理性的動物，不論什麼事情，希望能給別人個說法。即使是個無賴之人，也不願讓人說自己無理取鬧，他們總會有自己的「歪理」；皇帝殺臣下、除異己，也得給文武大臣有個解釋，真是「欲加之罪，何患無詞」，在求人辦事中，我們也總要為自己找個藉口。藉口隨處都需要，只是編造技術有好有壞。

藉口，其實就是「沒理找理」，所以找藉口時要繃起臉來，一副「理直氣壯」的樣子，方能得逞。

有一個很有趣的故事：說是有一個印度人因偷竊被當場捉到。不料，小偷一點也沒有畏縮，反而理直氣壯地說：「如果我拿了東西又逃走，那才算是偷，但我現在只是拿到東西而已，大不了把東西還給你罷了。」說完就大搖大擺地溜走了。

對錯且不論，印度的小偷確實是尋找藉口的高手，在我們看來，這個小偷本應該是理屈詞窮，不會想到他還有什麼可以詭辯的了。但他卻還能理直氣壯，並說出一定的邏輯，這確實不簡單。

當然，這裡並不是鼓勵大家採取拒絕承認錯誤的態度或學習顛倒黑白的行為。這裡強調的是，有些人面對初次見面的人，就以理虧的口吻說話，這種無謂的謙卑，反而會使自己站不住腳，並無益處。

找人辦事，總是要找一定理由的，但具體應該怎樣找理由就應該多下一番工夫了。

以廣告人為例，他們可以說個個都是找藉口的高手，當即溶咖啡在美國首度推出時，曾有這樣一段故事。公司方面本來預測這種咖啡的「簡單」、「方便」會大受家庭主婦的歡迎。沒想到事與願違，其銷售並無驚人之處。姑且不論味道問題，大概是因為「偷工減料」的印象太強的關係。因為在美國，到那時為止，咖啡一直都是必須在家裡從磨豆子開始做起的飲料，只要注入熱水就能沖出一大杯咖啡來，怎麼看都太過便宜了。

所以，廠商便從「簡單」、「方便」的正面直接宣傳，改為強調「可以有效利用節省下來的時間」的廣告戰略——「請把節省下來的時間，用在丈夫、孩子的身上。」這種改變形象的做法，去除了身為使用者的主婦們所謂「對省事的東西趨之若鶩」的內疚。因為「我使用速成食品，一點也不是為了自己的享樂，而是因為可以把節省下來的時間用到家人身上之故。」此後，銷售量年年急速上升，自是不在話下。

人都是這樣，辦事情講究名正言順，你給他一個名，他是很樂於做些自我欺騙、掩耳盜鈴之事的，尤其是事情對自己有利的時候。實際上，嗜酒者從不主動要求喝酒，卻以「只有你想喝，我陪你喝」，或者「我奉陪到底」，「捨命陪君子」這類藉口來達到心願，表面上既不積極，也不乾脆。

這方面，我們中國人尤其擅長，即在辦某件事時總要找個理由作為依託，這樣才算圓滿。而且在這種理由的掩蓋下，即使他知道自己的責任，也會一味推卸。利用人們的這種心理，先替對方準備好藉口，對方就不會再推辭。比如，送禮給人時，先要說：「你對我太照顧了，不知如何感激，這是我一點小意思，請您接受。」由於有了藉口，所以對方減少了內疚意識，定會欣然接受禮物。

總之，在求人辦事時，在理由上做足了文章，往自己臉上貼金，才能為辦事找個臺階。

厚黑妙法十五：畫餅吊胃口

厚黑真經

求人辦事，用「大旗作虎皮」的辦法，給自己求人的目的編一個「冠冕堂皇」的理由當然可以，但這種辦法的結果往往是對方礙於各方面壓力無法或不敢拒絕你，可是他並不真正心甘情願。最好的辦法是把這個「理由」描繪成與他的切身利益密切相關，會給他帶來一個非常美好的前景，或者不採取措施會產生非常可怕的後果，他自然會很痛快地為你辦事。這就是「畫餅吊胃口」這一策略的內涵。

厚黑妙用

在世界上享有盛譽的英國披頭四樂團在其早期也是久久打不開局面，除在利物浦地區有點影響外，他們的唱片一直擠不進全國暢銷唱片的目錄，人們頑固地排斥著這種反傳統的新玩意兒。

樂隊的經紀人艾潑斯坦獨具慧眼，看到了該隊的潛力，決意改變這種蕭條的狀況。他把一批代理人派往各個城市。這些人到了各個城市之後，在規定的同一時間裡到處購買披頭四樂團的唱片，並故意到已售缺的商店三番五次地催問下一批唱片的到貨時間，同時還向電視臺詢問購買該唱片郵購商店的地址。大量從各地收購來的唱片，又經艾潑斯坦自己的唱片商店再轉手批發和零售出去，從而造出披頭四樂團唱片十分暢銷的「繁榮」假象，經過這樣幾個月的來回折騰，披頭四樂團的聲望一下子就上去了，這種音樂變成了英國的流行樂。不僅如此，披頭四樂團還越出英國國界，漂洋過海，迅速傳到了許多國家，成了一種世界性的流行音樂，影響了一代人，甚至使英國在數年之內能藉此平衡國際財政收支。

流行是大眾的趨向性思維和行為。思維可以是不自覺形成的，也可以是人為有意製造的，甚至可以是蓄意偽造出來的。披頭四樂團開始的名聲大噪就是偽造的結果。在商業活動中，流行尤其重要，流行商品就意味著大批量的生產、廣闊的市場和高額利潤，因此，為了廣開銷路，在產品的流行上做些文章是值得的。

人們在尋求別人幫助時，對方能不能答應你的要求，能不能全力幫助你把事情辦成，關鍵的問題就是他心裡是怎麼想的。他的心裡怎麼想問題，就決定了他對你提出的事是給辦還是不給辦。心理學家告訴我們，人們怎樣想一件事情完全是外在興趣和利益誘惑的結果。他對A問題感興趣或者想獲得A他就會說對A有利的話，也會做對A有利的事，反之，他便具有原始的不自覺的拒絕心理。所以，人們在辦事時，要想爭取對方應允或幫忙，就應該設法使對方對這件事產生積極的興趣，或者設法讓對方感覺到辦完這件事後會得到自己感興趣的利益。

很顯然，人們對什麼事有興趣或認為什麼事有滿意的回報，就會樂於對什麼事兒投入感情，投入精力甚至投入資金。所以我們在求人辦事時，可以用興趣牽著對方走，讓他樂意幫忙。

利用興趣求人辦事必須讓對方感到自然愉悅，深信不疑，大有希望，只有用興趣把對方吸引住，對方才肯為你的事付出代價。

興趣、利益誘惑法在具體運用時也要用點小竅門。

比如，你可以利用那些新穎的東西，引起他人的好奇心，使他人常常情不自禁、窮追不捨地要弄個明白，這時人們就會對你產生強烈的興趣，不由自主地跟你「黏」在一起，再進一步，就可能被你牽著鼻子走了。

除此之外，當我們很謹慎地根據他人的經驗、興趣，而設法接近他人時，除了拿出「新穎」的東西之外，還得摻和著一些別人「熟悉」的成分。因為我們的目的是抓住他人的注意力。

有一天，一位推銷員向市民推銷一種炊具。他敲一位先生的家門，他的妻子開門請推銷員進去。那位太太說：「我的先生和隔壁的布朗先生正在後院，不過，我和布朗太太都願意看看你的炊具。」推銷員說：「請你們的丈夫也到屋子裡來吧！我保證，他們也會喜歡我對產品的介紹。」

於是，兩位太太把她們的丈夫也請進來了。推銷員做了一次極其認真的烹調表演。用要推銷的那套炊具煮蘋果，然後又用那位先生家的炊具煮。很明顯的結果讓兩對大婦留下了深刻的印象。但是先生們顯然裝出一副毫無興趣的樣子。

一般的推銷員，看到兩位主婦有買的意思，一定會趁熱打鐵，鼓動她們買的。如果那樣，還真不一定能推銷出去，因為越是容易得到的東西，人們往往覺得它沒有什麼珍貴的，而得不到的才是好東西。

這位聰明的推銷員深知人們的心理，他決定先吊一下對方的胃口。於是他洗淨炊具，包裝起來，放回到樣品盒裡，然後對兩對夫婦說：「嗯，多謝你們讓我做了這次表演。我實在希望能夠在今天向你們提供炊具，但我今天只帶了樣品，你們過一陣子再買它吧。」

說著，推銷員故意起身準備離去。這時兩位丈夫立刻對那套炊具表現出極大的興趣，他們都站了起來，想要知道什麼時候能買得到。

那位先生說：「請問，現在能向你購買嗎？我現在確實有點喜歡那套炊具了。」

接著布朗先生也說道：「是啊，你現在能提供貨品嗎？」

推銷員真誠地說：「兩位先生，實在抱歉，我今天確實只帶了樣品，而且什麼時候發貨，我也無法知道確切的日期。不過請你們放心，等能發貨時，我一定把你們的要求放在心裡。」那位先生堅持說：「也許你會把我們忘了，誰知道啊？」

這時，推銷員感到時機已到，就自然而然地提到了訂貨事宜。於是，推銷員說：「噢，也許……為保險起見，你們最好還是付定金買一套吧。一旦公司能立刻發貨就給你們送來。這可能要等待一個月，甚至可能要兩個月。」結果兩家都爭先恐後地付了定金。

人對於未知的事情很感興趣，只要讓人們的胃口感覺到餓，他們的欲望便會被勾起來，爭先恐後地到處找吃的。這種「吊胃口」的技巧，關鍵在於不讓對方感到滿足，使其欲罷不能。切記下鉤要慢，收鉤要緩，魚餌更不能讓魚兒吃夠吞飽。

這一心理規則能夠給人以下啟示：要想達到自己的目標，就必須吊一下對方的胃口，刺激起對方的欲望，暗示只要能辦成事，好事就在後頭，並不時地給些甜頭，讓他相信你所說的並非是一句空口大話，於是在不斷的刺激下，他的欲望也就被挑了起來，這時就是求他辦事的好時候了。

厚黑妙法十六：打腫臉充胖子

厚黑真經

要求人你手頭最好有一些可資利用的「資本」，否則所求之人憑什麼要高看你一眼，進而答應你所求之事。假如你手頭並沒有這種「資本」怎麼辦？《厚黑學》告訴你，必須不擇手段地去創造這種「資本」。比如，以「小」充「大」，以「次」充「好」，以「此」充「彼」，甚至「無中生有」，蒙過一時算一時，事辦成了就算萬事大吉。商場如此，官場亦如此。

厚黑妙用

有一家專營兒童玩具的公司，在它創業初期，產品銷路不暢。公司的董事長就到各地去做旅行推銷，希望代理商們積極配合，使他們生產的玩具能夠打入各級市場。

有一次，董事長召集各個代理商，向他們介紹新產品。董事長對參加談判的各代理商說：「經過許多年的苦心研究和創造，本公司終於完成了這項能開發兒童智力、外形可愛、材質性能安全的產品。雖然它還稱不上是一流的產品，但是，我仍然要拜託各位，以一流產品的價格，來向本公司購買。」

在場的人聽了董事長的陳述，不禁譁然：「誰願意以購買一流產品的價格來買二流的產品呢？你怎麼會說出這樣的話呢？」

大家都以懷疑和莫名其妙的眼光看著董事長。

董事長望著大家微微一笑，講出了下面一番話：「大家知道，目前兒童玩具行業中可以稱得上一流的，全國只有一家。因此，他們算是壟斷了整個市場，即使他們任意抬高價格，大家也仍然要去購買。如果有同樣優良的產品，但價格便宜一些的話，對大家不是種福音嗎？」經過董事長這麼一說，大家似乎明白了一點。然後，董事長接著說：「就拿拳擊比賽來說吧！不可否認，拳王阿里的實力誰也不能忽視。但是，如果沒有人和他對抗的話，這場拳擊賽就沒辦法成立了。因此，必須要有個實力相當、身手不凡的對手來和阿里打拳，這樣的拳擊才精彩。現在，兒童玩具業中就好比只有阿里一個人，因此，你們也賺不了多少錢。如果這個時候出現一位對手的話，就有了互相競爭的機會。換句話說，把優良的新產品以低廉的價格提供給各位，大家一定能獲得更多的利潤。」

聽到這裡，代理商們不禁微微含笑。

董事長認為攤牌的時候已經到了。他說：「我想，另外一位阿里就由我來充當好了。為什麼目前本公司只能製造二流的玩具呢？這是因為本公司資金不足，所以無法在技術上有所突破。如果各位肯幫忙，以一流的產品價格來購買本公司二流的產品，這樣我就可以籌集到一筆資金，把這筆資金用於技術更新或改造。而不久的將來，本公司一定可以製造出優良的產品。這樣一來，玩具製造業就等於出現了兩個阿裡，在彼此的大力競爭之下，毫無疑問，產品品質必然會提高，價格也會降低。到了那個時候，我仍然給你們極大的優惠。此刻，我只希望你們能夠幫助我扮演『阿裡的對手』這個角色。但願你們能不斷地支持，幫助本公司度過難關。」

話音剛落，一陣熱烈的掌聲掩蓋了嘈雜聲。董事長的發言產生了極大的迴響，收到了很好的談判效果。為了以後的利益，代理商們不僅增加訂單，而且願意出一流產品的價格購買。這裡，董事長是求人者，這些代理商是被求者，董事長的這次求人獲得了極大的成功。

讓人為己所用，並不僅僅討得對方的歡心就可以了，更要讓對方知道你的可用之處，雙方利益交換，對方才會更為爽快。古往今來，小人物在討好大人物時，莫不是或明或暗地透露出自己的可用之處，讓那些大人物意識到有朝一日，必有能用到自己的地方，然後才會對自己不吝提攜。沒有人願意平白無故地幫助他人，除非雙方可以進行利益交換。「打腫臉充胖子」，讓對方看到你的可用之處，你成功的機率自會大大提高。

厚黑妙法十七：取法於其上

厚黑真經

「取法其上，適得其中」這句話告訴我們，首先提出一個很大的要求，如果對方沒有同意，再提出較小的要求，因為沒有同意別人較大的要求和沒能幫上大忙而深感內疚，也為了減輕這種內疚感，他們就會同意這個較小的要求，用幫小忙來表示歉意。這和直接提出較小要求相比，人們同意的可能性會大大提高。

厚黑妙用

人們在跨過門檻，登上臺階時，應該抬高腿，低落步。這種近於本能的習慣，應用在社交中卻是一個很巧妙的退讓方法。具體來說是用大要求來製造退讓的假象，從而達到作較小的要求。

在日常生活中，我們常使用這個方法。比如要讓貪玩的孩子每天回家只看一小時電視，你不妨說只允許他看半小時，他再三要求下你只好答應了一小時的要求，他便不會再鬧了，因為你已經讓過步了。再比如在市場上。貨主往往把商品標價多一兩倍，這樣他可以慢慢地讓到他的正常價位。如此一來，買的人也覺得占了不少的便宜，很容易掏錢來買。這種做法可能有些狡詐，可是人們已經習慣如此：不管你真的讓步與否，你得讓他感到你已經讓了很大的步。

這個道理反過來用，也可以成為「欲求一尺，先要一寸」的退讓方法。倘若你需要他人提供較多的說明，不妨採用「登門檻」技術，即先請對方予以小的幫助，然後拾階而上，要求他幫助解決更大的問題。

社會心理學家弗里德曼和費拉瑟對「登門檻」技術做了一番實際的調查研究；他們先挨家挨戶找主婦在一份所謂「安全駕駛請願書」上簽名，幾乎所有的主婦都答應了這項不費多少心力的要求；幾天後，他們又要求這些主婦答應在她們的私人庭院裡立一塊不太美觀的大牌子，上書「謹慎駕駛」。結果有五十%以上的主婦同意了，而另一組被直接要求立牌的主婦中，只有百分之十五的人接受了這一主意。

前者為何是後者的三倍呢?心理學家的解釋是：同意提供小的幫助的人等於給自己提供了這樣一種自我感覺：自己是個樂於助人的人。接著，她們就會以一種與這種自我感覺相一致的方法去行動，進而有了更多的奉獻。而答應了「一寸」之後，他會養成對你說是的習慣，對你「一尺」的目標也很難覺察。

如果最終達不到目標，我們則應該抱著「一尺不行，五寸也可以」的態度，及時調整我們的期望值，適當讓步，讓事情向好的一面轉化。

當你硬性堅持要某人接受你的意見、觀點時，對方由於種種原因，往往產生抵觸心理，因而全盤否定你的意見。而退讓的奧妙，就是在對方提出反對意見時，及時退步，使對方感覺尊重他的意見，虛榮心得到滿足，從而達到說服對方的目的。

魯迅在批評中國人的惰性時說過，如果有人提議在房子牆壁開一個窗口的話，勢必會遭到眾人的反對，窗口肯定開不成。如果他提議要把房頂掀掉，眾人則會退讓，同意開個窗口。

其實這種心理現象是人類普遍存在的，我們可以利用這種心理內疚，達到勸說別人接受意見的目的。

在社會活動中，由於大多數人都有堅持自己意見的頑固性，因此，不同意調和的結果，往往造成「取法其上，適得其中」。為了「適得其中」，就需要提出一個更高的目標，而後做出妥協、退讓的姿態，在對方自尊得到滿足的同時，你的目的也就達到了。

厚黑妙法 十八：眾口鑠黃金

厚黑真經

常言道：「眾口鑠金」。輿論是一個倍增器，可以成倍地增大「沖」的殺傷力，而這又取決於你是否會作秀，是否會操控輿論。名人和名聲是一種資源，古今皆然，在商品社會它的價值得到了極大的利用和提高，這是從眾行為的結果——人們普遍存在著的一種心理現象，就是「隨大流」，表現最突出的莫過於盲目趨時和效仿名人。利用人們的這種心理，發揮「輿論」的作用，就可以大打「名人牌」。

厚黑妙用

金嗓子喉寶為了擴大聲勢，利用國人對足球的普遍瘋狂，在西班牙皇家馬德里隊訪華時，邀請羅納爾多為其做廣告。

這是否提高了金嗓子喉寶的銷量不得而知，但明星宣傳確實能為企業帶來豐富回報，卻是不爭的事實。

不追星的人可能很難想像明星對一些人強大的感召力，有的商家往往利用明星給自己做宣傳，讓廣大粉絲在某商品中獲得歸屬感，提高銷量，這就是所謂「明星效應」。

一九六四年，法國明星亞蘭．德倫首次到日本訪問，立即在日本刮起了一股亞蘭．德倫旋風。這種現象引起了日本洛騰口香糖公司總經理辛格洛的關注。當時，「洛騰口香糖」正面臨銷售疲軟，資金周轉不靈。辛格洛考慮一番後，派人四方活動，想方設法邀請亞蘭．德倫到該廠作客。

這一天，全廠張燈結綵，所有首腦人物全部出動，列隊歡迎亞蘭．德倫。辛格洛特意聘請錄影師拍攝整個過程。

亞蘭．德倫在包裝廠房裡嘗了一塊巧克力口香糖，隨口說了一句：「沒想到日本也有這樣的巧克力……」這本是出於客套的話，但從那天晚上開始，電視上天天播放這樣一個畫面：亞蘭．德倫笑瞇瞇地嘗了一小塊巧克力口香糖，一邊嚼一邊說：「沒想到日本也有這樣的巧克力！」

這下立即吸引了日本成千上萬的亞蘭．德倫迷，大家爭先恐後地購買這種巧克力口香糖，很快，洛騰口香糖的存貨就一掃而空了。

企業請明星做廣告，做代言早已不是什麼稀奇事，但畢竟這樣花費太多，還經常會遭到拒絕。其實只要放開視野，在「明星效應」的範疇內，完全可以發揮。首先，只要是偶像，誰都是明星，而不是限定於影視歌明星；其次，明星「一定要有號召力，這種號召力可以是多方面的，並不一定是感召粉絲；再次，假作真來假亦真，真真假假間，就看你怎麼運作了。

玫琳凱借錢在倫敦開了一家小型珠寶店。創業之初，玫琳凱雄心勃勃，準備借它闖出一點大名堂來。怎奈含辛茹苦地經營了四年，生意仍十分清淡，每年的經營收入還清銀行的本息之後，幾乎所剩無幾。

看到同行們的生意如日中天，玫琳凱心裡真不是滋味。她深知，要想走出困境，必須先樹立小店的形象，擴大小店的影響。但如何樹立小店的形象，擴大小店的影響呢？一時之間，玫琳凱還真有點束手無策。不過堅強的玫琳凱並沒有氣餒，她總是這樣告訴自己：辦法總是可以想出來的。

生活中有些人喜歡在別人的傷口上撒鹽，以獲得自身的一種快感。就在玫琳凱愁眉不展之時，有一位同行諷刺她：「憑你這麼一點小本錢，也想吃珠寶這行飯？真是癩蛤蟆想吃天鵝肉！」

玫琳凱卻充滿自信地回擊說：「做任何生意都是從小而大的。只要常把槍瞄準目標，一旦天鵝飛來，總有一天可以把牠擊落的，吃其肉有何難？」

話雖這麼說，做起來卻不是一件容易的事。玫琳凱在清淡的生意中苦苦撐過一年。時間很快就到了西元一九八一年，一天，玫琳凱從電視上看到一則十分引人注目的消息：查爾斯王子即將與戴安娜王妃舉行婚禮。就在看到這一消息的一剎那，玫琳凱突然靈機一動：新娘戴安娜乃英國第一美人，是英國年輕人心目中的完美偶像，也是許多王公貴族的公子哥兒所追求和仰慕的對象，具有很高的威望。如果借助她的聲威，裝點自己的珠寶小店，不是可以立即聲譽鵲起、生意興隆嗎？

主意一定，玫琳凱便開始行動起來，她穿街走巷，四處奔走，企圖尋找一個酷似戴安娜的年輕女子，來一個以假亂真。可是，好幾天過後，她尋找的對象都沒有出現。

這天，玫琳凱經過一家服裝店，看了幾個女模特兒的時裝表演，偶然發現其中有一女模特容貌姣好，酷似戴安娜，不禁怦然心動。於是以優厚的報酬，聘請這位女模特兒做了一次展示表演。

她請設計師依照戴安娜的照片對這位女模特兒做了一番精心的裝扮，使她儼然戴安娜的分身。接著，玫琳凱特意向倫敦一家電視臺宣佈明晚將有貴賓光臨其珠寶店，特邀記者獨家採訪這則熱門新聞。但她提出一個條件，此貴賓非同一般，因有約定，所攝圖像可以播放，但不准加入解說詞。

第二天晚上，玫琳凱珠寶店裝扮得煥然一新，燈光燦爛，小店門前兩旁擠滿了民眾，幾個店員畢恭畢敬在門前迎候。不一會，一輛豪華轎車緩緩駛到小店門前。小店老闆玫琳凱走過去打開車門，一位豔冠群芳的女子從容走下車來，彬彬有禮地向圍觀的群眾點頭致意。突然，不知是誰高叫了一聲：「戴安娜王妃！」人群立即變得一片騷動，都爭先恐後地擠上前去，想一睹神秘王妃的風采。電視臺的記者也甚感機會難得，連忙拍下了王妃蒞臨珠寶店、人們夾道歡呼的鏡頭。看到這一火爆場景，玫琳凱心裡暗自得意，連忙迎進這位「戴安娜王妃」，並在她走進店內之後馬上令店員關上大門，停止營業。圍觀的人們站在店外遲遲不願離去。次日，當人們打開電視機時，猛然看到戴安娜王妃蒞臨玫琳凱珠寶店的熱烈場景，全倫敦為之轟動，都認為該珠寶店的珠寶一定非同尋常，於是爭相打聽其地址，欲前往購買一些珠寶作為紀念。

玫琳凱珠寶店頓時身價倍增，此後幾日，門庭若市，熱鬧非凡，營業額直線上升，不到一個星期，就獲利二十萬英鎊。因新聞畫面中未加任何旁白解說，並未提到戴安娜王妃之名，事情即使鬧到英國皇室，也無任何把柄可抓。玫琳凱因此發跡起來，沒出幾年便成了倫敦最大的珠寶商之一。

由此可見，名人本來就具有一定的社會影響力和號召力，利用名人做宣傳更是一種雙贏的選擇，讓名人出盡風頭的同時也讓自己得利。當然，這其中的效益也是明顯可見的。

第四章 捧求：溜鬚拍馬，抬轎捧場

厚黑妙法 十九：專撓心窩子

厚黑真經

「吹喇叭的」要想得到「坐轎子的」恩寵，必須善於察言觀色，投其所好。因此，精通厚黑之術的大師，都非常精通上司心理，觀風雨聽招呼，體會上意，順時應變。他們可能治世無能，但卻媚人有方，專會在小處著眼虛處做功，單揀好聽的說，單揀喜歡的做，挖空心思迎合所求之人。他們深知，「隔靴搔癢」是起不了作用的，只有撓到對方心窩子，才能使他通身舒坦。

厚黑妙用

求人辦事要想成功，在說話上，就要學會將讚美別人的話撓到他的心窩子裡去。因為幾乎任何人都愛好虛榮，你所求助的對象也不例外。有時候，一句讚美的話可以決定一件事情最終能否辦成。

吉斯菲爾伯爵說：「各人有各人優越的地方，至少也有他們自以為優越的地方。在其自知優越的地方，他們固然喜愛得到他人公正的評價。但在那些希望出人頭地而不敢自信的地方，他們尤喜歡得到別人的恭維。」

吉斯菲爾進一步指出：「你若想輕易地發現各人身上最普遍的弱點，只要你留意他們最愛談的話題便可。因為言為心音，他們心中最希望的，也是他們嘴裡談得最多的。你就在這些地方去搔他，一定能搔到他的癢處。」有不少人，他們喜歡聽相反的話；更有許多的人，喜歡別人把他們當作有思想、有理智的思想家。

吉斯菲爾還告訴我們：「幾乎所有女人都是很質樸的，但對儀容嫵媚，她們是至深偏愛，孜孜以求的。這是她們最大的虛榮，並且常常希望別人讚美這一點。但是對那些有沉魚落雁之容、閉月羞花之貌的傾國傾城的絕代佳人，那就要避免對她容貌的過分讚譽，因為她對於這一點已有絕對的自信。如果你轉而去稱讚她的智慧、仁慈，如果她的智力恰巧不及他人，那麼你的稱讚，一定會令她芳心大悅，春風滿面的。」

可見，讚美別人還得講究技巧。那麼怎樣來讚美別人呢？你不妨試試以下的幾種方法。

一．讚美的話要坦誠得體，且必須說中對方的長處

讚美的首要條件，要有一份誠摯的心意及認真的態度。言辭會反映一個人的心理，因而輕率的說話態度，會讓對方產生不快的感覺。讚美也不要太離譜，這樣別人會覺得你太虛偽。一九八七年四月底，歐陽奮強到香港參加電視劇《紅樓夢》首映式，他是飾演賈寶玉的演員。歐陽奮強一踏進機場休息室，亞洲電視臺名演員方國姍就擠到他身邊，熱情地說：「你是歐陽奮強嗎？我叫方國姍。他們都說我長得像你。」「方小姐比我長得漂亮多了。」歐陽奮強說。亞視藝員領班高先生風趣地說：「方小姐可是香港的賈寶玉呀。」

這番相互讚美的話十分自然貼切，使迎接的氣氛變得熱情而和諧。

二．在背後讚美效果會更好

讚美人最要不得的一種是，只當著甲的面來讚美甲。假如你當著大家的面來讚美他，為他做一次義務宣傳，他一定很高興。只要你讚美得不過火，大家也不會覺得你是在有意吹捧他。

最好的方式是在背後讚美他。一傳十，十傳百，總有一天會傳到他耳朵裡，由不得他不感激你。時機一到，他也會讚美你一通，他是不會忘記使他美名遠揚的朋友的。

三．把對方捧上天，讓他感覺不幫你辦事會有損他的自尊心

在現代社會活動中，人們會不同程度地存在「有求於人」的情況。怎樣才能求得他替你

辦事，而不至於被對方拒絕呢？這就需要你巧妙地吹捧他，將對方引入你設定的情景中，然後提出你的要求，這樣會使你的要求成功地得到滿足。

這是因為吹捧、恭維對方，也是一種高妙的「綿裡藏針」的方法，能夠極大地滿足對方的虛榮心，當對方飄飄然時，你突然提出自己的要求，並在話裡話外使對方感到你在懷疑他的能力和權威，一旦感到權威受到了挑戰，他就必然盡全力證明給你看。如果辦不到你所求的事，就會有損自己的自尊心，這時他只有想方設法硬著頭皮為你辦事了。

四·把對方美化成道德上的「完人」

讚美可以是多方面的，通常你把對方說成是道德上的完人比稱讚他的衣飾得體更有效果。

這種事例在日常生活中有很多很多，也許當事人自己都沒有感覺到有什麼特殊之處，但又確實達到了辦事的目的。這時，人的自尊、名聲、榮譽、能力……都可以成為你求人辦事的武器。

五·把對方標榜為能力上的「超人」

美國黑人富豪詹森要修建一座辦公大樓，但在資金上還有三百萬美元的空缺，他出入多家銀行都沒有貸到這筆款項。

建造開工後，到所剩的錢僅夠再花一個星期時，詹森約一家銀行的主管一起吃飯。席間，銀行主管對詹森說：「在這兒我們不便談，明天到我的辦公室來談吧。」

第二天，當詹森斷定該銀行很有希望給他抵押貸款時，他說：「好極了，唯一的問題是今天我就要拿到貸款。」

「你一定是在開玩笑，我們從來沒有一天之內就能辦妥這樣的事的先例。」銀行主管說。詹森把椅子拉近，說：「你是這個部門的主管。也許你應該試試看你有無足夠的權力把這件事在一天之內辦妥。」

這樣一下子就挑起了對方的好勝心，這個銀行主管試過以後，本來他說辦不到的事終於辦到了，詹森也如願拿到了這筆貸款。

這類似激將法，因為誰都不願意被人看扁，你用讚美的方式把對方說成是全能的，他自然想方設法去維護自己的這個「全能」形象。

六·重點捧對方身上那些你特別需要的能力

當一個人很有興趣地談到他的專長，或他所取得的成績，或他所開展某項業務的輝煌時，你適時地提出與之相關的要求，在這樣的時刻，他拒絕你的可能性最小，你的要求得到滿足的成功率最大，這是經過心理學家及社會學家的實驗所證明的。當你有求於人時，就去讚美他、吹捧他，營造一個合適的氛圍，使你的需求最大可能和最大限度地得到滿足。

相反，有些人只知道訴苦，讓別人幫忙，激發別人的同情心，殊不知，這些是遠遠不夠的。

讚美他人是求人辦事的一柄利器。人不分男女，無論貴賤，都喜歡聽合其心意的讚譽。同時，這種讚譽，能給他們加倍的能力、成就和自信的感覺。這的確是感化人的有效方法。然而，你也要明白讚美不當，恰似明珠暗投，更有甚者，反而激起疑惑，甚至反感，這便是懂得頌揚卻沒有掌握頌揚的訣竅。

要使讚美能夠奏效，只要我們心中掌握各人性情的不同之處，便能區別對待，有的放矢，從而達到目的，把事情辦好。

厚黑妙法二十：多送高帽子

厚黑真經

給人「送高帽子」之所以可以屢試不爽，是因為人總是喜歡別人奉承的。可是，「多送高帽子」也要得體，首要的條件是要有一份誠摯的心意及認真的態度。有口無心，或是輕率的說話態度，很容易被對方識破而產生不快的感覺。同時，奉承別人時，也不可以講出與事實相差十萬八千里的話。這樣，你所送的「高帽子」才會超過一般人的水準，聽在對方耳中，感受自然與眾不同。

厚黑妙用

有人說：「人性的弱點決定了人是最禁不住恭維的動物。」對任何人來說都是如此，你求他幫助辦事，恭維他是理所當然的。你恭維了他，他也反過來重視你，另外，得到恭維的人是不會放著對方的難題不管的。

因此，在這個社會上，會說恭維話的人，肯定比較吃香，辦事順利也順理成章了。當一個人聽到別人對自己所說的恭維話時，心中總是非常高興，臉上堆滿笑容，口裡連說：「哪裡，我沒那麼好」、「你真是很會講話！」即使事後冷靜地回想，明知對方所講的是恭維話，卻還是沒法抹去心中的那份喜悅。

因為，愛聽恭維話是人的天性，虛榮心是人性的弱點。當你聽到對方的吹捧和讚揚時，心中會產生一種莫大的優越感和滿足感，自然也就會高高興興地聽從對方的建議。

相信你也到私人商攤處買過衣服，在你試衣時，賣主肯定就來話了：「啊！真漂亮！穿起來非常合身，樸素、大方、有風度。你比以前年輕了幾歲。」

本來你是不想買那件衣服的，卻買回來了。第二天，你神氣起來，可是穿了不到兩小時，某條縫線斷了，裂開了一個大洞。此時，你才罵他是個「騙子」。然而，又有何作用呢？

要想在辦事時求人順利，首先要擯棄一些主觀意識，學會恭維別人，學會「捧」的功夫。恭維話說得好聽，說得到位，對方便易於接受你提出的要求，否則即便是一件簡單的事情，也容易搞砸。要學會說恭維的話，就必須學會順情說好話。順情說好話一般叫做讚美或者頌揚。要想把事情辦成功，總得揀對方愛聽的話說，才有利於解決問題。

幾乎每個人都愛慕虛榮，其特點是在他們覺得做沒有多大把握的事情時，極樂意看到自己在這些事情上表現不凡，獲得別人的稱讚。當你對這些事情中任何一樁加以頌揚時，都會發生你所期望的功效。吉斯菲爾伯爵說：「各人有各人優越的地方，至少也有他們自以為優越的地方。」在其自知優越的地方，他們固然喜愛，但是，稱讚對方也要注意技巧。「捧」著對方並非單指溜鬚拍馬，在這裡是指對別人恰到好處、實事求是的稱讚，並不包括那種漫無邊際、肉麻的吹捧。讚譽之詞人人都渴求，人人都需要。如果稱讚對方不恰當，反而會弄巧成拙，只落下一個「溜鬚拍馬」的壞印象。稱讚一個人，當然是因為他有出色的表現，但每個人在哪一方面出色卻各有不同。有的人是專業技術水準高，工作成績突出；而有的人則是在社交方面有特長，有與客戶打交道的能力。因此，在稱讚對方時應針對不同的情況，用不同的方式稱讚。求人時不忘對他說點他樂意聽的話，尤其是順便就與所求的事有關的方面稱讚對方一下，這不失為一種求人的好辦法。

恰當地「捧」上司的妙用隨處可見，但用錯了卻也讓你畫虎不成反類犬。

有個公司的部門經理對總經理掌握好公司業務的同時，結合自己工作經驗撰寫了一本《經商之道》的書稿這樣稱讚道：「你在企業工作真是一個錯誤的選擇，如果你專門研究經營管理，我相信你一定會成為商務管理的專家，會有更加突出的成果問世。」

總經理聽完部門經理的一席話，不滿地說：「你的意思是說我不適合做公司的總經理，只有另謀他職了？」見總經理產生了誤解，本來想對總經理「捧」一番的部門經理嚇得頭冒虛汗，連忙解釋說：「不，不，不，我不是這個意思，我是說……」

還好，秘書及時過來替部門經理打了個圓場，說道：「部門經理的意思是說您是個多才多藝的人，不僅本職工作掌握得好，其他方面也非常出色。」

可見，同是稱讚一個人，稱讚一件事，不同的表達方法，其效果是不一樣的。

恭維讚揚不等於奉承，欣賞不等於諂媚。讚揚與欣賞對方的某個特點，意味著肯定這個特點。只要是優點、長處，對別人沒有害處，你可毫無顧忌地表示你的讚美之情。上司也需要從別人的評價中，瞭解自己的成就以及在別人心目中的地位。當受到稱讚時，他的自尊心會得到滿足，並對稱讚者產生好感。你的事情也就變得好辦得多。

所以，日常生活中你必須學會說恭維的話，「捧」你的上司，當你託對方辦事時，你就會感到其中的作用。

厚黑妙法二十一：自扣屎盆子

厚黑真經

《厚黑學》認為：「無行到了極點，便可以無法無天。」厚黑求人者必須「自甘墮落」，由此才能反襯出上司或者所求之人的高大。這是一種變相的吹捧，而且往往能取得意想不到的收穫。

厚黑妙用

方某是某廠的總務幹事，有一天，處長突然叫他整理一份資料。據知情人士透露，這其實是一次考試，它將關係到方某是否還能繼續在機關待下去。本來對於這樣的資料，他並不感到為難，但有了無形的壓力，便不得不格外用心。他花了一個通宵，寫好後反覆推敲，然後又抄得工工整整。第二天一上班，方某就把它送到了處長的桌子上。

處長當然高興，速度快，字又寫得遒勁有力，而且在內容、結構上也沒有什麼可挑剔的。可是，處長越看到最後，笑容越收得緊了。末了，他把文稿退回，讓方某再認真修改修改。

處長滿臉的嚴肅，叫人搞不清什麼地方出了差錯。方某轉身剛要邁步，處長像突然想起了什麼似的說：「對，對，那個『副廠長』的『副』字不能寫成『付』，改過來，改過來就行了。」

這麼簡單！處長又恢復了先前高興的樣子，一個勁地誇道：「交得快，不錯。」方某的考試自然過關，而且還是優等哩！

因此我們可以得出這樣的結論：處理上司交辦的事情，首先要盡可能地爭取時間快速完成，而不要過分糾纏於辦事的細節和技巧。因為如果你把事情處理得過於圓滿而讓上司挑不出一點毛病的話，那就顯示不出他比你高明的地方，就會讓他感到有「功高蓋主」的危險。

記住：任何人都有獲得威信的需要，不希望別人超過並取代自己。例如，在人事調動時，如果某個優秀、有實力的人被指派到自己屬下，上司就會憂心忡忡，因為他擔心某一天對方會奪了自己的權位。相反，若自己的下屬是一個平庸的人，他便可高枕無憂了。

總而言之，聰明的人總會想方設法以假裝的愚笨掩飾自己的實力，來反襯對方的高明，力圖以此獲得對方的青睞與賞識。當對方闡述某種觀點後，他會裝出恍然大悟的樣子，並且帶頭叫好；當他對某項工作有了好的可行的辦法後，不是直接闡發意見，而是在私下裡用暗示等辦法及時告知對方，同時，再拋出與之相左的甚至很「愚蠢」的意見。久而久之，儘管可能在其他人眼中形象不佳，有點「弱智」，但對方卻備加欣賞，對其情有獨鍾。

在許多境況下，特別是在與上司的相處過程之中，上司需要並提拔那些忠誠可靠但表現可能並不是那麼出眾的下屬，因為他認為這更有利於他的事業。有個古老的故事叫「南轅北轍」，意思是說，目的地在南方，但駕車的方向卻對準了北方，結果跑得越快，離目標越遠。同樣的道理，如果上司使用了優秀出眾的下屬，這位下屬卻總是和自己對著幹或者「身在曹營心在漢」，那麼這位下屬的能力發揮得越充分，可能對上司的利益損害越大。

所以，一個處世的高手常常故意在明顯的地方露個破綻，讓人一眼就看見他「連這麼簡單的都搞錯了」。這樣一來，儘管你出人頭地，木秀於林，別人也不會對你敬而遠之，他一旦發現「原來你也有錯」的時候，反而會縮短與你之間的距離。

其實，適當地把自己安置得低一點，就等於把別人抬高了許多。當被人抬舉的時候，誰還有放不下的敵意呢？在求人辦事時，這一招尤為管用。

求別人辦事時，不論你地位多高，身分多尊貴，你都應該放低架子。因為你是在求別人，而不是別人求你，如果還擺出一副高高在上的架勢，誰都不會買你的帳，即便是至高無上的皇帝都不例外。

在辦事過程中，那些謙讓而豁達的人總能贏得更多的成功。反之，那些妄自尊大、不肯放低自己身段的人必然會引起別人的反感，最終使自己走到孤立無援的地步。

一八六〇年，林肯作為美國共和黨候選人參加總統競選，他的對手是大富翁道格拉斯。

當時，道格拉斯租用了一輛豪華富麗的競選列車，車後安放了一門大炮，每到一站，就鳴炮三十響，加上樂隊奏樂，氣派不凡，聲勢極大。道格拉斯得意洋洋地對大家說：「我要讓林肯這個鄉下佬聞聞我的貴族氣味。」林肯面對此情此景，一點也不在乎，他照樣買票乘車，每到一站，就登上朋友們為他準備的耕田用的馬拉車，發表這樣的競選演說：「有許多人寫信問我有多少財產。其實我只有一個妻子和三個兒子，不過他們都是無價之寶。此外，我還租有一間辦公室，室內有辦公桌一張，椅子三把，牆角還有一個大書架，架上的書值得我們每個人一讀。我自己既窮又瘦，臉也很長，又不會發福，我實在沒有什麼可以依靠的，唯一可以信賴的就是你們。」

選舉結果大出道格拉斯所料，竟是林肯獲勝，當選為美國總統。

同樣的道理，每個人都知道既然是求人辦事，那靠的就是關係，在當前，關係是一種感情凝聚，又是一條利益通道，你有關係就有門路；沒關係，你就要尋關係，在你的親戚中找，在你的朋友中找，在你的同學中找，在你的上下級中尋找。直接的沒有，你可以找間接的，透過地位低的，可以找地位高的，這關係之道，全在你攀緣的本領。你能攀能附，就能左右逢源。所以，求人辦事，需要攀附的時候你就要放下架子，趴下身子，並把相關的方面都打點周全。如果你在找關係求人時還擺出一副高高在上的架子，那結果肯定是沒人願意幫你。有個朋友為辦一個手續，連跑了幾個地方，不知為什麼，總是解決不了問題。有人說要送禮，他不懂送禮也不願送禮，只有忿忿然罵上兩句，自己苦惱不堪。

另一位朋友瞭解此事後，指點他去直接找某主任。可是他到辦公室卻撲了個空，追到家也沒人——還被勢利的傭人「損」了幾句。他頓時火起，卻又「好男不跟女鬥」，只得懷著滿腹懊惱回到家，發誓再也不去找人辦事了。

那位給他出主意的朋友知曉後，哈哈大笑，說：「你呀，就這麼不濟事！在外邊辦事情哪有這麼容易的！我找人辦事是一求、二求、三求，不行再四求、五求、六求。事實不可謂不詳盡，道理不可謂不充分。現在，我不但臉皮厚了，連頭皮都變硬了！」

一席話深深地觸動了這位朋友。第二天，他又「厚」著臉皮去找某主任。結果是出人意料的順利，主任只照例問了一些問題便為他辦了手續，菸都未抽一支。

人生一世，存活下去，需要辦數不清的事，需要請無數人幫忙。萬事不求人是不可能的，既然要求人，架子大了是不行的。

「人在屋簷下，不得不低頭」，這句話有其客觀合理性。很多人往往「臉皮薄」，放不下「清高」的架子，自然也就不能為社會所接納，不能與環境相適應。因此，對於這些「臉皮薄」的人而言，一定要懂得「臉皮薄了不行」，洗掉身上的迂腐與矜持，才能鍥而不捨，以柔克剛，取得求人辦事的成功。

厚黑妙法二十二：降服強眼子

厚黑真經

如果對方是一頭強驢，這時對運用「吹捧」的辦法來實現自己目的的人就得提出很高的要求。因為，弄不好拍馬屁可能拍到驢蹄上，輕者「對牛彈琴」起不了任何效果，重者可能還會被踢傷。但是，對於厚黑之士來說，這種強眼子並不難對付，只要根據人性的弱點針對性地多下點工夫，例如運用激將法戳到對方的痛處，從道義的角度去激怒他，讓對方感到不再是願不願意去做，而是義不容辭地必須去做，終究會使「強驢上套」。

厚黑妙用

中國人歷來都比較重視「禮」和「義」，從這兩個方面戳對方的痛處，也能取得很好的效果。比如三國時期的劉備，就是憑著「禮」求來了軍師諸葛亮的智慧和才能，用「義」求得了關羽、張飛的忠肝義膽、生死相隨，為他建立富饒的蜀國立下了汗馬功勞。

當劉備被曹操打得落花流水，逃至樊口時，他勢單力孤，繼續與曹軍對抗無異於死路一條，所以他除了與盤踞江東的孫權聯手以外，別無他計。去江東與孫權談判無疑需要一個智勇雙全的將才，能夠擔當此任的非諸葛孔明莫屬。諸葛亮自薦過江，最終說服孫權聯合劉備共同抗曹，最後形成三國鼎立之勢。

當時，孫權是一個年僅二十六歲的將軍，血氣方剛，自尊心很強。諸葛亮是怎樣打動他的呢？其實他正是利用孫權這個弱點，用言語刺激孫權的自尊心，讓他按照自己的意志轉變了。諸葛亮見到孫權時這樣說：「如今天下大亂，將軍在港東舉兵，劉備在港南集結，目的都在與曹操爭奪天下。眼下曹軍勢如破竹，威震天下，空有英雄氣概是無法抵擋曹軍南下的。加上劉備之軍漸漸敗退，將軍您宜早做應對，仔細斟酌才是。如果貴國實力能夠與曹操對抗，就與他斷絕外交；如果無力與其對抗，不如迅速解除武裝、俯首投降算了。可依我看來，將軍只是表面上服從曹操，內心卻猶豫不決。可是目前形勢急迫，不容您費時考慮，希望馬上定奪，否則後果不堪設想。」

孫權聽到此話禁不住一愣，反問道：「按你所說形勢如此嚴峻，劉備怎麼不趕快投靠曹操呢？」

孔明回答說：「此言差矣。齊國壯士田橫您應該知道，他在道義上不能投靠漢高祖，寧可結束自己的生命。而劉備是漢室後裔，具有帝王資質，目前雖然困頓，仍有八方壯士慕其英名，紛紛前來投奔。起兵抗曹，天之所命，至於事成與不成，只有靠天命而定。豈可向曹賊投降呢？」

孫權聽後大叫一聲：「我吳國擁有十萬大軍，承父兄之業，更豈可輕易言降？」

孫權雖然大叫不降，其實內心也很不踏實，事實上他沒有足夠的實力抗擊曹操。於是又向諸葛亮問道：「眼下除了劉備之外再找不到能與曹操抗衡的軍隊，可劉備最近連吃敗仗，不知是否有軍力與其再戰？」

對此，諸葛亮早有準備，他說：「劉備確實吃了敗仗，但現在軍力仍不少於一萬。而曹操之軍雖眾，但長途南下，早已人困馬乏。而此次為了追擊我們，曹軍的騎兵一晝夜竟跑了三百里，早已成為強弩之末，這種力量就是連魯國最薄的絹布也無法穿透。再者，曹軍士兵多為北方人士，不習慣南方水戰，我方占有地利；荊州之民雖然表面上服從曹操，內心卻是時時準備反抗。如果將軍集精兵猛將與劉備之軍配合，聯手作戰，一定會擊敗曹軍，此為人和。天時、地利、人和俱在，剩下的就只有看將軍您的決斷。」

孔明這一番精闢的分析，指出強敵之短處，強調劉、吳聯合的潛力所在，最後把事情成敗的關鍵又推給了孫權自己，可謂步步高招，神機妙算，使原本主意不定的孫權下定決心，聯蜀抗曹，最後發生了三國時期的大決戰——「赤壁之戰」。

此事，諸葛亮之所以能夠與孫權談判成功，關鍵在於他採用了激將之法，戳痛了孫權的自尊心。對於血氣方剛、智勇雙全的孫權來說，使用其他的計謀也許無濟於事，而激將之法也許再合適不過了。

再如，二戰時期有這樣一個例子。

美國海軍軍官泰勒在第二次世界大戰中，曾用非同尋常的審訊方式，從一名納粹分子的口中獲得了德軍機密。他就是利用激將法成功的。

當時號稱「狼群」的德國潛艇在大西洋上橫行一時，對盟軍的海上運輸構成嚴重的威脅。更令人吃驚的是，德軍還研製了一種感音魚雷，即將投入戰鬥。盟軍派出了大量的諜報人員想搜尋有關的情報，但都一無所獲。

不久，美軍在大西洋擊沉了一艘德國新式潛艇，碰巧有一名曾參與感音魚雷製造的軍官正在艇上，他名叫漢斯。美軍採取了各種各樣的審訊，但漢斯立場頑固，軟硬不吃，最後美軍把任務交給了海軍軍官泰勒。

泰勒會說流利的德語，知識淵博，風流倜儻，他不把漢斯當作俘虜，反而與之交上了朋友。透過長期的接觸，泰勒的風度、才華使漢斯佩服極了。

一天泰勒邀請漢斯到家中下棋，兩人邊下邊談，氣氛融洽。「你為什麼不審問我？」漢斯提出了他一直想問的問題。「你不過是一名普通軍官，有什麼好問的？」泰勒不屑一顧。「你錯了，我是一名經過專業訓練的優秀的魚雷軍官！」高傲的漢斯有點被激怒了。「得了吧，老弟，就憑你那三流海軍，還有什麼魚雷？」泰勒更輕蔑地擺了擺手。「請不要小看我們，我們不但有魚雷，還有比你們更先進的感音魚雷！」漢斯有點控制不住了。「哈哈，感音魚雷，你別編神話了。」泰勒用嘲諷的大笑刺激漢斯。漢斯終於再也忍不住了，順手抓過一張紙，畫出了魚雷的原理圖，以證明自己沒有胡說。就這樣，美軍輕而易舉就獲得了感音魚雷的秘密，研究了對策，使得德國的這一新式武器沒能發揮出任何威力。

本例中，泰勒正是抓住漢斯性格高傲的特點，用激將法使他說出了本不會說的話來。激將法為這一計謀立了大功。

用激將法戳到對方的痛處在古今中外歷史上是很普遍的，大到定國安邦，如上面所說的孔明和泰勒的故事；小到治理百姓，都可以使用這種方法。

唐代李封任延陵縣令時，凡官吏犯罪，他不加杖罰，只命犯罪者戴一頂青綠色的頭巾以示恥辱。按所犯罪過的輕重，罰戴不同的天數，天數滿了就將頭巾解掉。只要誰戴上這種頭巾，都會覺得是奇恥大辱。於是他手下的官吏們便互相勸勉，都不敢犯法，這樣一來，李封在職時，雖然延陵縣沒有處罰過一個官吏，而延陵縣的賦稅卻比其他縣都完成得好。

李封的做法今天當然不可能實行，但他激發人們自尊心的這一謀略卻大有用武之地。這種戳痛對方的激將法在求人辦事的過程中要好好地加以利用，尤其對方若是脾氣倔強之人，它能讓你收到意料之外的效果。

厚黑妙法二十三：打開話匣子

厚黑真經

常言道：「一句好話抵得上半年的口糧。」的確，沒有人會不喜歡聽好話，例如讚美的話。一個百老匯的喜劇演員說過：「……讚美人的藝術就是了解人類對於讚美的需要，誠懇地發自內心地去讚美別人，並隨時去找那些值得讚美的東西，這樣，可以幫助你求人成功。無論大人物或小人物，沒有人會不為真正的讚賞所激動的……」在求人辦事中，不但要會運用恰當的語言說好話，還要學會「沒話找話說」的本領。

厚黑妙用

求人辦事，你的語言技巧有著難以估量的作用，恰當的語言，會使你順利地達到目的。求人時交談，不能一味談自己的事，把自己的請求提出後，最好先誠心誠意地聽取對方的意見。

善於求人的人，很注意禮貌用語。不得體的言辭，往往會傷害別人的感情，即使你事後想彌補，那也來不及了。所以，在求人辦事的過程中，使用語言時，要注意以下幾個方面，把話說得恰到好處：

一・不說不中聽的話

求人時就要使對方產生好感，所以，你必須言語和善。尤其是那些心直口快的人，更要深思慎言，不說讓人生厭，和惹人不快的話，否則是會事與願違的。

二・不要說沮喪的話

既然去求人，就處在比較卑微的位置。在出現困難和危難時，如婚姻危機、事業不順、孩子沒有工作的時候，人們往往情緒低落，容易說一些沮喪的話。要注意，這是不得體的。因為這容易給人造成壓抑，引起對方的不快，也易使你們的話不投機。

三・不要說貶低自己的話

有些求人者喜歡用貶低自己來抬高對方，其實這樣會給人一種「虛偽」的感覺。謙虛要用對地方，不能自貶的時候，還是實事求是的好。

四・不要擔心、懷疑對方的話

求人辦事的人，往往意願都比較緊迫，容易說一些急於求成、催促對方的話，甚至僅憑一己之斷，胡亂猜疑對方能力、權力和身分，表現自己的擔心和說一些情緒低落的話。這些話暴露的多是一些負面意識，因而也會產生一些負面效應，這是應盡力避免的。

五・要注意語氣和措辭

求人辦事，即使是關係很密切的人，措辭、語氣也要適度，不要用命令的口氣，如「你必須幫我辦」、「一定要完成」等，這樣說，有時會強人所難，讓人難以接受，而要說：「請盡量幫我一把」、「最好能幫我做到底」，給人留下迴旋的餘地。如果是當時難以答覆的問題，就要說：「過兩天給我一個訊息好嗎？」或「到時我來找你，請你費心」等。求人辦事一定要給人留下充分考慮和商辦的時間。

總之，求人辦事時一定要注意運用恰當的語言說中聽的話，另外還要學會沒話找話說的本領，只有這樣你才會真正地求得別人幫忙。

在辦事過程中，與人談話時要善於尋找話題，也就是要學會沒話找話說的本領。所謂「找話」就是「找話題」。寫文章，有了個好題目，往往會文思泉湧，一揮而就；交談，有了好話題，就能使談話融洽自如。好話題，是初步交談的媒介、深入細談的基礎、縱情暢談的開端。好話題的標準是：至少有一方熟悉，能談；大家感興趣，愛談；有展開探討的餘地，好談。

但值得注意的是，那種不分場合地說三道四或不分情勢地東拉西扯、沒話找話是十分讓人反感的，勢必令人不愉快。但事無絕對，求人辦事時，如果掌握住一定的原則，沒話找話說一樣能夠融洽氣氛。這兩條原則如下：

一・興趣原則

你找別人辦事有時需要從一個話題入手，這種時候自己感興趣而對方不感興趣的話題應該少談或不談。比如對方對足球既不愛好，又不感興趣，你卻滔滔不絕說得津津有味，他不僅插不進話，反而讓他感到厭惡；對方感興趣而自己不感興趣的話題，應該適時暗示，可以利用對方談話中的基本內容，把話題順勢轉移開去，也可以借用對方談話中的某個細節，把話題轉移到別的內容上去。對於雙方都有興趣的話題，則不應輕易偏離，要相互補充、相互滲透。

二·注意相似因素

人們都喜歡和在某方面或多方面與自己相似的人說話。比如，你在外地碰到來自同鄉的人，你操家鄉口音，對方會感到親切，因為文化背景相同。在年齡上，老年人愛與老年人作伴，年輕人愛與年輕人交往，這是由於年齡相似，彼此的興趣愛好和節奏都容易協調。如果你與所要交談的對象年齡上差距過大，作為主動者，你應力求找出與對方年齡結構相符合的話題。與社會地位與經濟條件不如自己的人交談，千萬不能閉口擺架子，張口擺闊氣，否則，勢必使對方產生逆反心理和不滿情緒，出現話不投機半句多的局面。

人類學家沙勃說過：「社會是人際關係的聯絡網，主要靠溝通活動來維持。」一人不可能時時處處都置身於熟人圈中，應該認識到，一個人在熟人圈裡需要交際，在陌生的環境中也需要溝通。像上述場合之中，「沒話找話」既能避免冷場，使氣氛和諧，更能使生人變熟人、路人變朋友。

當然這種初次交往中的沒話找話，又必須找得準確，說得得體，說得有情感。白居易說：「動人心者莫先於情。」與人交談，要使「快者掀髯，憤者扼腕，悲者掩泣，羨者色飛」唯有熾熱的感情。倘若你自身對所談的內容缺乏熱情，語氣顯得冷漠，無動於衷，你又怎能感染對方，激起對方心靈的共鳴呢？

此外，和陌生人成為朋友，是鍛鍊沒話找話說的好途徑，是擴大橫向聯繫的機會，是求知學習的好管道，這不失為提高辦事能力的好辦法。

厚黑妙法二十四：遍灑淚珠子

厚黑真經

哭是人類最常見的情感之一，但厚黑之士卻能把它當成一種求人的銳利武器。因為你的哭可以滿足對方大丈夫的心理，由此對你產生出同情，這時你所求的事就好辦了。可見，這也是一種變相的「捧」。同情能夠加強別人對你的理解，因此求人辦事不妨利用一下別人的同情心。在很多時候，用感情打動別人，激起別人的同情心，比一味滔滔不絕地講大道理會更有效果。

厚黑妙用

一位遭人欺凌的受害者在向某領導告狀時十分衝動，口出狂言穢語，使得這位上司很是反感，因而，問題遲遲不予解決。後來，此人絕望了，痛苦不堪，幾欲輕生，反倒引起了這位上司的同情與重視。

當然，這並不是說，凡告狀者都要擺出一副可憐兮兮的樣子。而是說，告狀者在請求解決問題時，應該激發聽者的同情心，使聽者首先從感情上與你靠近，產生共鳴。這就為你問題的解決打下了基礎，人心都是肉長的，只要你將受害的情況和你內心的痛苦如實地說出來，處理者都是會動心的。

同情心可以促進當權者對受害人的理解，但這並不等於說馬上就會下定處理的決心。因為處理者要考慮多方面的情況，有時會處於猶豫之中，甚至會抱著多一事不如少一事的態度，不想過問。這時候，當事人就得努力激發處理者的責任感，要使處理者知道，這是在他職責範圍以內的事，他有責任處理此事，而且能夠處理好此事。

一天，一位老婦人向正在律師事務所辦公的林肯律師哭訴她的不幸遭遇。原來，她是位孤寡老人，丈夫在獨立戰爭中為國捐軀，她只能靠撫恤金維持生活。可是前不久，撫恤金出納員勒索她，要她交一筆手續費才可領取撫恤金，而這筆手續費卻等於是撫恤金的一半。林肯聽後十分氣憤，決定免費為老婦人打官司。

法院開庭後。由於出納員原來是口頭勒索的，沒有留下任何憑據，因而指責原告無中生有，形勢對林肯極為不利。但他仍舊十分沉著和堅定，他眼含著淚光，回顧了英帝國主義對殖民地人民的壓迫，愛國志士如何奮起反抗，如何忍饑挨餓地在冰雪中戰鬥，為了美國的獨立而拋頭顱灑熱血的歷史。

最後，他說：「現在，一切都成為過去。一七七六年的英雄早已長眠地下，可是他們那衰老而又可憐的夫人，就在我們面前，要求申訴。這位老婦人從前也是位美麗的少女，曾與丈夫有過幸福的生活。不過，現在她已失去了一切，變得貧困無依。然而，某些人還要勒索她那一點微不足道的撫恤金，這有良心嗎？她無依無靠，不得不向我們請求保護時，試問，我們能視若無睹嗎？」

法庭裡充滿哭泣聲，法官的眼圈也發紅了，被告的良心也被喚醒，再也不矢口否認了。法庭最後通過了保護烈士遺孀不受勒索的判決。

沒有證據的官司很難打贏，然而林肯成功了。這應歸功於他的情緒感染，激起了聽眾及被告的同情心，達到了理智與情緒的統一，收到了征服人心的作用。

兇殘的鱷魚在吞噬別的動物之前，總要流下一串串「傷心」的眼淚，這正是鱷魚的狡詐之處。現實生活中，要想得到別人的幫助，必須讓對方對你的行為和經歷表示同情和憐憫，並由此生出好感，這樣總有一天會攻克對方心中的堡壘，讓他為你辦事。當你向別人講述你自己的遭遇時，不妨用你悽愴的眼淚來博得對方的同情，讓對方的感情之水位隨著你的感情一起波動，這樣就會促使對方伸出熱情之手，幫助你把事情辦成。

宋朝太宗年間，將軍曹翰因罪被罰到汝州。他並不甘心就此失去前途，於是苦思返京之策。一天，宮裡派了一位使者到汝州辦事，曹翰決定抓住這個機會讓太宗回心轉意。

他想辦法見到了使者後，流著淚說：「我的罪惡深重，就是死也贖不清，真不知該如何報答皇上的不殺之恩，現在只想在這裡認真悔過，來日有機會一定誓死報效朝廷。我在這裡服罪尚可勉強度日，只是可憐那一家老小，衣食沒有著落。我這裡有幾件衣服，請您幫我抵押換些銀兩，交給我家裡人換點糧食，好使一家老小暫且糊口。」

說到傷心之處，曹翰越發淚流不止。

使者深受感動，回到宮中如實向太宗做了彙報。太宗打開包袱一看，裡面原來是一幅畫，畫題為《下江南圖》，畫的是當年曹翰奉宋太祖旨意，任先鋒攻南唐的情景。

太宗看到此圖，想起曹翰當年浴血奮戰、拚死殺敵的場景，心裡十分難過，憐憫之情油然而生，於是決定把曹翰召回京城。

求人辦事時，要想把事情辦成，必須在人之常情上下工夫，必須把自己所面臨的困難說得合情合理，令人痛惜和惋惜。曹翰正是抓住這點，才使太宗重新把他召回京城的。所以，越是給自己帶來遺憾或痛苦的地方，則越要大加渲染。必要的時候，還可以聲淚俱下博取辦事人的同情。這樣，你所求之人才願意以拯救苦難的姿態伸出手來幫助你辦事，讓你終生對他感恩戴德。

第五章 恐求：威脅恐嚇，暗擊要害

厚黑妙法二十五：逼君上梁山

厚黑真經

《三十六計》中有一計叫：「上屋抽梯」，意思就是把人逼到一個境地，讓他只能一往無前，所謂「過河的卒子無退路」。有路可走就意味著有機會，步步緊逼，讓對手無路可進、無處可退，就只能聽從自己擺佈。

厚黑妙用

隋朝末年，隋煬帝荒淫殘暴，弄得民不聊生，於是各地不斷爆發農民起義，有些有實權的人，也擁兵自重，自立為王。當時還有一民謠，說是「楊氏當滅，李氏將興」。煬帝心懷疑慮，將朝中大臣李密罷職削官，迫使李密投奔瓦崗寨義軍。煬帝又懷疑到另一大臣李渾身上，將他殺死。此時身為重臣的李淵坐臥不安，怕煬帝懷疑到自己頭上，但李淵並無反叛之意。

到了隋煬帝十三年，多地起義有數十起，煬帝江山岌岌可危。此時李淵任太原留守。他的副手裴寂是一個有戰略眼光的人，他悄悄結交李淵的兒子李世民，密謀反叛，但必須動員有忠心的李淵一起行動，這樣才能借助他的兵權。但是勸說工作異常艱難，裴寂與李世民見長期這樣下去終究不成，於是密謀，趁機行事，採用「上屋抽梯」的計策，想要趕他上架切斷李淵的退路，逼李淵造反。

有一天，裴寂在晉陽宮設下宴席，請李淵飲酒，兩人相交已久，李淵也不懷疑，就高高興興地去了。

這晉陽宮是煬帝的行宮之一，宮中設有外監，正副各一人。李淵為太原留守，兼領晉陽宮監，裴寂為副宮監。李淵身為宮監，到此赴宴，也正合情理。

裴寂與李淵坐定，美酒佳餚，依次獻上，兩人邊喝邊談，十分快活。李淵開懷暢飲，一會兒就喝了幾大杯，已有了幾分醉意。忽然聽到門簾一動，環佩聲響，李淵定睛一看，竟走進兩個美人，都生得如花似玉，美不勝收。裴寂即指引兩美人，左右分坐，重行勸酒……

就這樣，李淵醉臥晉陽宮，兩個美人侍寢，三人同床，不亦樂乎。李淵酣睡多時，酒已醒了大半，見有兩個美人陪著，不由感到奇怪。李淵打起精神，問兩人姓氏，一美人自稱姓尹，一美人自稱姓張。李淵又問她們兩人是哪裡人，兩人並稱是宮眷。李淵不由大吃一驚，立即披衣躍起說：「宮闈貴人，哪得同枕共寢？這是我該死的了。」

二美人卻連忙勸慰：「主上失德，南幸不回，各處已亂離得很，妾等非公保護，免不得遭人污辱，所以裴副監特囑妾等，早日託身，藉保生命。」想這二位美人，長居宮中，受盡寂寞，宮人美人無數，兩人難得煬帝御幸，今日若得李淵垂青，已是感激萬分，受用不盡了。看來裴寂真可謂已得「厚黑」真傳，利用別人，好像還是在為別人著想，讓人千恩萬謝。

李淵頻頻搖頭說：「這……這事怎可行得？」一面說，一面走出寢門，走了幾步，正巧遇著裴寂。李淵一把拉著裴寂，非常驚慌地說：「玄真，玄真？你難道要害死我嗎？」

裴寂笑著說：「唐公？你為什麼這般膽小？收納一兩個宮人，很是小事，就是那隋室江山，亦可唾手可得。」

李淵忙答道：「你我都是楊氏臣子，怎麼出此叛言，自惹滅門大禍。」

裴寂說道：「識時務者為俊傑，今隋主無道，百姓窮困，四方群雄逐鹿，連晉陽城外都差不多要作戰場。明公手握重兵，令郎暗儲士養馬，何不乘時起義，弔民伐罪，經營帝業呢？」

李淵道：「我李家世受皇恩，不敢變志。」

李淵口說不敢變志，奈何退路已斷，不反即死，他知與宮眷同寢的罪名是何等嚴重，那煬帝早對李姓人心懷疑慮，若他知曉這件事，一定會藉口殺死自己，甚至誅滅九族，李淵只有反叛一條出路，再加上裴寂、李世民分析天下形勢，講清利害，終於堅定了李淵反叛的決心，最後建立了大唐江山。

裴寂和李世民本來是有求於李淵，而且所求之事幾乎不可能成功，反而會帶來殺身之禍。在久求無效的情況下，兩人採用計策讓李淵無路可走，只得聽從自己的擺佈。

一個「逼」字道破了做事成功的機巧，裴寂和李世民切斷了李淵的所有可行路線，只留下「起義」一條路，再稍示利弊，李淵怎能不從？所以說勸將不如激將，激將不如逼將，將對方逼到關乎切身利益的底線附近，不用再做什麼，對方就會出於自保的本性，而順遂你的意志。所以我們做事情，有時候必須要採取一些極端手段，找出對方的底線，然後將其逼到這個底線附近，讓他乖乖地俯首聽命。甚至不妨想方設法，「創造」出對手的底線，再將其逼過去，實現我們的意圖。這個策略也多次被用到商業談判中。

日本一些商人常以此計向第三世界國家推銷商品。他們先以低廉的價格誘使對方與之達成交易，可是交貨以後，對方常感到還缺少點什麼零件，只好又向他們購買。

這時，他們便順勢漫天要價，買方欲退無「梯」，只得答應。

有家公司拍賣舊設備，底價二十萬美元。在競爭的幾位買方之中，一位願出三十萬美元的高價，並當場付一％的訂金，賣主沒想到好事這麼容易就成了，就同意不再與其他買主商談。幾天後買方來人，說當時出價太高，由於合資方不同意，難以成交，如果降到十萬美元，可以再做商量。

由於賣方辭掉了別的買主，只好繼續與之談判，經過一番討價還價，最後以十二萬美元的低價成交了。

商業談判中，常見賣主先標低價或買主先標高價，讓對方覺得有利可圖而同意交易，以此排除競爭對手，取得壟斷交易的實際地位。而到最後成交的關鍵時刻，突然尋找機會製造種種藉口，大幅度提價或降價，逼迫對方在措手不及、求助無門、無可奈何的情況下忍痛成交。由此可見，「逼君上梁山」在進取過程中有很重要的效用。

厚黑妙法二十六：都是為你好

厚黑真經

要想達到自己的目的，得到別人的幫助，就必須激起對方的欲望，暗示只要能辦成事，好事就在後頭，並且刻意將這一點強調一下。當對方從中看到了一些自己可能獲得的利益時，他就會主動地幫助你。也就是說，在光用「恐嚇」難以達到目的時，就要在「恐嚇」的外面包一層「都是為你好」的偽裝，讓對手心甘情願地為你辦事。

厚黑妙用

詹森是一位傑出的商人，他的投資範圍十分廣泛，包括旅館、戲院、工廠、自動洗衣店等等。出於某種考慮，他還認為應該再投資雜誌出版業。

經他人介紹，詹森看中了雜誌出版家魯賓遜先生。魯賓遜是出版行業的大紅人，很多出版商都爭相羅致，但始終無法如願。如何才能把魯賓遜負責的雜誌弄到手，並將他本人網羅到自己旗下呢？經過一兩次共同進餐，雙方有了初步的瞭解，詹森決定不惜重金進行說服。

詹森開門見山地承認自己對出版業一竅不通，需要借助有才幹的人促成自己事業的成功。接著，他把一張二．五萬元的支票放在桌子上，對魯賓遜說：「除這點錢外，我們還要再給你應該得到的那些股份和長期的利益。」為了解決魯賓遜公務繁忙的煩惱，詹森指著幾位部屬說：「這些人都歸你使用，主要是為了幫助你處理辦公室的煩瑣事務，把你從辦公室的煩瑣事務中解脫出來。」當魯賓遜提出所有經濟實惠要現金不要股票時，詹森又耐心地告訴他股票在過去幾年中如何漲價，利益如何可觀，利息如何高等等，同時還強調，他會向魯賓遜提供長期的安全福利。

對於魯賓遜來說，這些條件滿足了他的迫切需要，即他的出版業有了足夠資金和擴展業務的財力保證，破產的危險大為減少，無論是眼前看得見的現金收入還是未來的長期利益，對他都是不小的誘惑。於是魯賓遜同意將他的雜誌轉手給詹森，並投到詹森的旗下。詹森花費了比別人少得多的投入，卻得到了自己想要的東西。

給點甜頭好辦事，也就是常言所說的「捨不得孩子套不住狼」。如果在送禮時斤斤計較，患得患失，那還不如不送。因為這樣既達不到目的，還會被人小看。也不要空口許諾會有什麼好處，那樣根本不可能打動對方。

求人畢竟是件很難的事，必須把世故與人情都揣摩得透徹。要想請人幫助自己，得先估計自己有什麼本事作為交換的條件，這種條件對方是否需要。沒有可用的交換條件，不必開口請求，貿然開口，只是徒討沒趣而已！所謂交換條件，可以是物質的，也可以是其他方面的，如果你的某種能力對方認為很需要，那麼你的某種能力就是交換條件；你的近親是個有地位的人，對方若認為需要你的近親幫忙，那麼這位近親的財力，或勢力，或地位，就是交換條件。只有當對方得到甜頭，看到未來的利益時，他才會心甘情願地幫助你，為你做事。

一九八七年六月法國巴黎網球公開賽期間，GE公司的韋爾奇邀請湯姆遜電子公司的董事長阿蘭．戈麥斯進行商業會談。

湯姆遜公司擁有的醫療造影設備公司是韋爾奇想要的。這家公司叫CGR，實力並不是很強，在行內排名也只占第四或第五名。

而韋爾奇的GE公司在美國醫療設備行業則擁有一家首屈一指的子公司，這家子公司幾乎壟斷了美國醫療設備的全部業務。但在歐洲市場卻明顯處於劣勢，其主要原因是湯姆遜公司是由法國政府控股，換言之就是將韋爾奇的公司關在了法國市場之外。

會談過程中，因為戈麥斯不想把他的醫療業務賣給韋爾奇。所以韋爾奇決定用自己的其他業務與他們的醫療業務進行交換，看看他是否對此感興趣。

韋爾奇很清楚戈麥斯的需要，於是他走到湯姆遜公司會議室的白板前，拿起筆，在上面列出了他可以與戈麥斯交換的一些業務。

他首先列出的是半導體業務，但對方不感興趣，他又列出了電視機製造業務。

戈麥斯立即對這個業務產生了興趣。因為從他的利益角度看，目前他的電視業務規模還不算很大，而且局限在歐洲範圍之內，這樣一交換不但可以甩掉那些不賺錢的醫療業務，而且又能使他一夜之間成為第一大電視機製造商。

這樣兩人找到了思想中的共識，無形地進行了一次利益上的溝通、交流。於是談判馬上開始了，並且雙方很快達成了一致。

談判結束後，戈麥斯把韋爾奇送到了辦公大樓外面的轎車旁邊。當車疾駛而去時，韋爾奇激動地對他身邊的秘書說：「天啊，是上帝讓我與戈麥斯有了這次思想上的溝通，致使我做成了這筆交易，這就是尋找共同點的好處，權衡利弊，換位思考，我一定要把它運用得更好。」而阿蘭．戈麥斯回到辦公室後也有同樣的感觸。他也同樣清楚，這筆交易使他獲得一個相對穩定的規模經濟和市場地位，使他可以應對一場巨大的挑戰。

透過這次談判，韋爾奇更有實力來對付GE的最大競爭者——西門子公司。同時，湯姆遜公司也實現了成為世界上最大的電視機生產商的夢想。

韋爾奇、戈麥斯成功的原因就在於他們能夠有效溝通，找到彼此之間利益的共識，最終各取所需，各有所得。

在商業活動中，如果只追求自己的利益，那麼談判就很難達成。相反，如果能認真溝通，找出對方的共同利益，那麼再難的事情都將迎刃而解。

厚黑妙法二十七：自己掂量辦

厚黑真經

李宗吾在《厚黑學》中再三聲明，求人者「最要緊的，用恐字的時候，要有分寸，如用過度了，大人們惱羞成怒，作起對來，豈不就與求人的宗旨大相違背？這又何苦乃爾，非到無可奈何的時候，恐字不能輕用。」可見，運用「恐嚇」的手段求人是有很大風險的。為了降低風險，一種好的策略就是「旁敲側擊」，不明言，話只說一半，剩下一半自己掂量著辦。在對方來說，這樣往往可以產生更大的震懾作用；對自己來講，進可攻，退可守，減小運用「恐嚇」可能帶來的風險，所以這是更巧妙的「恐嚇」。

厚黑妙用

找人幫你辦事，不妨採用打草驚蛇的方法，變相要脅對方。但應該注意無意識的打草驚蛇，會使對手有所警覺，予以防範；有意識的打草驚蛇，卻可以使對手驚慌失措，答應你所提的要求。

比方說，你想與別人談戀愛後，急於想瞭解你的意中人心中是否能同樣泛起愛的漣漪，可是你卻怯於直接把話挑明。那麼，常見的間接瞭解方式便是：「有的人說我們倆的來往有點那個，你看是不是真的能那樣呢？」如果經過如此這般反覆試探之後，被你驚動的對方心中的小鹿慢慢向你靠近，你的探求使將得到最好的報償；如果對方在徘徊猶豫，你就應用「計」，應用「心」去接近她；如果對方明確離你遠去，你最好說聲「誤會」而開始新的追求。在處理案件的時候，有些法官就善於使用這種打草驚蛇的策略，故意說出已知的一點字，使罪犯或對手相信，他已掌握了全部罪證，坦白從寬，抗拒從嚴。罪犯於是唏哩嘩啦地把所知道或所做的一切的一切全盤托出。

求人辦事遭到拒絕後，你也可以變相地「要脅」對方。當然這種要脅不是強制性地脅迫對方，而是從理論上為對方做出一種情理之中的假設，透過這種假設產生的後果讓對方從心理上改變原來的想法，從而達到辦事的目的。

有一位幼稚園的老師是個非常熱心的教育者。有一天，她到附近的圖書館去，想給孩子們借一些有關幼稚教育方面的書籍。

她詢問圖書管理員：「一次能否借二十冊書？因為幼稚園有許多孩子。」

圖書館的管理員告訴她：「一個人一次只能借走三冊，這是圖書館的規定。」

幼稚園老師並不甘心：「可是那些孩子都需要書，總不能只讓其中的三個孩子看吧，您能不能通融一下。」

「這是沒法通融的，因為借書的並不是只有你一個人。」圖書管理員似乎無動於衷。

幼稚園老師聽了這些話後，很激動地說：「我知道，那麼，以後我每週都帶幼稚園的小朋友來，讓他們每人都借一本。」

「嗯……這樣吧，看在孩子們的分上，我就特許您這一次。」

原來很頑固的圖書館管理員，居然改變了態度，答應這位老師一次可以借二十本書。在這個例子中，幼稚園的老師運用的就是變相「要脅」的策略。當她提出一次要借二十本圖書時，馬上就遭到了拒絕。

按常理來講，針對這種特殊情況，圖書管理員是可以通融一下的，不過，她似乎並不通情達理。在這種情況下，幼稚園老師只好在不違犯規定的前提下，透過加大借書的次數和人數來增加圖書管理員的工作量，從而使其在這種「要脅」下屈服，答應了幼稚園老師的要求。在日常生活中，這種變相要脅的辦事方法只是一種非常手段，全憑一身厚黑功夫，本不值得提倡，但是，鑑於有些對象品格太低，為人太差，心腸太硬，手掌太黑，所以有時出此下策也不為過。

但是，提醒朋友的是，千萬別無故煽風點火，否則就會產生物極必反的效果，要知道沒人喜歡被威脅。你需要事先明白威脅成功的可能性有多大，這是求人辦事千萬要想清楚的，如果你的威脅無關痛癢，他對你的要求也只當耳邊風。或者，來個倒打一耙，告你一個誣衊陷害罪，那不是偷雞不成反蝕一把米嗎？這把米太貴了。各位朋友在使用此法前一定要三思而後行，千萬不可莽撞地鋌而走險，否則只能被人當猴耍。

厚黑妙法二十八：綿裡藏鋼針

厚黑真經

先說軟的，可以在強敵面前取得進一步論辯的機會；再說硬的，就可以顯示一些威脅的力量。軟的為綿，硬的為針，是為綿裡藏針。「綿裡藏鋼針」的運用常常跟餵小孩子吃苦藥的道理一樣，要用糖衣包著藥片，或者就著糖水送服，招數因人而異，竅門卻一通百通。

厚黑妙用

春秋時期的晉靈公奢侈腐化。某年下令興建一座九層高的樓臺，群臣勸說，他火了，乾脆又下了一道命令，敢勸阻建九層台者斬首。這樣一來便沒人敢說話了。

只有一個叫孫息的大臣很討靈公喜歡。他就告訴靈公說他能把九個棋子摞起來，上面還能再摞九個雞蛋。靈公聽了，覺得這事挺新鮮，立即要孫息露一手讓他開開眼界。孫息也不推辭，就把九個棋子摞在一起，接著又小心翼翼地把雞蛋往棋子上摞，放第一個、第二個……

孫息自己緊張得滿頭大汗，戰戰兢兢，看的人也大氣不敢出一口。如果孫息不能把雞蛋摞好，就犯了欺君大罪，是會被殺頭的。

這時，靈公也憋不住了，大叫：「危險！」孫息卻從容不迫地說：「這算什麼危險，還有比這更危險的事哩！」靈公也被勾起了好奇：「還有什麼比這更危險？」

孫息便掂掂手中的雞蛋，慢吞吞地說：「建九層台就比這危險百倍。如此之高臺三年難成，三年中要徵用全國民工，使男不能耕，女不能織，老百姓沒有收成，國家也窮困了。而國家窮困了，外國便會趁機打進來，大王您也就完了。你說這不比往棋子上摞雞蛋更危險嗎？」

靈公嚇得出了一身冷汗，立即下令停工。

孫息讓晉靈公看了場不成功的雜技表演，更受了一次形象生動的批評，那味道確實是又甜又苦。正在氣頭上的人，是難以與他正面爭辯的。何況他還有無上的權威支持，那更是老虎屁股——摸不得。然而，「綿裡藏針法」每每在這樣的關鍵時刻，能產生逆轉乾坤的作用。

趙、魏等國合縱，趙為爭奪合縱的領導地位，獻出百里土地，請求魏國殺死魏相范座。范座上書給魏王說：「臣聽說趙王要拿方圓百里的土地為代價，請求殺死我。殺死一個無罪的范座，不過是小事一樁；而得到百里的土地，可是很人的利益，臣暗自為大王感到得意。話雖然這樣說，卻有一點不可不留意，如果百里的土地沒能到手，被殺死的人可就不能復生了，而且大王還一定會被天下人所恥笑。臣以為與其用死人和趙國做交易，不如拿活人做交易更好。」

范座先請求大王賜他一死，然後再剖析這一行為的後果，讓大王定奪取捨，自己不明確表態，可見綿裡藏針的手法十分高明，尤其適合用在與他人的辯論上。

莊重顯力量，風趣顯風度。在論辯中做到既莊重又風趣，可以叫對方無力招架，自歎弗如。莊重為綿，風趣為針，是為綿裡藏針。

有一次，一位美國記者與周恩來談話時，看到桌上有一支美國派克鋼筆，就帶著幾分譏諷的口氣問：「請問總理閣下，你們堂堂中國人，為何還用我們美國的鋼筆呢？」

聽出了他的言外之意，周總理莊重而又風趣地答道：「提起這支鋼筆，話就長了，這是一位朝鮮朋友的抗美戰利品，作為禮物贈送給我的。朋友說，留下做個紀念吧。我覺得有意義，就收下了貴國這支鋼筆。」那個記者聽後，露出一臉窘相，怔得半天也沒有說出話來。

綿裡藏針，話裡藏話，總體上有兩個基本功：一是能夠聽出對方的弦外之音，惡毒之意，否則便會成為笑柄，白白賠了笑臉；二是要委婉含蓄地表達自己，話要說得很藝術，讓聽話之人心領神會，明白你話中的鋒芒所在。

求人者都是為了爭取得到一定的利益，而作為被求的對象，則是盡量保護自己的利益不受損害。如果在求人過程中，不迴避利益這個核心問題，而採用綿裡藏針的方法，客觀地分析對方行動的利與弊，軟硬兼施攻破對方的心理防線，具體地指出自己能滿足對方哪些利益以及滿足的途徑，設法使對方的某種需要得以滿足，如果喪失這種利益對對方也是不小的損失等等，就能使求人者的最終目的——自己的需要也得到滿足，成為現實。

喬伊是一家公司的人力總監。一大早上，一名年輕有為的員工走進他的辦公室，對他說剛接到一家大公司的錄用通知，這家公司承諾提供更好的待遇和福利。這位員工希望喬伊在他離職之前，能夠安排好接任的人選。

喬伊知道，那家公司是用高薪水來做誘餌，這一點自己的公司辦不到，再說以目前這位年輕人的職位和對公司的貢獻，還不值得投這個「資」。不過考慮到這位年輕人今後對公司的作用，喬伊開誠佈公地與他進行了交談。

他首先答應可以將年輕員工的薪金略微提高。他指出：以年輕人目前在公司的職位，將來的升遷潛能很大。雖然目前公司所提供的薪金與別的公司相比要低一些，但公司不會虧待每一位員工。如果年輕人能勝任當前的工作，那麼根據公司的獎勵制度，薪金就會逐年調高。接著，他語氣一轉，說道，年輕人考慮要接受的那份工作實際上是死路一條。雖然那家公司比本公司提供的薪水要多些，不過，如果他接受那家公司的工作，那麼他在那家公司將很難有機會獲得提升。這並非說明他能力不足，而是這一新的職位將來並沒有升遷機會。他繼續告訴年輕人，他想加入的那家公司是個家族企業，其中的成員大多沾親帶故，一個外人很難打入權力核心。

喬伊這一番語重心長的話讓年輕人似有所悟，他也知道喬伊並不是開空頭支票，因為喬伊說的都在情在理，都是符合實際的。幾天以後，這位年輕員工又回到了喬伊的辦公室，告訴他自己已經放棄了新的工作，決定仍然留在公司裡。

喬伊在和年輕員工的這次交談中，為了能夠說服年輕有為的員工留下來，基本上採用綿裡藏針的方法，分析年輕員工去與留中的利弊得失。既有「軟」手段：承諾加薪，描繪美好前景；又有「硬」手段：指出跳槽的短期風險和長期風險。由於他態度中肯，且又語中要害，雖然沒有滿足年輕員工眼下的種種額外要求，但還是達到了挽留年輕員工繼續為公司服務的目的。

一般而言，當對方不肯輕易順從你的意見，甚至顯示出一種居高臨下的姿態時，求人者如果善於運用軟硬兼施的各種手段，抓住制約和影響對方態度、行為的主要問題，或點明其癥結所在，或分析其利弊得失，或指出其解決的途徑，並以此吸引對方聽取自己的意見，也就是說，求人者若能用精闢之語、有力的談話壓制住對方，就可以讓對方屈從和改變主意，從而使對方心甘情願地為你辦事。

厚黑妙法二十九：摟草打兔子

厚黑真經

如果對方的實力非常強大，遠遠超過你，在辦事過程中，你根本沒實力與對方談條件，一時之間又抓不到對方的把柄，也不好針對性地「恐嚇」對方，這時還有一招，就是「虛張聲勢」——即製造假象，使對方感到你實力強大，以改變自己在求人過程中的不利地位。但常言道：「假的長不了」，因此，這一策略不可常用。

厚黑妙用

一位濫用權威的警員為了停車超過一小時而給了陳先生一張罰款單。他的態度並不十分果斷，於是陳先生走向他。他正站在十字路口。

「警官，」陳先生低聲地說，「我打算著手調查這個城鎮裡的停車問題。你可知道從這兒到『一小時停車』標誌有多遠？」

「我猜大概很遠吧」，他心虛回答著，並將罰款單拿走了。

低聲講話容易使人信服，因為它能顯示說話人堅定的信心，而且沒有虛張聲勢之嫌疑。

激動時，任何人聲音都會升高，心情不好時，聲音會低沉。流氓在威脅人時，故意把聲音壓低，為的是向對方表示：「在這種情況，我還是很鎮靜的。」

常聽人說開會時聲音大的人占上風，但想說服人的時候，大聲反而引起反效果。因為越是大喊大叫，對方聽起來越覺得那是強迫式的，即使明知對方有道理，也很容易興起反感的情緒。因此如果想說服別人的話，小聲說話才是上策。對方也比較容易打開心房，另外，小聲說話，對方為了怕聽錯，也會探出身子，洗耳恭聽。

交際中常有這樣的情況：聲音最大、吵得最凶，往往是有十分害怕的痛點的，選出其痛點為突破口，則可一舉擊敗對方。

稅務人員接到舉報去查封一家逃漏稅的菸店。當稅務人員一開口詢問有關的情況，老闆就大聲地指責稅務人員偏聽偏信，並大罵同行嫉妒他、誣陷他，那勁頭彷彿是稅務人員得罪了他，被他數落似的。但這位稅務人員從他豐富的工作經驗中得知：越是這種人越有問題。於是不與他正面衝突，只平淡地丟下一句：「你先別吵，過幾天我們帶幾個人來查查再做結論。」

菸商聽了這話越發摸不到底。雖然強作歡顏送客，但客人已明顯看出他的痛處。那稅務人員囑咐他住在菸店對面一位正直的朋友暗中注視他家的動靜，一有情況立即打電話通知。當天晚上菸商用一輛平板車裝了二十多箱香菸準備轉移，被及時趕來的稅務人員當場查獲。

如果稅務人員和這菸商刀對刀、槍對槍地幹起來，最終只能落入菸商的陷阱，既不能完成任務，也不能智取對方。

在這場對抗中，稅務人員使用了打草驚蛇的恐嚇方式，而成功的關鍵就是在打草時不圖張揚，只此一句，卻產生了真正的驚嚇作用。如果太過嚇唬，對方不但不會接受，而且會以為你在恐嚇他，於是在心理上會產生對你的懷疑和防範。

常看恐怖片的朋友，一定會有這樣的體驗：最令人毛骨悚然的場景，往往是那些落一根針都能聽見的寂靜無聲。這個道理在恐嚇中也頗為靈驗。對某些氣勢洶洶來找碴的人，如果你不動聲色，不理不睬，便會產生比以硬碰硬更大的震懾力量，也就是說沉默成為最為強硬的武器。

一名廠工的一位農村親戚給他帶來八隻母雞，為了讓這八隻母雞下蛋，就在宿舍圍牆的角落上壘了個雞圈。廠長讓人勸其處理雞子、拆除雞圈。因為他沒有執行，廠長就派人強行抓雞拆圈。於是這位工人大鬧廠長室，廠長則專注地看一份文件，頭一直就沒有抬起來。待這位工人一陣大火過後，廠長拉開寫字桌抽屜，甩出一份處理這件事的決定給這位工人，並告訴他以後再發生類似事件就勒令其搬出廠區去住。說完就拂袖而去廠房了。此時，那工人的氣焰全熄了，低著頭回去了。

這位廠長就是憑藉無言無聲的力量占據了心理優勢，使對方不戰自敗。

有些商人不惜重金購買豪華傢俱暗示自己的實力，老練者更會言談低調，就更令人莫測高深，敬畏有加。這正是低聲及無聲所產生的震懾合力的作用。

軍事上的空城計便是以寂靜製造恐懼而得以實現的。

三國魏將夏侯淵在定軍山兵敗後，曹操親自率軍去爭奪漢中。劉備手下將領趙雲隨黃忠去奪取曹操的軍糧，正好碰上曹操大軍開出軍營。趙雲正和曹操前鋒交戰，曹操大軍隨後便迎了上來。趙雲一看形勢危急，就抽鞭策馬，向前衝擊曹軍陣地，奮力廝殺起來，且邊戰邊退。趙雲所向披靡戰無不勝，曹軍被打得人仰馬翻，落花流水，趙雲打退了敵人，正要抽身回營，見部將張著不幸受傷，便又騎馬迎接張著回到自己的營地。

這時，被打得人馬四散的曹軍又漸漸合攏，追了上來，一直追到趙雲的營地，這天，沔陽縣令張翼正好也在趙雲帳內，看到這種情況，膽戰心驚，想要關閉營門堅守。趙雲卻下令部下大開營門，放倒旗幟，停止擂鼓，頓時如同空營，靜寂無聲。曹操在趙雲營前觀望許久，懷疑趙雲營中有伏兵，徘徊了一陣後，便下令撤退。

曹軍剛一轉身，趙雲便命令士兵把鼓敲得震天價響，只用弓箭在後面射殺敵軍，頓時，鼓聲嗚嗚，利箭嗖嗖，曹軍以為真有伏兵從營中殺了出來，亂成一片，四散逃竄，自相踐踏而死傷不少，跌入漢水淹死也很多，於是，曹軍不戰而敗。

第二天，劉備來到趙雲的營地，對部下說：「趙子龍一身都是膽啊！」從此，劉備軍中就稱呼趙雲為虎威將軍。

敢這樣冒風險以恐嚇敵人，若沒有渾身的膽子，沒有高超的操縱人心的技藝，沒有對於敵手心理的洞察，是會弄巧成拙的。

厚黑妙法三十：你煩我不煩

厚黑真經

大多數人都怕煩，如果求人辦事者對所求之人「如影隨形」，抱著不到黃河心不甘的決心，擺出一副要和對方比耐性的架勢，會產生很大的威懾力。厚黑求人者正是利用這一心理，又創造出一種新的恐嚇方法——煩。時間對誰都是寶貴的，如果你能拿出一副持久耗下去的姿態與對方對抗，就會在心理上壓倒對方，占據主動地位。

厚黑妙用

有這樣一對好朋友：王兵是汽車推銷員，劉名是保險推銷員。

有一次，王兵向一位社會名流成功推銷了一輛汽車。一個禮拜後，這位社會名流接到劉名打來的電話：「XX先生您好，我是王兵的朋友，感謝您一個禮拜前從王兵那裡買了一輛汽車。我今天打電話是想通知您，請您明天抽時間開車回車行進行檢查。」劉名知道，他無緣無故要求和這位社會名流見面是不可能的，只能借助於王兵這個中間人。

第二天，這位名人如約而至。檢查車況後，劉名對他說：「XX先生，我很感謝您的支持。已到中餐時間，我想請您一起坐一坐，我們可以順便聊一聊如何更好地維護您的愛車。我想您不會拒絕一個朋友的請求吧？」這位名人見對方盛情難卻，接受了劉名的邀請。

席間，劉名說：「像您這麼成功的人士，一定會非常注意生活的品質，一定需要一份完善的保障計畫。您幫助了我朋友，您一定也會幫助我的。我這裡有一份保險計畫書，請您留意看一下。」這位名人面對劉名的盛情，實難拒絕，於是接過了保單。

求人辦事，只能見機行事。其中，可能有比較和善的人會對你善意地微笑，也可能會有比較難纏的人，故意苛刻、為難你。但很多時候，你必須好言好語、笑臉相陪，原因很簡單，你在求他為你辦事，你所有的目的就是最終要把事情辦成。

有些人臉皮太薄、自尊心太強，只要略一受阻，他們就再不回頭，甚至與對方爭吵鬧翻。這是心理素質過於脆弱的表現，只顧面子而不想千方百計達到目的的人，很難辦成事情，對事業的發展更是不利。

我們在找人辦事時，要有自尊，也不能抱著自尊不放。為了達到目的，有必要增強對抗挫折的能力，要拿出主動去「纏」對方的精神，軟硬手段一齊上，做到「你煩我不煩」，不氣不惱，照樣微笑與人周旋。只要還有一絲希望，就要全力爭取，不達目的誓不甘休，一步步緊逼而來，在心理上占據主動的優勢地位，這樣才能笑到最後，苦盡甘來。

有對青年男女彼此相愛了，但女方的母親認為男方個性木訥，於是堅決不同意。小夥子雖然不善言辭，但很有心計，人又勤快。他經常到女方家幫忙，老人家給白眼他不在乎，給冷板凳也不計較。見她家煤球沒有了主動去買，沒水了馬上去挑，有次下雨見到漏水，立即冒雨上房堵漏。她母親得了病，沒有車，他就背著往醫院跑，直把老人感動得掉淚，說：「真是個好孩子啊，怪我以前看走了眼。」

憑著那股韌勁，小夥子最終令老人家點頭同意了。

在我們求助他人時，即便是朋友，有時也有可能因為很多原因拒絕我們的請求，這時候我們就可以透過「你煩我不煩」的方法，讓對方乖乖地幫助我們。

曾經有位先生和他的太太去墨西哥度假，太太要去買紀念品，所以那位先生就一個人在街上逛。

突然這位先生聽到在前方有個當地的小販沿街叫賣著披肩：「一千兩百披索。」

當然這位先生並沒有理睬，繼續走他的路。可是小販接著說道：「大減價，一千披索——八百披索好了。」

這時，那位先生才第一次開口對他說話。「朋友，我實在感謝你的好意，也很敬佩你鍥而不捨的精神，但是我絲毫沒有興趣，請你找別人好嗎？」

「當然，當然。」他答道。

可是當這位先生轉身離去時，那個小販的腳步聲又在那位先生耳旁響起：「八百披索。」

那位先生不耐煩一再地被騷擾，就開始跑步，但是賣披肩的小販卻與他保持同步速度，而要價已經下跌到六百披索了。因為遇上紅燈，他們必須在街口停下，而小販仍然繼續自言自語：「六百披索，六百披索就好……五百，五百披索……好啦，好啦，四百披索。」

當綠燈亮起，先生快速通過馬路，希望能擺脫小販的糾纏。在他想轉頭察看之前，耳邊又聽到小販的腳步聲以及叫賣的聲音：「先生，先生，四百披索。」

那位先生又累又熱、厭煩無比地轉身面對著小販，咬牙切齒地道：「混蛋，我告訴你我不買你的東西，別再跟著我！」

「好吧，算你贏了。」小販回道：「只賣你兩百披索。」

「你說什麼？」突然那位先生對自己的反應也吃了一驚。

「讓我看看你的披肩。」……

回到旅館，那位先生興奮地對太太說道：「一位當地的談判家要價一千兩白披索。但是一位國際性的交涉家——和你一起度假的人——只用兩百披索就完成了交易。」

太太輕蔑地說：「嘿，真有意思，我買了件和你相同的披肩，只要一百五十披索，就掛在櫃子裡。」

由此可見，那只是小販一個策略而已，窮追不捨只是為了要促成交易。這在和別人辦事時運用，不失為一個很好的辦法。

從另一個角度看，軟纏硬磨消耗的是時間。而時間恰恰是一種辦事的武器。時間對誰都是寶貴的，人們最耗不起的就是時間。所以，如果你用足夠的耐心，擺出一副「打持久戰」的架勢與對方對壘時，便會對對方的心理產生震懾。以「泡」對「拖」，足以促其改變初衷，加快辦事速度。所以，你要能沉住氣，耐心地犧牲一點時間，反而可以爭取到更多的時間。

第六章 送求：請客送禮，重金開道

厚黑妙法三十一：無利不起早

厚黑真經

商場上有句格言叫「無利不起早」，的確，「利」這個誘餌有時確實能產生神奇的效果。只要抓住對方的心理，洞察對方內心的想法和需求，而後討好他，或者在某件事上給予對方一點好處，投下一個誘餌，對方就會從心理上貼近、跟從你，這時你就可以牽制對方的思想，為己所用了。

厚黑妙用

有一個政客，想在東北謀一個美差，曾經請了個有勢力的大老闆，把他推薦給張作霖，張作霖也表示同意委以重任。可是一等再等，委任狀遲遲不來，急得那個政客像熱鍋上的螞蟻。有一次他遇到了一位舊友，此人正好是張作霖的顧問。這位政客把自己的處境告訴了他，請求他催催張作霖。

舊友為他出了個主意，帶他來到某總長家陪張作霖打麻將。

這位政客是個聰明人，一點就通，又是個打麻將的老手，不到一會工夫，就巧妙地「輸」給張作霖兩千元。

愛面子又貪財的張作霖心花怒放，還以為是自己牌運好，天公作美。那政客開了支票，付了賭資，匆匆去了。

這時那個舊友又順勢吹捧起來：「大帥，您今天這牌打得太棒了！」

張作霖吸了口菸，笑著：「哪裡，碰運氣罷了！」

舊友話鋒一轉：「今天那一位可輸慘了！他只是個客人，他這次來這裡，是想謀一個差事的。」

張作霖聽了把菸槍一擱道：「他是你的朋友，那就把支票還給他得了，咱們一千、兩千的也不在乎！」說著就裝模作樣去口袋裡掏支票。

舊友連連擺手道：「使不得，使不得，他也是個要面子的人，輸了的錢，他絕不會收回的。他在前清也是個京官，還有些才幹呢！大帥要可憐他，就周全周全他，給他個什麼職務，他就感激不盡啦！」

張作霖突然想起了什麼，拍拍腦袋道：「噢，想起來了，某老也曾經推薦過他的，我成全了他吧！」

舊友忙道：「那我先替他向大帥謝恩啦！」

故事中，圍繞著「東北美差」這一標的，在政客、舊友和張作霖之間展開了一場討價還價博弈。在這場討價還價中，政客只用了兩千元的誘餌便輕而易舉地達到了目的。可以想像，對於張作霖這種又愛財又愛面子的人來說，該政客如果一味透過正常的途徑來談判，那個「美差」估計只能是水中月，鏡中花。

看來，並不是所有的博弈都可以透過「正道」來取勝，必要的時候我們也需要一些誘餌。

有人說，人都是利益的動物。雖然有失偏頗，但誘餌有時確實能產生神奇的效果。如果有必要的話，不妨利用一些誘餌，當對手吞下香餌之時，他將放棄抵抗，乖乖就範，為你所用。同時，要小心別人為你施放的誘餌，切勿因小利而讓自己成為任人宰割的對象。

要想通融事，必先通融人。不先把人「搞定」，就不會把事搞定。而「搞定」人的方法有很多，「投其所好」便是最有效的方法之一。俗話說：「不怕對方不上套，就怕對方沒愛好。」世上所有的事都是由人辦的。所以，人們常說：「要想謀事，必先謀人」，人不通，事也不通。要想讓人為我所用，下鉤時一定要先看準位置，能夠讓對方真正滿意，他才會甘心入套。如果能夠將對方的脾性愛好摸得一清二楚，只要順其意行，就能達到事半功倍的效果。

那麼，怎樣才能把人搞定呢？方法當然有很多，使用一點好處把人搞定卻是世人常用之法。

那些深曉「釣人」秘訣的縱橫家，就像釣魚專家一樣，手提釣鉤來到深深的水邊，只要輕輕地拋下魚鉤，就能釣上大魚來。「餌」中帶「鉤」，讓敵人悄然不覺，貪「餌」中「鉤」，便可制住對手。

「釣人」和釣魚有某些相似之處。釣魚，要知道什麼魚愛吃什麼食料；在下鉤之前往往要考慮決定釣什麼魚投什麼餌。草魚愛草，下草餌；青魚愛田螺，下田螺肉；鯽魚愛蚯蚓，下蚯蚓……「釣人」，要知道對方愛什麼，要考慮投什麼誘餌。生性貪婪的人，以財貨為誘餌；放蕩好淫的人，以美色為誘餌；好大喜功的人，以我弱易取為誘餌；貪功圖名的人，以權力為誘餌……總之是投其所好巧下誘餌，才能誘其上鉤。

下誘餌的最終目的是套牢對方，讓對方為我們做事，即使之前對方抵觸的心理極強，在吞下誘餌後也只得乖乖就範。施放誘餌的過程只是一種準備工作，等到時機成熟，對方已盡在我們掌握之中的時候，便可立即收線拉鉤，品嘗前期投入帶來的甘美果實。

總之，求人是件很難的事，必須把世故與人情都揣摩得熟透。如果要想請人幫助，得先估計你自己有什麼本事作為交換的條件，這種條件對方是否需要。沒有堪用的交換條件，不必開口請求。貿然開口，只是徒討沒趣而已！所謂交換條件，可以是物質，也可以不是。你的某種能力對方認為很需要，那麼你的某種能力就是交換條件；你的近親某甲，是個有地位的人，對方若認為需要你的近親某甲，那麼某甲的財力，或勢力，或地位，就是交換條件；你的活動能力特別高明，對方認為你的前途大有希望，這也是你的交換條件。互相利用，是市儈之交，不齒於學士文人之口，但是在《厚黑學》看來，人與人之間的關係原本如此。

厚黑妙法三十二：千里送鵝毛

厚黑真經

求人辦事，送禮是常有的事，禮品也是多得數不勝數。運用「送」的方法求人，不但要「敢送」，更重要的是「會送」，如果你能送對方急需的東西，那效果可能非同一般了。

厚黑妙用

唐朝時，雲南某地的一個地方長官，為了討好皇上，特意派一個名叫緬伯高的小官上京城，送一隻白天鵝給皇上。由於天氣炎熱，當走到西陽湖時，他怕天鵝幹死，便停下來打算給天鵝洗個澡。誰知，手才一鬆，不小心讓天鵝飛走了，他慌忙一把抓去，抓了一根鵝毛。緬伯高於是拿著這根鵝毛上京見皇上，並寫了一首詩：「將鵝貢唐朝，山途路遙遙，西陽湖失去，倒地哭號號。上復唐天子，可謂禮輕情意重，千里送鵝毛。」皇上接過鵝毛和詩篇後，十分高興，認為千里送鵝毛情義已經夠重了。

人們常用「千里送鵝毛」來比喻禮輕情意重，可見，這就是「會送」的表現。

清代鉅賈胡雪巖很善於經商，也善於經營自己的關係網，他送禮的高妙之處也正在於他善於抓住不同人的特點，送別人所急需之物。

在胡雪巖的那個時代，要求人辦事，肯定離不開銀子。胡雪巖深諳此道，自然也從不吝惜銀子，甚至到了有「求」必應的地步。比如時任浙江藩司的麟桂調署江寧藩司，臨走時在浙江虧空的兩萬多兩銀子需要填補，又一時籌不到這筆款項，便找到胡雪巖請他幫助代墊，胡雪巖二話沒說便爽快地應承下來，以致麟桂派去和胡雪巖相商的親信也「激動」不已，稱胡雪巖實在是「有肝膽」、「夠朋友」，要他一定不要客氣，趁麟桂此時還沒有卸任，有什麼要求儘管提出來，反正惠而不費，他一定肯幫忙。胡雪巖做的卻也實在「漂亮」，他沒有提出任何索取回報的具體要求，只是希望麟桂到任之後，有江寧方面與浙江方面的公款往來，能夠指定由他的阜康票號代理。這一點點要求，對於掌管一方財政的藩司來說，自然是不費吹灰之力。事實證明，胡雪巖的投資是有眼光的，最終得到了意想不到的收益。

後來，胡雪巖為了取得左宗棠的信任，做了兩件事：

第一，獻米獻錢。胡雪巖回杭州，帶到杭州去的有一萬石大米和十萬兩銀子。本來這一萬石大米有一個名目，那就是當初杭州被圍時，胡雪巖與王有齡商量，由胡雪巖冒死出城到上海採購大米以救杭州糧絕之急。胡雪巖購得大米一萬石運往杭州但無法進城，只得將米轉道寧波，現在杭州收復，胡雪巖將這一萬石大米又運至杭州，且將當初購米款兩萬兩銀子面交左宗棠，等於是他既回覆了公事，以此證明自己並非攜款逃命，而又另外無償獻給左宗棠一萬石大米。那十萬兩銀子則是胡雪巖為了敦促攻下杭州的官軍自我約束，不要擾民，而自願捐贈的犒軍餉銀。清軍打仗，為鼓勵士氣，有一個不成文的規矩，攻城部隊只要攻下一座城池，三日之內可以不遵守禁止搶劫姦淫的軍規。胡雪巖獻出十萬兩銀子，是要換個秋毫無犯。

第二，主動承擔籌餉重擔。左宗棠幾十萬兵馬東征鎮壓太平軍，每月需要的餉銀達二五萬之巨，當時朝廷財政支出，用兵打仗採取的是「協餉」的辦法，也就是由各省拿出錢來做軍隊糧餉之用，實際上是各支部隊自己想辦法籌餉。胡雪巖聽到左宗棠談起籌餉的事，毫不猶豫就表示自己願意為此盡一分心力，而且當即就為籌集軍餉想出了幾條很是行之有效的辦法。

當時，左宗棠急於求事功，胡雪巖正好給他送去了能使他成就事功所必需的東西，一送之下，也就送出了意想不到的效果。後來，正是因為有了左宗棠這個大靠山，胡雪巖不僅生意飛黃騰達，而且得到了朝廷特賜的紅帽子，成冠絕天下的「紅頂商人」。胡雪巖說：「送禮總要送人家求之不得的東西。」可見他是深諳此道的。

送禮的方式有很多種，送錢送物只是一種常規的辦法，除此之外辦法還有很多，比如你能夠解決別人的難題，你能夠支持別人的事業，你能夠成為別人的合作夥伴——只要你送的東西是別人急需的，別人都會真心地感謝你幫你辦事。

厚黑妙法三十二：不叮無縫蛋

厚黑真經

厚黑求人應懂得：「蒼蠅不叮無縫的蛋」，以「送」的手段求人，要選好對象，不能見人就送，否則弄不好會給自己帶來麻煩。送禮是一門藝術，要想讓自己的禮物產生應有的作用，就要遵循「送禮送對人」的原則。

厚黑妙用

當哈默的西方石油公司來到利比亞的時候，正值利比亞政府準備進行第二輪出讓租借地的談判。政府出租的地區大部分都是原先一些大公司放棄了的利比亞租借地。根據利比亞法律，石油公司應儘快開發他們租得的租借地，如果開採不到石油，就必須把租借地歸還給利比亞政府。

在灼熱的利比亞，同那些實力雄厚的石油巨頭們進行競爭，同時還要分析估量那些自稱可以使國王言聽計從的中間商所說的話到底有多少真實性，這對哈默來說處境很不利。但哈默就是哈默，絕對不會因此而氣餒，善罷甘休不是他的作風。他明白，要想在第二輪租借地的談判中挫敗實力雄厚的競爭對手，只能巧取，不能豪奪，而唯一可行的方案就是暗中向利比亞政府申請：如果西方石油公司能得到租借地，將給予政府更多好處，同時也請利比亞政府給予西方石油公司比其他競爭對手更優惠的條件。

哈默在隨後的投標上，用了與眾不同的方式：他將投標書做成羊皮證件的形式，卷成一卷後用代表利比亞國旗顏色的紅、綠、黑三色緞帶紮束。在投標書的正文中，哈默加上一條：西方石油公司願從尚未扣除稅款的毛利中抽出五%供利比亞發展農業之用。此外，投標書還允諾在庫夫拉圖附近的沙漠綠洲中尋找水源，而庫夫拉圖正是國王和王后的誕生地，國王父親的陵墓也坐落在那裡。掛在招標委員會鼻子前面的還有一根「胡蘿蔔」：西方石油公司將進行一項可行性研究，一旦在利比亞采出石油，該公司將同利比亞政府聯合興建一座制氨廠。一九六六年三月，哈默的計畫果然成功，同時得到兩塊租借地。其中一塊四周都產油的油井，本來有一七個企業投標競爭這塊土地，且多是實力雄厚的知名公司，唯有西方石油公司獨占鰲頭；另一塊地也有七個企業投標，最終還是歸在了西方石油公司名下。

奪得這兩塊租借地後，西方石油公司憑著獨特有效的經營管理，使之成為其財富的源泉。

投標書的設計、五%的毛利投資利比亞農業、在國王誕生地找水、同利比亞政府聯合建造制氨廠，這幾件禮物大大贏得了利比亞政府的好感。細細看來，投標書設計迎合了利比亞的民族自豪感，五%毛利投資利比亞農業解決了其經濟發展的主要困難之一，在國王誕生地找水在滿足國王的同時也造福於民，同利比亞政府聯合興建制氨廠能夠同時發展利比亞的工業和農業。這幾個禮物，有送給國家的，有送給國王的，還有無形中送給權貴們的，周詳得讓人沒理由拒絕。

送禮就是為了辦事，那送禮當然就要送給辦事的對象，但是有時候辦事對象並不止一人，或者說事情要辦成功，需要多方的努力和協調。這個時候把禮送給誰呢？有必要全送嗎？這的確是個大問題。在現實生活中選錯了送禮對象的人不在少數，比如說把禮物送過去了，事情卻沒有辦成——因為對方並非是起關鍵作用的人物，所以即便送了禮，也是徒勞的。

由此可見，我們在求人辦事送禮之前，一定要權衡好各位「要人」的力臂，查問好誰對這件事有裁決權，起主導作用。誰是辦事的關鍵人物就把禮物送給誰，禮物送到了點子上，要辦的事情可能也就迎刃而解了。相反，如果把禮物送給了次要人物，不僅收不到預期的效果，還有可能橫生枝節，導致事情越來越難辦。

厚黑妙法三十四：切勿失時機

厚黑真經

求人辦事，千萬莫錯過送禮的好時機。禮物不論輕重，無論節日中的吉祥祝福，生日時的特殊問候，還是病榻前幾句關愛的話語，都能讓對方感動。若能把握住送禮的好時機，辦事就不難了。

厚黑妙用

有很多人都知道在求人辦事時應提前送禮，但苦於找不到合適的時機。其實細想想，很多時候都是適合送禮的不錯的時機。

一．逢年過節送禮

中國悠久的傳統文化，很大一部分都體現在節日上，如春節、元宵節、端午節、中秋節、重陽節、元旦等。另外如三八婦女節、五一勞動節、母親節、父親節、六一兒童節、教師節、國慶日等，也都被列入傳統節日內。

逢年過節送禮尤其體現在求領導辦事上，人們都明白求領導辦事，不能臨時抱佛腳，所以，最好能提前在節日上，表示一下自己的心意。打著節日的旗號，這樣也名正言順，讓對方無法拒絕，自己的目的也容易達到。

小張是那種死要面子活受罪的人。凡事都講面子，幫人積極主動，求人羞於啟齒，人送綽號「抹不開」。他辦事有自己的原則，自己能辦的事絕不求人，自己不能辦的事只好不辦。但事與願違，小張也有不得不求人的時候。連他自己也不清楚，在很多人託關係拉幫派競爭廠長的硝煙彌漫的戰場上，一向退縮不前的他，竟被推舉為英雄，當上了廠長。起初，他自己都不相信。但主管局長在選舉前有言在先：民主選舉，公開競爭，準被選中不幹不行，幹不好還不行。

小張真為難了，一個既將倒閉的單位，雖然他有新產品的專利，但需要設備技術改進，這可是上百萬元的差事。單位本身虧損，這筆費用怎麼辦？

小張面對職工上千雙希望的眼睛，自己打不了退堂鼓，唯一的辦法就是，找上級主管申請資金。

小張雖然辦事不求人，但他也懂得人情世故，無論公事私事，都得向主管意思一下才成。他也是被逼無奈，為了公家的事，破了自己多年墨守成規的原則。

公事私辦，他買好了禮品。其實主管就住在他樓上，每天都見面，但他還是覺得不太合適，猶豫幾天，終於抓住中秋節這一機會，在妻子大力支持下，走上三樓，敲開了主管家的房門，以迎接中秋節為名，向主管表示祝福。

主管很高興，以好菸好茶相待。隨便聊幾句，小張便如坐針氈，開口說話都覺喉嚨發堵，支支吾吾幾句，便告辭下樓。

回家後，妻子把他數落一頓。機不可失，時不再來，小張惱火一陣後，又安慰妻子：「過幾天是國慶，咱還有機會，下次你陪我去。」妻子埋怨道：「節日一個接一個，總不能為了公事，我陪你送一輩子禮吧？！」

說歸說，做歸做，國慶日，小張與妻子再次拜訪主管，向主管祝福。

臨別時，小張的妻子說明來意。局長眼皮都不眨就答應了他們的要求。事辦成了。

過後，小張對妻子說：「我終於明白有『禮』好辦事的道理了。」

求主管辦事，千萬莫錯過節日這個送禮的好機會。禮物不論輕重，節日中的吉祥祝福，幾句關愛的話語，更是情義無價，更能讓對方感動。有這樣的基礎，辦事就不難了。

二．生日、壽誕送禮

在別人生日、壽誕上送禮，也可以為自己累積辦事的資本。生日作為人生的開始之日，是真正屬於自己的節日，一直受到很多人的重視。每逢生日來臨，人們都要以這樣或那樣的形式舉行慶祝活動，藉以提醒自己珍惜光陰，同時感激給予自己各種幫助的親朋好友。

送禮在生日慶賀活動中是很重要的祝賀方式，親人、朋友、同事過生日的時候，送上禮物表示祝賀，可產生增強友情、融洽關係，為以後找人辦事奠定基礎。

但問題是生日禮物的花樣和種類很多，人們經常不知道該送什麼樣的生日禮物才合適，面對琳琅滿目的商品，卻不知所措。

其實，送生日禮物時先要搞清楚對象，是親朋好友，還是一般的關係，是自己的戀人，還是普通的朋友，不同的對象，所送的禮物是不同的。

年齡也是在送生日禮物時要注意的，才幾歲的孩子和耄耋之年的老人，他們過生日的方式以及所送禮物都各有不同。

送生日禮物時還要考慮對方的興趣，符合生日這天送出的、對方又很感興趣的禮物，當然會受到他們的歡迎。

送生日賀禮要講究適度，處理得當，注意場合、家庭環境、季節變化等，如果不因人因事因地而宜，因陋就簡，量力而行，往往會弄巧成拙，適得其反。親友之間賀生日是常事，但不能搞得庸俗化，要做到有理、有禮、有益。你不妨參考以下幾個原則：

（一）因人而異

給不同的對象選擇不同的生日禮物。

（二）因地而宜

送生日禮物要注意各地風俗和嗜好。

（三）因時而異

送生日禮物要考慮時代、季節等因素，相機送禮。

（四）因陋制宜

生日送禮不要鋪張，要量力而行，自己動手，因陋就簡，製作有寓意的生日禮物。清楚了以上內容，在別人生日時就能送上一份令別人和自己都感到滿意的禮物了。

三・病榻前送禮

社會上有很多人在日常交往過程中，苦於自己沒有與上級或同事之間加深感情的機會，總覺得借助節日表示一下自己的心意又太牽強、太俗、太假，唯一特別的機會，就是祈盼他人生病，想在探病中表示一下。利用探病送禮，這未嘗不是一個好方法。

就某些方面看，送禮在探病過程中完成，益處甚多：在探病中送禮，可以光明正大，不會有行賄之嫌；病中送寒送暖，猶如「雪中送炭」，對方會萬分感激，而且對來訪者的印象特別深。這對以後求人辦事都是非常有利的。

馮女士為辦私人旅行社一事，傷透了腦筋，總社那邊跑過上百次，對方老總就是不肯出示證明資料。馮女士先後託人送過多次禮品，老總就是不接受。心想，這位老總可真難對付。老天爺終於賜給馮女士機會。一天，老總沒上班，馮女士四處一問，聽辦公室的人說，老總病了，而且秘書也沒上班。馮女士琢磨一下，老總會得什麼病呢？先買一些保健品再說。

馮女士驅車找遍幾家醫院，終於在一家醫院的單人病房內，找到化名的老總。馮女士一進病房，秘書就十分驚慌地站起來。馮女士用手勢止住她說話。病床上的老總，臉色蒼白，嘴唇發乾，眼窩發灰，微閉雙目，手臂上的點滴管有節奏地滴落。馮女士心想，女人四十真不易啊。

秘書在旁，侷促不安地看錶，看樣子是急著回家。馮女士輕聲說，天快黑了，你先回家吧，晚上我在這兒守著。秘書如釋重負地點點頭，快步離開。

一連三天，馮女士精心陪護著老總，親切暖人的話不知說過多少，老總聽了非常感激。出院後兩天，老總正式上班了，馮女士這時又去看望她。老總很爽快地就同意了馮女士的要求。

探望病人，一定要先瞭解一下病情，然後再買禮物。而且送禮時，一定要在病人清醒的時候，多說一些暖人心的話語，別提病情，方便的話陪陪床，這樣會加深感情。待病人出院後，再提出自己的要求，就會使事情很順利地辦成。

厚黑妙法三十五：酒是穿腸藥

厚黑真經

人們常說：「欲要抓住對方的心，必先抓住對方的嘴。」酒不醉人人自醉，在與「送」有關的厚黑求人之道中，這方面必須重視。對於既講究「飲食文化」又好面子的中國人來說，更是如此。因此，「請客」就成了「送」的一項重要內容。

厚黑妙用

何為「酒席宴」？無非「一飯」「一酒」。其實「一飯」「一酒」的真義，是指它的無形價值。換句話說，是憑藉一頓餐敘來建立彼此的交情，達到溝通的目的。

由「一飯」而定友誼，往後，便可憑這份交情而得到別人的幫助，使任何困難迎刃而解。現今雖已進入講求現實的商業社會，但人們厭惡「勢利」的共同心理還是存在的，所以，如果在平時不多結善緣，等到急難關頭才「無事不登三寶殿」，四處請求救援，恐怕你只能得到別人幸災樂禍的眼神。

中國是個禮儀之邦，有句話叫做「無酒不成禮義」，在酒席上趁著酒勁套近乎，相互之間也能敞開心扉，於是，在酒酣耳熱之際，相互之間開誠佈公的探討就顯得和諧起來。

像這樣的友情，可說是「吃」出來的。所以說，「吃」應該算是社交應酬中最重要的人情往來。世間多少的僵局難處，都可以透過一頓刻意安排的飯局來化解，多少互懷敵意的人，也能因一次同桌共餐而握手言歡。有人戲稱餐食與共的朋友為「酒肉朋友」，意味著這等朋友是唯利是圖之輩。然而，如果能夠慎選朋友，細挑餐宴，再善用「餐桌戰術」，說不定使你得道多助的，正是這些人呢！

一家網路公司準備上市，但資金上有點問題。負責此事的副理找到了一家信託投資公司，但雙方提出的條件相差太大，經過幾個回合談判都沒有達成一致意見。

網路公司經理非常著急，於是親自出馬到投資公司。對方見是總經理出馬，會談顯得略微和善一些。藉此機會，請負責人吃飯。席間大家各說東西，不談公事。總經理把酒打圈，酒至半酣開始討論公事。各自訴說自己公司的難處，總經理明察秋毫，針對投資公司的為難之處，提出了大的原則……筵席散盡時，那位負責人拉著總經理的手，略有醉意地說：「馮總，看到你的酒量就看到了你的豪氣，也看到了你們公司的大好形勢。回去我和經理商量一下，希望我們能夠進行合作。」

不久，雙方就確定了大的原則，並就相關細節進行了商量，達成了協定。

利用酒席，套出對方的老底，再採取相應的對策，事情也就水到渠成了。

很多人喜歡在酒席上看他人的性格、脾氣秉性來確定合作公司的形勢，特別是酒為催化劑，能夠使人原來的警戒之心淡化，從而獲得情報，見機行事，當然能夠得到好的效果。

的確，酒作為一種交際媒介，迎賓送客，朋友聚會，彼此溝通，傳遞友情，可以發揮獨特的作用，所以，摸索一下酒桌上的「分寸」，可以有助於增進感情，鞏固關係。

大多數酒宴賓客都較多，所以應盡量多談論一些大部分人感興趣的話題，得到多數人的參與。因為個人興趣愛好、知識面不同，所以話題盡量不要太偏，避免我行我素，天南海北，神侃無邊，出現離題現象，而忽略了眾人，也不要鄰座兩人長時間的竊竊私語，影響了酒宴氣氛。

在應酬場合中，如果有三個人，那麼其中一個人可能會是本次應酬的「次要者」。如果在應酬過程中，這位「次要者」遭到了忽視，在心裡產生不被關注的感覺，那他將會非常尷尬，而且以後他便會找出各種各樣的理由，拒絕出現在這樣的場合。這樣，你就有可能因此而失去一個可以在某個方面向你提供幫助的朋友。

不以尊卑定冷熱，不以親疏定遠近，讓每一個人都感到你重視他的存在，請客的目的便成功了八十％。

適當地讓「次要者」參與到你們的談話中，不僅可以消除「次要者」的尷尬，同時還可以為你贏得朋友的感情。

常言道：「自立而後立人」，又說「天助自助者」，可見我們立身處世，不能只靠別人，而任憑自己疏忽怠惰。不過社會是集體創造的，個人能力是有限的，因此，如何與人維持良好的關係，使困難時能夠安度危機，這就靠平日所做的各種努力了。而許多有意無意的共餐場合，就是增進自己與人相處、留下好印象、建立友誼的好時機。

厚黑妙法三十六：色是刮骨刀

厚黑真經

有人把「酒、色、財、氣」喻為人生四大關口。這四大關中，「色」關是最難過的——君不見，多少英雄豪傑，有海量不為酒醉，有胸懷不為氣阻，有正氣不貪財，但到了「色」關，經不過三番五次的考驗，一個個拜倒在石榴裙下。

厚黑妙用

殷紂王出兵征伐有蘇氏，有蘇氏為了保全社稷，把美女妲己賄賂給了紂王。妲己使出了渾身解數，使這位「力大過人，手格猛獸」的殷紂王拜倒在她石榴裙下，逐漸消磨掉了鬥志。最後以妲己之所譽為貴，以妲己之所憎為誅。從妲己之欲，作新淫之聲、靡靡之音，造酒池肉林，男女裸體逐於其間。又從妲己之憎，制炮烙之刑，剜比干之心，囚箕子，逐微子，終於鬧到了國破家亡的地步。傳說周武王傳令斬殺妲己，妲己一個媚笑，竟然使得數批殺人不眨眼的劊子手們舉不起屠刀。嗚呼，美女之力，可謂大矣！

有蘇氏以美女為「鉤」，巧施美人計使殷紂王沉迷其間，從而導致國破家亡。由此可見，人之大欲，飲食男女，女人也一樣被用作「釣魚」的「鉤子」。

人們常說：英雄難過美人關。又說：自古英雄皆好色，若不好色非英雄。連英雄也被美人攻克，為美人傾倒，可見美色是何等地惹人喜愛，又具有何等大的威力。於是利用美色來對付他人，謀取利益，或者達成願望的事，層出不窮，演繹出了種種活潑生動的美人計來。

以美人作鉤的事例在中國歷史上真是數不勝數，有褒姒「鉤」得周幽王拿邊防烽火當兒戲以致滅亡；漢成帝被趙飛燕「鉤」得連殺數子而絕嗣；宋徽宗被李師師「鉤」得不理朝政而丟了江山；劉宗敏被陳圓圓「鉤」得惹怒了吳三桂致使清兵入關；西施送秋波；勾踐破吳國，誅了吳王；貂蟬獻柔情，王允（使呂布）殺了奸雄董卓，保了漢室……歷史上這樣的例子有多少，誰也說不清。

非但我們中國人，那些洋人也同樣難逃「美人關」。

一九七六年，蘇聯外交部一位叫菲拉托夫的官員在蘇聯駐阿爾及利亞大使館做隨員時，被美國中央情報局的美人計「鉤」入陷阱，墮落為中央情報局的間諜。不久，他被調回蘇聯外交部工作，向美國中央情報局提供了大量有價值的重要情報，直到一九七七年被克格勃速捕處死為止。

不僅在政治領域，今天的商戰中，美人計更是常用的「鉤鉗」手段。用美人「鉤」住對方科技要員，竊取商業情報；用美人「鉤」住商業決策人物，使其沉於美色，延誤時機；用美人「鉤」住攜鉅款的供銷人員，伺機敲詐盜取。如此等等，不一而足。

此外，在女性掌握財政經營大權的當今世界中，美男也可被用作「鉗制」女企業家的「鉤子」。

一九七八年，蘇聯克格勃為了攫取希臘女船王克莉絲蒂娜那份在世界經濟中具有「戰略性」意義的家產（包括十億美元、五百萬噸運載力的船隊，特別是地中海北端那座有戰略價值的斯科皮奧斯島），從而導演了克格勃成員、美男子考佐夫捨身救克莉絲蒂娜免遭「車禍」的鬧劇，使克莉絲蒂娜大感其恩，送考佐夫住院。出院後克莉絲蒂娜又接他回到了自己的家中療養，給考佐夫施展「美男計」製造了良機。透過考佐夫的種種手段，這位著名的世界女船王中了「美男計」，被蘇聯克格勃控制了家產。

無數的例子向我們證明，美人比任何武力都有威力。武力的攻伐帶來仇恨，遭到抵抗，而美色可以消磨敵人意志，侵蝕敵人體力，引起敵人內部糾紛。美人媚眼一丟，細腰一扭，或者柔懷一送，再強的敵人也註定要灰飛煙滅。

第二篇　厚黑怕經

第一章 莫叫板：不與別人對著幹

厚黑怕經 一：不識時務

厚黑真經

俗話說得好：「識時務者為俊傑」。這句話是人生處世的金玉良言，將之謹記在心並誠懇實踐的人，必可在處世的道路上履險如夷。所謂「識時務」，是指瞭解客觀環境的變化，給予妥善的對應。欲行厚黑之術者，豬油可以蒙住心，但絕不能蒙住眼——能識時務者，方為厚黑俊傑。

厚黑妙用

南齊的王僧虔楷書造詣極深，許多官宦人家都以懸掛他的墨寶為榮，一時之間，流傳著一種說法：王僧虔楷書不輸王羲之，乃當今天下第一！

當朝皇帝齊太祖蕭道成素來愛好書法，對僧虔的盛名一向很不服氣，於是下旨傳僧虔入宮「比試」。在大臣、隨從的簇擁下，君臣兩人屏息凝氣，飽蘸濃墨，各自揮毫寫下一幅楷書。擱筆之際，齊太祖頭一揚，雙目緊緊盯住僧虔，問道：「你說我們兩人，誰第一，誰第二？」

僧虔額頭冒出了冷汗，皇帝的書法雖有一定功力，但畢竟稱不上爐火純青。可是這位自負的皇帝又怎會甘心位居人後？昧著良心說謊，承認皇上技高一籌，固然不會得罪人，但這樣的事僧虔根本不屑去做。

僧虔沉吟片刻，突然朗聲長笑：「臣心中已有分曉。臣的書法，大臣中排名第一；而皇上的書法，絕對是皇帝中的第一！」齊太祖聞聽此話，先是一怔，繼而很快理解了僧虔的良苦用心，他為皇帝留足了面子，同時又不失自己的氣節。齊太祖不由得哈哈大笑，僧虔也鬆了口氣。

尊重能夠增進你與上司之間的感情，化解糾紛衝突，贏得上司的好感，美化自己在其心中的形象。尊重上司才能得到上司的尊重。出於對齊太祖足夠的尊重，僧虔才會在眾目睽睽之下保全天子的威風，而不是傲慢地指出皇帝不如自己。

一般而言，上司在各方面都應比下屬高出一個層級，如工作經驗豐富，較強的組織、管理能力，看問題有全域觀念等，也有一些上司具備一些個性方面的優點，如性格直爽、辦事果斷、工作細心等，這些都值得下屬尊重和學習。但畢竟人無完人，上司也是人，一樣會有缺點，會犯錯誤，這是無法避免的，在這種時候，有些下屬就會覺得上司水準太低，表面服從，心裡卻缺乏尊重，甚至頂撞、搶白上司，時時處處表現出自己高出上司一等。缺乏對上司最起碼的尊重，會使你與上司的關係嚴重惡化。

中國人酷愛面子，視尊嚴為珍寶，有「人活一張臉，樹活一張皮」的說法，尤其做上司的更愛面子。作為上司，若不慎做了錯誤的決定或說錯了什麼話，如果下屬直接指出或揭露上司的錯誤，無疑是向他的權威挑戰，會讓他覺得很沒有面子，會損害他的尊嚴，刺傷他的自尊心。這時候，最聰明的做法就是主動把錯誤承擔起來，給你的上司一個臺階下。

能主動為上司攬過，既是一種胸襟，更是一種在職場上生存的必備智慧。一般來說，在上司正確的情況下，下屬對他表現出應有的尊重，這點比較容易做到。但是，假如覺得上司錯了，一般下屬的心裡就憋不住氣，想和上司理論一番，甚至直接指出他的過失。特別是當上司明顯是想把自己的過錯硬安到你的頭上，甚至想讓你當替罪羊時，你可能很難繼續保持紳士風度。這樣，上司雖然在心裡認為你可能是對的，甚至事先他就知道你是對的，但因為面子上掛不住，一定會把你視為一個「不識抬舉」的可惡刺頭，從而不給你晉升加薪的機會。

古今中外，沒有哪個人不受虛榮心的奴役，即使上司做錯了你也要尊重他，而不是攻擊和責難。如果你是一個識時務的人，總是這樣替上司背黑鍋的話，那麼上司心裡就會對你有好感。

由於人世情勢複雜多變，「識時務」從求生存的角度來看，便有了以下兩種用意：

首先要防患未然，做到捷足先登。也就是說，你必須時時注意環境的變化，並搜集別人的看法，研判未來可能的發展，這樣就可避免傷害的產生，並比別人早一步行動，先期獲取利益。而事實說明，成功人士都是識時務者，醉生夢死的人很少成功。

其次要學會通權達變，化解危機。也就是說，在面臨危機時，你必須評估各種處理方式對你的影響，並採取對你最有利的策略，而「識時務者為俊傑」這句話，也就是在這個時候最常被人使用。因為絕大多數人缺乏防患未然的「識時務」智慧，所以才會碰上危機，又因為種種顧忌，而弄得鼻青臉腫。因為如此，「識時務」這三個字才益發顯出它的價值。能識時務者轉危為安，也才是「俊傑」。

但是這裡著重強調的不是如何以智慧去化解危機，而是如何體察利害關係，這也就是「通權達變，轉危為安」的「識時務」的精義。在危機狀態下，為人處世的最高指導原則應該是，只要能解決問題，使自身的利益獲得保全，任何解除危機的手段都可以成為你的考慮對象。一般人在面臨危機時除了考慮到本身能力之外，也常考慮到面子、身分。事實上，這兩樣東西只有在太平時代才有價值，在生死存亡的關頭時，這兩樣東西便不值半文，甚至成為負擔、諷刺了。因為，當自身失去了存在，面子、身分也都將隨風而去，並且為人所淡忘。因此，結果比過程更重要，為了結果，過程可以委屈些，這正是處世的柔軟與應付危機的「變」，能「變」就能「通」，就能生存。

厚黑怕經二：意氣之爭

厚黑真經

人如果僅僅為一口「氣」活著，任何小衝突都會演化成你死我活的「敵我矛盾」。面對無數的「死敵」，根本沒辦法衝殺出來。

厚黑妙用

心理學家高伯特普曾經說過：「人們只在無關痛癢的舊事情上才『無傷大雅』地認錯。」這句話雖然不勝幽默，但卻是事實。由此也可以證明：願意承認錯誤的人是少的——這就是人的本性。

留心我們的周圍，意氣之爭幾乎無處不在。一場電影、一部小說能引起爭辯，一個特殊事件、某個社會問題能引起爭辯，甚至，某人的髮式與裝飾也能引起爭辯。而且往往爭辯留給我們的印象是不愉快的，因為他的目標指向很明白：每一方都以對方為「敵」，試圖以一己的觀念強加於別人。

為人處世雖然應該善於主動表達自己的情緒，但是，並不主張亂表達心中的情緒。情感應時時受到理智的支配。情緒性太強的人大多被認為有神經質，這種人易給人造成一種不合群的感覺，人緣也隨之而去。只有言談舉止始終保持常態，在公開場合上隨圓就方，才會在社會上取得別人的認同。要獲得好人緣，練就隨圓就方的技巧很重要。

我們平時所遇到的事情無所不有，其中涉及原則的事本沒有多少，在一些無關痛癢的小事上更犯不著與人斤斤計較，特別是感情用事。比如單位裡某個同事就伊拉克的好壞談了一種觀點，雖然他的觀點過於偏頗，你也沒有必要情緒激昂地去與之辯出個輸贏來，否則，因為幾句話傷了感情，就得不償失了。

與主管共事時，對待工作，你只能提供意見，不要自作主張，等到定下計畫以後，你只要負責執行便可。至於執行的經過，必須有詳細記載，即使是極細微的地方，也要一絲不苟，因為詳細記載的報告，正是他所喜歡的。但是執行之中遇到的困難，你最好能夠自行排解，不必請示。多去請示反易貽誤，最好事後口頭報告主管當時是如何應付的，他就會很高興。然而要注意的是，即使日後報告，也要力求避免誇張的口氣，儘管當時的確十分難辦，也要以平靜的口氣，加以輕描淡寫，如此反而更能表現你應變的本領。如果他是你的部屬，你應該明白他的長處在於做精細的工作，活動非其所長，他的工作能力也許不差，但他的工作效率卻未必很高。因此，工作數量不要派得太多，工作時間也不要限得太緊，數量太多容易堆積，限期若逼得太緊會令人感到痛苦。

遇到你的朋友，你要主動多幫他的忙，幫忙之後，還要面無驕矜。如此一來，他口中雖未必有所表示，但心裡一定十分感激，這就是控制他的要訣。同時，你要懂得利用他的長處。若他精細，有事提出意見和他商量，往往可以補充你的不足，改正你的錯誤，同時這種人必須能守口如瓶，屬於機密的事情，絕不會向第三者洩漏，實在是可與之深交的人。你還可以利用他的精細，必要時，把做完的工作請他覆核一番，而他的覆核，絕不會只是敷衍塞責，他自會平心靜氣，不惜工夫地替你精心校正，無微不至。你若是犖犖大才，疏漏自然在所難免，拾遺補闕就非得靠這類人才不可。

冷靜的人，因為才能的調整不能夠展開，魄力不夠雄厚，所以只能是個好部屬、好朋友，而不可能是個好老闆。理論上他適宜做學問，埋頭從事研究，而不適宜於做事業，因為常會遇到應付不了的繁複的現實。他長於就一個問題向裡鑽研，不長於應付廣泛多變的環境。如果不得已而踏進事業界，很容易被大家忘記，你若能夠對他花些心思，收為己用，正可謂是人棄我用。人棄我取，所得必多，誰說冷靜的人不易相處？情根於性，有性必有情，應付得法，情無不動，這是可以斷言的。

一切情緒，尤其是不愉快的情緒，如傷心、衝動、焦急、憤怒、內疚等情緒，都必須等它消了才會好。動感情是消耗精力的。如果我們把精力花在驅除不愉快的心情上，便不會有精力剩下來應付生活本身的需要。然而，世態炎涼，各種人際糾紛和爭鬥層出不窮，我們該如何避免意氣之爭呢？其實，對於這些爭鬥有很多種解決方式，「妥協」是其中最有效的方式之一。

「妥協」是雙方或多方在某種條件下達成的共識，在解決問題上，它不是最好的辦法，但在沒有更好的方法出現之前，它卻是最好的辦法。

首先，它可以避免時間、精力等「資源」的繼續投入。在「勝利」不可得，而「資源」消耗殆盡卻日漸成為可能時，「妥協」可以立即停止消耗，使自己有喘息、整補的機會。也許你會認為，「強者」不需要妥協，因為他「資源」豐富，能夠與你進行長時間的持久戰。理論上是這樣，但問題是，當弱者以飛蛾撲火之勢咬住你時，你縱然得勝，也是損失不少的「慘勝」，所以在某些狀況下強者也需要妥協。

其次，它可以借助妥協的和平時期，來扭轉對你不利的劣勢。對方提出妥協，表示他有力不從心之處，他也需要喘息，說不定他根本要放棄這場與你的爭鬥；如果是你提出，若他願意接受，並且同意你提出的條件，表示他也無心或無力繼續這場「戰爭」，否則他是不大可能放棄勝利的果實的。因此「妥協」可創造「和平」的時間和空間，而你便可以利用這段時間來促使關係的轉化。

另外，它還可以維持自己最起碼的「存在」。妥協常有附帶條件，如果你是弱者，並且主動提出妥協，那麼可能要付出相當的代價，但卻換得了「存在」。「存在」是一切的根本，因為沒有「存在」就沒有未來。也許這種附帶條件的妥協對你不公平，讓你感到屈辱，但用屈辱換得存在，換得希望，這又何嘗不可呢？

「妥協」有時候往往會被誤解為屈服、軟弱的「投降」行為，但從上面所提的幾點來看，「妥協」其實是非常務實、通權達變的處世智慧。凡是處世的智者，都懂得在恰當時機接受別人的妥協，或向別人提出妥協，畢竟人要生存，靠的是理性，不是一時的衝動。

當然，妥協時也必須做到因地制宜。

第一，要善於發現你的目標所在。也就是說，你不必把資源浪費在無益的爭鬥上，能妥協就妥協，不能妥協，放棄爭鬥也無不可。但若你爭的本就是大目標，那麼絕不可輕易妥協。第二，要看「妥協」的條件。若要面子就要求面子，但不必把對方弄得無路可退，這不是為了道德正義，而是為了避免狗急跳牆，是有利害考量的；更何況，除非你把對方殺了，否則他的力量是永遠存在的。如果你是提出妥協的弱勢者，且有不惜玉石俱焚的決心，相信對方會接受你的條件。

總之，「妥協」可改變現況，轉危為安，是戰術，也是戰略。

厚黑怕經 三：損人利己

厚黑真經

俗話說：「多一個朋友多一條路，多一個敵人添一堵牆。」不管做什麼事都只想著自己，爭名奪利，損人利己……這些不良心理不但對社會不利，而且對於交際危害極大，它每時每刻都有可能會傷害到別人，這樣的人永遠也不可能找到真正的朋友。因此，我們應盡可能少樹敵，千萬不要做損人利己的事，否則只會是自找麻煩。

厚黑妙用

古時候，有一個國王名叫尸毗，是個心地善良、治國有方的賢德君主。有一天，突然飛來了一隻白鴿向他求助，尸毗王忙將飛來的白鴿放進懷中。追來的老鷹說：「快把鴿子交出來，我現在饑餓難忍！」

「那不行。」尸毗王說，「我曾發過誓願，要普度一切生靈。鴿子求救於我，豈能讓你活活吃掉？」老鷹對他說：「你既愛惜一切生靈，為什麼只救鴿子不管我的死活？要知道不吃牠，我就得餓死？」

尸毗王尋思了一下，便下令讓侍從拿刀端盤，割取自己身上的肉。

「還有一件。」老鷹陰險地說，「既然大王願代鴿子割肉，請拿秤來稱吧。割下的肉必須和鴿子一樣重。」

「好，我答應你的要求。」尸毗王令僕人拿來一杆天秤，將白鴿放在秤盤內。但奇怪的是國王割盡了腿上的肉，不夠鴿子重，割盡了身上幾乎所有的肉，還不夠鴿子重。怎麼辦呢?為了救鴿餵鷹，履行諾言，他忍著劇痛站了起來，坐於盤中，剛好和白鴿一樣重。

這時，奇蹟出現了——大地震動，宮殿搖擺，天空灑下五彩繽紛的鮮花，老鷹和白鴿眨眼都不見了。尸毗王割下的肉全部長回身上了，完好如初，不覺疼痛。

原來，白鴿和老鷹都是神變的。他們用這樣的方法來考驗尸毗王對普度眾生的堅定至誠。

「損人損己是惡人，損人利己是小人，利人損己是聖人，利人利己是偉人。」上面的故事雖然只是一個傳說，但卻說明尸毗王的確是一個利人損己的典型。

大公無私是每個人理想的境界，一般人很難做到這一點。利己是人類的天性，但是強調利己不損人更符合人性和現實，這樣對社會的進步更有積極意義。你的智慧和努力在為自己創造良好條件與財富的同時，也是在為社會做貢獻，利己並不代表著就要損人。社會正是承認了個人所創造的價值，把私人財富屬於個人，才激發了人積極向上的創造欲望和潛能。所以，我們不能有「紅眼病」，我們要向一切憑真本領不損人而且能創造財富的人學習。

中國有著光輝燦爛的歷史和文明，利人損己的聖人層出不窮。「堯有子十人，不與其子而授舜；舜有子九人，不與其子而授禹：至公也。」大禹，當年為了治水，「八年於外，三過家門而不入。」

戰國時期，晉平公有一次問祁黃羊說：「南陽縣缺個縣長，你看，應該派誰去當比較合適呢？」祁黃羊毫不遲疑地回答說：「叫解狐去，他是最合適的。他肯定能夠勝任的！」平公驚奇地又問他：「解狐不是你的仇人嗎？你為什麼還要推薦他呢！」祁黃羊說：「你只問我什麼人能夠勝任，誰最合適；你並沒有問我解狐是不是我的仇人呀！」於是，平公就派解狐到南陽縣去上任了。解狐到任後，替那裡的人辦了不少好事，大家都稱頌他。過了一些日子，平公又問祁黃羊說：「現在朝廷裡缺少一位法官。你看，誰能勝任這個職位呢？」祁黃羊說：「祁午能夠勝任的。」平公又奇怪起來了，問道：「祁午不是你的兒子嗎？你怎麼推薦你的兒子，不怕別人說閒話嗎？」祁黃羊說：「你只問我誰可以勝任，所以我推薦了他；你並沒問我祁午是不是我的兒子呀！」平公就派了祁午去做法官。祁午當上了法官，替人們辦了許多好事，很受人們的歡迎與愛戴。孔子聽到這兩件事，十分稱讚祁黃羊。孔子說：「善哉！祁黃羊之論也，外舉不避仇，內舉不避子。祁黃羊可謂公矣。」意思就是說：祁黃羊說得太好了！他推薦人，完全是拿才能做標準，不因為他是自己的仇人，存心偏見，便不推薦他；也不因為他是自己的兒子，怕人議論，便不推薦。像祁黃羊這樣的人，才夠得上說「大公無私」啊！

道德的淵源就是因為人性的自私。人若無私，人性都善，還要道德有什麼用。如果人性都是利他的，那麼我們的道德觀就會完全變樣了。實際上將心比心，不僅只顧自己的私，還要尊重他人的私，不損人利己，把握好自私與他私的界限，掌握好自私的度，最好的就是利人又利己。就是說：承認每個人的自私性和個人利益，既維護自己的利益不受任何人侵犯，也不侵犯任何人的利益。如果每個人都這樣，那麼天下就太平了。

損人利己的人是最讓人討厭的，人與人過著同樣的生活，本來就應當彼此幫助，彼此顧念，這樣才能發展彼此間的感情和友誼。假如一個人只顧自己的好處，那麼就會招來別人的厭煩和反感，何況人一存自私的心不但不顧別人，還要奪取別人的好處歸給自己，一個人如果這樣，不用說受過他損害的人要厭惡他，就連未曾受過他損害的人也會厭惡他。

人類一直在追求一種捨己利人的大善，反對損人利己的大惡。做損人利己的事情自己不會快樂，最終也會傷害自己，因此，做最好的自己，一定不要損人利己。

厚黑怕經四：背信棄義

厚黑真經

戴爾·卡內基曾經說過：「任何人的信用，如果要把它斷送了都不需要多長時間。就算你是一個極謹慎的人，僅須偶爾忽略，多麼好的名譽，便可立刻毀損。所以養成小心謹慎的習慣，實在重要極了。」

厚黑妙用

孔子說：「人無信不立。」信義是個人的品牌，是個人的無形資產。然而，人生最大的挫敗之一，就是具有了欺騙和說謊的本領。這點在商人身上表現得最為明顯。

古書《郁離子》中也曾說：「有人說商人是重財而輕命的人，起初我還不相信，現在我才知道真有這樣的人。」孟子也說：「對於商人重利輕信的固有習性和做法不能不謹慎小心。」因此，作為商人在辦事時要符合常規的道德標準。

縱觀已趨合理競爭的商業市場，信譽之戰已成為企業生存的生死之戰。取信於民為企業發展的重要手段，「重口碑，也很重要，凡是應承的，一定都要做到。」這是作為商人所必須做到的。

翻閱美國商業史，我們可以看出，五十年以前生意興隆的大商店，到今日依然存在的，真是寥若晨星。那些商店在當時如雨後春筍，生機勃勃，但他們卻刊登各種欺人的廣告，做各種騙人的勾當，而且這種風氣還盛極一時。然而他們當時一點也沒有意識到這樣做的壽命是不能長久的，因為這種行為缺少人格、信用做後盾。它們沒有意識到這種行為終究是不可靠的，它們雖能一時欺騙得逞，但這種欺騙不久是要被發現的。其結果是它們自己被顧客冷落，以致衰微而終告失敗。

還有什麼比讓別人都信任你更寶貴的呢？有多少人信任你，你就擁有多少次成功的機會。成功的大小是可以衡量的，而信譽是無價的。用信譽獲得成功，就像用一塊石頭換取同樣大小的一塊金子一樣容易。

一個言行誠實的人，因為自己感到有正義公理作為後盾，所以他能夠毫無愧色，從不畏縮地面對別人。

一九六八年，日本商人藤田田曾接受了美國油料公司訂製餐具三百萬付個刀與叉的合約。交貨日期為九月一日，在芝加哥交貨，要做到這一點就必須在八月一日由橫濱發貨。

藤田田組織了幾家工廠生產這批刀叉，由於他們一再誤工，預計到八月二十日才能完工交貨。由東京海運到芝加哥必然誤期。

藤田田於是租用泛美航空公司的波音七〇七貨運機空運，交了三萬美元（合一千萬日元）空運費，貨物及時運到。雖然損失極大，但贏得了客戶的信任，維持了良好的合作關係，並保證了信譽。

像藤田田這樣的著名日本企業家，將信譽看成是企業的唯一生命，似乎理所當然，然而，像末萬春這樣的個體戶為了維護信譽而自甘損失，這樣的舉動就更令人感到欽佩了。

一些企業為了眼前利益，大量製造、傾銷次等產品，把自己很響的牌子砸了，無異於殺雞取卵，只有愚人才這樣做。

當然，也有一些政客不講信用，並以這種不講信用的詐術為榮，對這種人應該採用防患措施。如秦王嬴政命大將王翦領兵去消滅六國，王翦馬上提出條件，要秦始皇立刻給他晉爵封地賜金子，否則，他就不幹。秦始皇不得不依了他。

有人問他為什麼要這樣性急，他說：「大王這個人不太講信用，會過橋抽板，事後不認帳。他想賒帳，我不馬上要，以後就要不到的。」

對待對手的詐術，你可以回敬以詐術，如果對於這種人卻仍用所謂的「信」，這就難免要吃虧。

無論如何，凡事應該以信譽為基礎，只有具備了信譽這一良好的資本，你才能被人信賴，才能在辦事時遊刃有餘，有更大的發揮空間。

有些人雖然非常重信譽，但卻找不到一些表現的方法，這時你不妨試試下面的幾種做法：

一·提前五分鐘到約會地點，可表現你的誠意

守時是每個人都應具備的美德，經常遲到會留給人毫無誠意的印象。因此，如果是你提出的約會，請比約定時間早五分鐘到達目的地，這一點很能表現你的誠意。即使你是準點到達，如果對方已經在等你，對方心裡會想：「是你提出的約會，自己還比我晚到。」這樣你的誠意就大大地打折扣了。此外，你要比對方早到的話，可以先熟悉一下周圍的環境，醞釀一下和對方見面時的話題，準備充分才能順利達到辦事的目的。

二·直說自己的不利，表現你的責任感

一般人在碰到不利於自己的事情或想提出什麼要求時，往往先做一大堆鋪墊，拐彎抹角地先講很多和主題無關的話，最後才說出自己的本意，這種做法會使對方覺得你毫無誠意。如果你無須任何開場白，直接地表明你自己的意圖：道歉或要求，這樣不但不會引起對方的反感，反而會使人覺得你有責任感和誠意。

三·不懂時直說，不要裝懂

有時候，為了隱藏自己的弱點和無知，人們喜歡擺出一副不懂裝懂的姿態，殊不知這樣反倒會給人一種淺薄的感覺。如果你對不懂的事情坦率地說不知道，反而可以成為一種有效

的表現自我的方式，因為坦率本身就會給人一種強烈的印象，認為你有誠意。除此之外，從某種角度看來，你還具有一種敢於承擔責任的自信。

四．給對方出乎意料的道歉，可留給對方誠實的印象

當對方的錯誤給自己帶來麻煩或造成傷害時，都希望對方向自己道歉，並且有一個衡量其誠意的標準，亦即期望值。如果你的期望值為十分，對方卻只給你五分的道歉，你就會認為這個人毫無誠意，內心對他的反感反而會增加。如果你只抱著五分的期待，而對方卻給了你十分的道歉，大大超出你的期待，你會由衷地感到對方確實誠實可信，心中的不快也就消失得無影無蹤了。因此，由此及彼，當你錯了，不妨借鑑這種方法，給予對方超出他期望值的道歉，你的誠意會給他留下深刻的印象。

五．稍微表露自己的不足，會讓人覺得你很誠實

維納斯之所以被人譽為美神，就在於她的殘缺美。折斷的雙臂不僅沒讓她黯然失色，反而使她聞名世界。所以，不要怕暴露你的缺點，有時它會使人覺得你更加誠實可信。

因此，稍微表露一些缺點用以表現你的誠實，是提升自我形象的有效手法。但要注意，不要讓自己所有的缺點都「一覽無餘」；因為這樣一來，別人只會覺得你毛病太多，一無是處，而不會認為你很誠實。

所以，適當地表露缺點的做法是，暴露出一兩點無傷你整體形象的缺點，如愛睡懶覺

等。這樣，別人會覺得你真實，並且會產生除了這一兩處缺點以外，你沒有其他的缺點的錯覺。總之，當你透過這些給別人留下誠實守信的印象後，你的辦事效果就會大大提升。

厚黑怕經 五：以鄰為壑

厚黑真經

「以鄰為壑」出自先秦孟軻的《孟子・告子下》：「子過矣，禹之治水，水之道也，是故禹以四海為壑。今吾子以鄰國為壑，水逆行謂之澤水。澤水者，洪水也。仁人之所惡也，吾子過矣。」在文中指的是拿鄰國當作大水坑，把本國的洪水排泄到那裡去。比喻只圖自己一方的利益，把困難或禍害轉嫁給別人。古人說：「鄰如唇齒，唇亡則齒寒。」把災禍轉嫁他人的做法只會孤立自己，是取小利而招禍害的行為。

厚黑妙用

胡雪巖很擔心因為同行的惡性競爭而阻礙自己事業的發展，所以在他經營阜康錢莊的時候，就一再發表聲明：自己的錢莊不會擠占信和錢莊的生意，而是會另闢新路，尋找新的市場。

這樣一來，屬於同一行業範疇的信和錢莊，不是多了一個競爭對手，而是多了一個合作夥伴。心中的顧慮消除了，信和錢莊自然很樂意支持阜康錢莊的發展。在後來的發展歷程中，阜康錢莊遇到發展危機的時候，信和能夠主動給予幫助，也是因為當初胡雪巖「不搶同行盤中餐」的正確性所在。

在阜康錢莊發展十分順利的時候，胡雪巖插手了軍火生意。這種生意利潤很大，但是風險也大，要想吃這一碗飯，沒有靠山和智慧是不行的。胡雪巖憑藉王有齡的關係，很快進入軍火市場，也做成了幾筆大生意。這樣一來，胡雪巖在軍火界的名聲也就越來越響了。

一次，胡雪巖打聽到了一個消息，說外商將引進一批精良的軍火。消息一確定，胡雪巖馬上行動起來了，他知道這將是一筆大生意，所以趕緊找外商商議。憑藉胡雪巖高明的談判手腕，他很快與外商達成了協議，把這筆軍火生意談成了。

可是，這筆生意做成不久，外面就有傳言說胡雪巖不講道義，搶了同行的生意。胡雪巖聽了後，趕緊確認。原來，在他還沒有找外商談軍火一事之前，有一個同行已經搶先一步，以低於胡雪巖的價格買下了這批貨，可是因為資金沒有到位，還沒來得及付款，就讓胡雪巖以高價收購了。

弄清楚情況以後，胡雪巖趕緊找到那個同行，跟他解釋說自己是因為不知道，所以才接手了這筆生意的。他甚至主動提出，這批軍火就算是從那個同行手中買下來的，其中的差價，胡雪巖願意全額賠償。那個同行感動不已，暗嘆胡雪巖是個講道義之人。

協商之後，胡雪巖做成了這筆生意，同時也沒有得罪那個同行，在同業中的聲譽比以前更高了。

這種通融的手腕讓胡雪巖消除了在商界發展的障礙，也成了他日後縱橫商場的法寶。

在商場上，競爭尤為激烈。雖然說沒有競爭就沒有進步，可是商場之中一旦競爭起來，人們為了達成自己的目的，往往是萬般手段皆上陣，就可能會為了爭權奪利而不擇手段，陷入以鄰為壑的惡性競爭循環當中。有時候，為了擠走同行業的競爭者，甚至會出現價格大戰、造謠中傷等情況。這樣做，雖然受益的是顧客，但是如果因為競爭而造成了成本不足，導致產品的品質下降，直接受損失的還是顧客。

俗話說：「同行是冤家。」但並不是說同行就必須要「打破臉，撕破皮」，互相看不順眼，老死不相往來。而是應該彼此給對方留一些發展空間，這樣才能在危機到來的時候達成一致，共度難關。

每個人的身上都有著屬於自己的優點，商場中也是一樣的。各家的經營手段不同，其中一定有好的一面可以讓大家學習，能夠看到對方的優點，迴避對方在發展中的不足，這也是有利於大家發展的一種手段。

競爭不僅存在於商場中，同事之間，也存在著很多的競爭。為了自身的發展，常常會跟別人進行比較，看到別人發展得順利，而自己卻失意，心中自然會不舒服、產生怨恨。

為了尋求心理平衡，很多人會運用不正當的手段進行報復，甚至會在暗地裡做一些不光彩的事情，阻礙對方的發展。這樣做，一次、兩次，可能不會被人發覺，但是次數多了，自然逃不過別人的眼睛。心裡不平衡而暗地裡做小動作，阻礙自身和別人的發展，不如放寬心態、冷靜處事尋求雙贏。

有一家公司，一個部門經理的位置空出來了，許多人都在競爭這個職位，其中以郭瑞和趙毅最有實力。雖然郭瑞更有能力，但是趙毅和老闆是親戚，所以由趙毅出任這個經理職位。大家都為郭瑞抱不平，但郭瑞說趙毅還是有很多優點的，能力也不差，帶頭向趙毅表示祝賀。郭瑞的這種大度，讓趙毅很意外也很感動。在這一年的績效考核中，郭瑞是部門中成績最高的，並因此而獲得了出國培訓的機會。

郭瑞的能力要高出趙毅，如果他只顧眼前的利益而去與趙毅爭這個職位，那麼他也就不會獲得後面出國培訓的機會。可見放寬心態對待同事間的競爭，還能從中得到很多你意想不到的東西。所以，一定要冷靜地面對競爭，不要因嫉妒而沖昏頭腦。

如果在你的工作職位上有一個新人進入，你會有如何反應呢？你一定會有一種危機感，覺得自己隨時都有被開除的危險。這個時候，如果你想著怎樣把對方擠走，就大錯特錯了，這就等於陷入了以鄰為壑的惡性競爭中；相反的，你要努力從對方身上汲取經驗，彌補自身的不足，讓他沒有辦法超越你，這才是最好的保全自身的辦法。

厚黑怕經六：強人所難

厚黑真經

有許多人總是要將自己的意志強加於人，什麼事都得聽他的，必須按他的意見辦事。這樣專制的人，沒有人願意與之合作，即使有合作也是以失敗告終。在人與人的交往上，應換位思考，自己所不願意的事情或東西，不要強加於他人。

厚黑妙用

有一次，唐太宗李世民與吏部尚書唐儉下棋。唐儉是個直性子的人，平時不善逢迎，又好逞強，與皇帝下棋時使出自己的渾身解數，把唐太宗打了個落花流水。唐太宗心中大怒，想起他平時種種的不敬，更是無法抑制自己，立即下令貶唐儉為潭州刺史。這還不解恨，又找來尉遲恭讓他去唐儉家一趟，聽唐儉是否對自己的處理有怨言，若有，即可以此定他的死罪！

尉遲恭聽後，覺得太宗這種張網殺人的做法太過分，所以當第二天太宗召問他唐儉的情況時，尉遲恭只是不肯回答，反而說：「陛下請您好好考慮考慮這件事，到底該怎樣處理。」唐太宗氣極了，把手中的玉版狠狠地朝地下一摔，轉身就走。尉遲恭見了，也只好退下。

唐太宗回去後，一來冷靜後自覺不該將自己的意志強加於人，這種做法難免無理，二來也是為了挽回面子，於是大開宴會，召三品以上官員入席，自己則主宴並宣佈道：「今天請大家來，是為了表彰尉遲恭的品行。由於尉遲恭的勸諫，唐儉得以免死；我也由此免了枉殺的罪名，使我認知到不該將自己的想法強加於人，我知過即改。藉由這件事，尉遲恭讓自己免去了說假話冤屈人的罪過，得到了忠直的榮譽，得綢緞千匹。」

合作需要人與人之間的平等，需要人與人之間的尊重。但是，有的人卻不是這樣，將自己看作是主人，將自己的合作者看作是「被恩賜者」，因而有意無意地露出一副優越感的樣子來，不懂得尊重人，在合作者面前自己永遠是個指揮者、命令者，讓合作者感到不稱心。時間一長，這種合作也將會不歡而散。

俗話說：「強扭的瓜不甜」。每個人的心態不同，也驅使著每個人所做的事不同，事態的發展如何，也歸根於這個人的行事作風如何。有的人喜歡讓事情順其自然，但也有的人喜歡給別人出難題，強人所難。

強迫的，總是彆扭的。更有甚者企圖以權勢壓人，以自己的身分迫使別人屈從，到頭來的結果又如何呢？還不是只能得逞一時，失去的卻是人心、多年的友情等等。換位思考一下，自己若不能做的，又有什麼理由、什麼資格去要求別人做到呢？

合作不是支配，雙方是平等的，是為了同一個目標共同努力的人，懂得尊重他人，允許他人有自己的想法和意見，雙方的合作只有建立在平等的基礎上，才可以持久。

凡事都要遵循客觀規律去做，順其自然就好。

很多時候，道理我們都懂，但常常要經過某些考驗的洗禮，才能真正落實到自己思想和行動上。

在我們周圍的世界裡，總是出現那些帶著某些功利色彩，卻冠以偉大而虛無名義的「強人所難」之事。

作為學生，你常常被家長以望子成龍望女成鳳的名義，督促、鞭策去上補習班、上各種名目的培訓班。假如這就是自己的興趣，那麼倒無可厚非。而事實上，有哪個學生希望自己一周七天，總是有學習不完的東西，總是被時間趕著跑呢？誰不希望有個假期好好睡個懶覺，看看電視，玩玩遊戲，勞逸結合呢？

但是爸爸媽媽總是說他們有多愛你，總是強調他們對你的好，使你的腦筋只能一次次的隱忍、原諒，然後服從這些所謂的「為你好」的行為，然後學習壓制、忘記自己想要的生活方式。雖然你在這種被「強人所難」之中怎麼也快樂不起來。

等到踏進社會，作為一個能為自己負責任的成人了，我們卻不知不覺把學生時代父母常犯的錯誤在自己的身上重演一遍。只不過，我們不再是「強人所難」的客體，而是變成施加「強人所難」的主體了。甚至有時候你不知道，原來你只是在強己所難。

我們最常犯的錯誤，就是在還沒有真正搞清楚事情的來龍去脈前，就倉促地以自己的經驗與感性思維去下結論。雖然這個結論也許並不會改變那件被你下了結論的事情走的方向，但是，它卻可以左右你以後看待事情的態度、思維與成長的方向。

但更多時候，你看到與自己無關的不慣之事，你還盡量給出客觀的評價、議論——因為這個世界總是「事不關己，高高掛起」；可是，當這件事和你息息相關時，你很容易開始失去理智和耐心，開始鑽起牛角尖，開始痛恨這些沒有按你理想去做的事，開始希望一切都按照你的意願去進行，開始在無形之中「強人所難」……而事實上，也許只是強自己所難而已。因為當你這麼做的時候，你其實並不快樂。

孔夫子說過，己所不欲，勿施於人。

強施於人，可能令自己和他人都不快樂。

因此，我們每個人都要學會尊重，尊重那些不一樣的人和事，體諒和瞭解別人的難處。雖然，這其實也不容易，但是對你、對別人都好。

第二章 莫犯傻：不能糊塗辦錯事

厚黑怕經 七：機關算盡

厚黑真經

人生要學會揣著明白裝糊塗，機關不可算盡，聰明適量即可。

厚黑妙用

一隻蚌落進了漁網，連同別的海鮮一起，被漁夫帶到自家的茅屋。

「來到這裡，我們算徹底完蛋了！」蚌憂傷地想。牠和牠的同類們躺在地上，苦苦地掙扎著，由於缺水，牠們都快要旱死了。

突然，不知從哪個角落裡爬出了一隻老鼠。

「好心腸的老鼠啊，請聽我說，」蚌哀聲懇求起來，「求求你，請把我送回到海裡去吧！」老鼠狡詐的小眼睛露出理解的樣子，心裡卻想著：蚌長得又肥又漂亮，牠的肉一定很鮮嫩可口。

「好吧。」老鼠嘴上說，但同時在心中盤算著，絕不能把這個送到嘴邊來的美味放跑了。

「不過，你得把硬殼張開，要不我怎麼帶你到海裡呀！」

老鼠的這些話贏得了蚌的信任。蚌竟然沒有覺察出這傢伙的詭計，高高興興地張開了牠的兩扇硬殼。老鼠喜不自勝地把牠的小腦袋伸了進去，牠想用尖銳的牙齒緊緊咬住蚌的肉，誰知牠在倉猝間忘記了謹慎，牠的動作引起了蚌的懷疑，一下子把兩扇殼合上了，夾住了老鼠的嘴巴。

這則寓言揭示了什麼道理？偷雞不著蝕把米，搬起石頭砸了自己的腳都可以。但我們這裡要說的是，這隻老鼠聰明反被聰明誤了。所以，寓言告訴人們，要聰明但要不被聰明所誤。三國時曹魏陣營有兩個著名謀士，一是楊修，一是荀攸。楊修自恃才高，處處點出曹操的心事，經常搞得曹操下不了臺，曹操「雖嬉笑，心甚惡之」，終於借一個惑亂軍心的罪名把他殺了。而荀攸則完全是另一種下場。

荀攸自跟隨曹操以來，多次征戰疆場，籌劃軍機，克敵制勝，立下了汗馬功勞。

平定河北後，曹操即進表漢獻帝，對他的貢獻給予很高的評價。曹操曾說：「忠正密謀，撫寧內外，文若（荀彧的字）是也。公達（荀攸的字）其次也。」可見在曹營眾多的謀臣之中，他的地位僅次於荀彧，足見曹操對他的器重了。後來，他轉任中軍師。曹操建魏時，任命他為尚書令。

荀彧有著過人的智慧和謀略，不僅表現在政治鬥爭和軍事鬥爭中，也表現在安身立業、處理人際關係等方面。他在朝二十餘年，能夠從容自如地處理政治漩渦中上下左右的複雜關係，在極其殘酷的人事傾軋中，始終地位穩定，立於不敗之地。在當時的社會政治、經濟條件下，曹操雖然以愛才著稱，但作為封建統治階級的鐵腕人物，剷除功高蓋主和有離心傾向的人，卻從不猶豫和手軟。荀彧身為第一號謀臣，因為死保漢室而不支持曹操做魏公，一樣被逼迫自殺，別人又當如何呢？荀攸則很注意將過人的智謀應用到防身固寵、確保個人安危的方面。

那麼，荀攸是如何處世安身的呢？曹操有一段話很具體也很精闢地反映了荀攸的這一特別的謀略：「公達外愚內智，外怯內勇，外弱內強，不伐善，無施勞，智可及，愚不可及，雖顏子、寧武不能過也。」可見荀攸平時十分注意周圍的環境，對內對外，對敵對己，迥然不同，判若兩人。參與謀劃軍機，他智慧過人，迭出妙策；迎戰敵軍，他奮勇當先，不屈不撓。但他對曹操，對同僚，卻注意不露鋒芒、不爭高下，把才能、智慧、功勞盡量掩藏起來，表現得總是很謙卑、文弱、愚鈍。

荀攸大智若愚、隨機應變的處世方略，雖有故意裝「愚」賣「傻」之嫌，但效果卻極佳。他與曹操相處二十年，關係融洽，深受寵信。從來不見有人到曹操處進讒言加害於他，也幾乎從未得罪過曹操，或使曹操不悅。建安十九年（西元二一四年），荀攸在從征孫權的途中善終而死。曹操知道後痛哭流涕，對他的品行推崇備至，被曹操讚譽為謙虛的君子和完美的賢人，這都是荀攸以智謀而明哲保身的結果。

然而，古今中外，像楊修這樣耍小聰明誤事，甚至丟掉性命的人比比皆是。和珅是有才，若無才，他何以由一名當差的升為戶部侍郎兼軍機大臣，官至文華殿大學士，封一等公？固然，獻媚逢迎是其才之「專長」，但誠如魯迅所說：「幫閒也得有才。」他在獄中作的詩，即可作證。和珅為官，弄權耍奸，朝野罵聲不絕。故而當他的靠山（即詩中的「九重仁」）乾隆帝死後不久，他就被新皇帝嘉慶宣佈二十條罪狀，且被令自裁。抄沒家產約值八億兩，等於朝廷一年收入。這八億兩乃種種禍國殃民、巧言令色的諸般前事之累積和物化。機關算盡太聰明，反誤了卿卿性命，到頭來八億兩還不是入了國庫？「百年原是夢，卅載枉勞神」，總結得何等正確！戀生懼死，人之常情，和珅傷感於前事，他身陷囹圄之際，終究還是明白了他的那種以權謀私的「才」，「誤了自身，罪有應得，沒啥冤枉。」

《紅樓夢》中的鳳姐才智過人，手腕靈活，權術機變，口才出眾，大權獨攬，營私舞弊，並且自恃與狠毒，結果聰明反被聰明誤，送上了卿卿性命。

觀古可以鑑今，到頭來感傷嗟歎，恨「才」「誤」身，那份欲說還休的複雜心緒，是何等的悲哀與無奈！

和珅聰明嗎？聰明。鳳姐聰明嗎？聰明。但是為什麼反被聰明誤呢？

第一，自視高人一等。聰明人總是比一般人多知道些事情，因此很容易就以為自己無所不知。

第二，孤立無援。一個人如果特別聰明，那麼他從小就容易離群孤立，因為他覺得自己和其他人格格不入，對思維比他們慢的人不耐煩，於是很自然地會物以類聚，只和別的聰明人交往。成年後如果繼續保持這種習慣，「天馬行空，獨往獨來」，不屑與人合作，並用自己的聰明排斥他人的經驗，拒絕接受他人的意見，就大事不妙了。

第三，盲目自信，不計後果。聰明人總是在想「我的下一個高招是……」他們因為老是覺得自己無所不知，所以都喜歡行險招，結果往往是聰明反被聰明害。

第四，過分的好勝心。許多聰明人都不瞭解一個簡單的事實：強中自有強中手，那山更比這山高。即使你站在某一領域的頂點，你在這方面勝人一籌，也不等於在另一方面一定能成功。

天生聰明，你就擁有了令人欣羡和成功的資本，但聰明也應審慎用之，機關算盡也必會有一失，有才是好事，但也別「身死因才誤」。

作為一個有心人，如果有時意識到自己太過「聰明」了，及時挽回，也是可以避免被聰明誤的。

戰國時，秦國有位能言善辯之士名叫中期。有一天他應召入宮，和秦王討論政事，結果把秦王駁得體無完膚。

秦王大怒，心想：你怎能一點不顧全我這一國之君的臉面！

而中期卻不理不睬，緩緩走出宮去。秦王恨恨地說：「不殺你這賊子我誓不甘心！」

中期回去後，明白秦王不會為此事而放過自己，便託一位朋友進宮對秦王說：「中期真是個粗人！剛才他是遇到聖明的君主了，大王您沒有責怪他。假如換了夏桀或商紂那樣的暴君，早把他殺了。我要向人們宣傳此事，讓大家都知道大王的豁達大度，禮賢下士。」

秦王頓覺飄飄然：「先生過獎了。中期的話是很有道理的，我還要獎賞他呢！」

由此看出，做事必須要吃透很多學問，「聰明反被聰明誤」即為其一。「聰明」是一個帶有限定性的詞，處理不好，即會被聰明誤，因為物極必反，任何事情都有一個限度。對深藏不露的意圖可利用，卻不可濫用，尤其不可洩露。一切智術都必須加以掩蓋，因為它們易招人猜忌；對深藏不露的意圖更應如此，因為它們惹人厭恨。欺詐行為十分常見，所以你務必小心防範。但你又不能讓人知道你的防範心理，否則有可能使人對你不信任。人們若知道你有防範之心，就會感到自己受了傷害，反會尋機報復，招致意料不到的禍患。凡事三思而行，總會受益良多。

厚黑怕經八：財迷心竅

厚黑真經

越是所謂聰明人，越容易為了金錢去犯傻，難怪古人說：「利令智昏」。

厚黑妙用

雖然很少有人真正知道自己想從生活中獲取什麼，但大部分的人卻堅定地宣稱，有了很多錢就可以使他們得到想要的一切。他們不僅錯失了生活的本質，也曲解了金錢的本來意義。錢常被誤用、濫用，很少人能聰明地運用金錢，人們對金錢有許多自以為是的錯誤看法，其中有些甚至荒謬極了。

卡內基認為，長久以來，人們一直受物質主義的主宰和操縱，不斷地以追求財富、累積金錢作為奮鬥的目標，認為擁有了巨大的財富就擁有了快樂。誠然，金錢對人們的生活的確有作用，但是並不像大多數人想的那麼重要。

人們對金錢最為普遍的一種錯誤認知是，錢可以使他們快樂。卡內基指出，金錢聚積過多，不僅不會帶來快樂，反而成為仇恨、相爭等煩惱的根源。

賴維奎爾是溫哥華的一名普通建築工人，他在一九八六年中了七百六十萬美元的彩券。當年他發橫財的時候其他人正在失業，現在則和女友與她的女兒住在一幢十八個房間的豪宅中。在一般人的眼裡，賴維奎爾真是走了大運，有了這麼多錢，他一定快樂得不得了。然而事實是，賴維奎爾不僅沒有得到快樂，反而陷入了不幸。自從賴維奎爾中了彩券後，他就再也沒見過自己的女兒，而且許多親朋好友也都離他而去，原因是他沒有把這一大筆大降橫財分給他們。賴維奎爾說：「我現在要什麼東西就可以買什麼東西，但除此以外，我比其他任何人還要痛苦……我買不到感情和人心。有了這一大筆錢，我反而成了被忌妒和仇恨的對象，人們不願和我接近，我也時刻在擔心有人接近我只是為了錢，我累極了……有朋友就是有朋友，沒有就是沒有，愛是買不到的，愛一定要用心建立。」

現實生活中，許多人透過努力工作、繼承遺產、運氣或是不合法的手段得到了大筆錢，然而，或者是因為不滿足，或者是因錢而導致朋友的紛爭、感情的背離，或是因為錢已夠多而失去了目標，總之，他們都沒有得到快樂。許多有錢人擁有一切物質上的享受，卻過著自暴自棄的生活。

卡內基指出：「不管人們處於何種地位，錢都是生存必需品，錢也是增進休閒方式、提高生活品質的一種途徑。然而，不幸的是，人們都被貪婪蒙住了眼睛，把錢視為生活的目的，而不是改善生活的手段。把金錢本身當成了目的，人們就會陷入失望和不滿，並且永遠無法達到提升生活品質的目標。」

對錢的另外一種誤解是，人們把錢看作生活的保障和建立安全感的基礎，就會制約我們去相信應該一心一意地積蓄物質財富，作為我們退休或遭到意外時的保障。如果你開始把錢看成完全的保障，這樣的人生態度就會有問題，就像不能買愛、朋友和家人，你也買不到真正的保障。卡內基認為，人所能擁有的真正的保障應該是內在的保障。這種內在的保障來源於天賦、創造力、才能、健康的體魄等內在因素，使你相信你能夠運用自身的條件，去應付或克服作為一個獨立的人所要面對的一切問題和情況。一旦擁有了這種內在的實際的保障，你就不會有那麼多的惶恐和害怕，也不會將時間和精力專注於給自己建立外在的財務上的保障。最好的財務保障就是內在的創造能力，這種保障任何人都奪不去，你永遠都能想辦法謀生。你的本質建立於你本身是什麼人，擁有怎樣的精神狀態，而不是你所擁有的外在的物質。你即使失去了所擁有的，你也還是自己生活的中心，這使你能保持健康明朗的生活過程。

將個人的安全感建立在金錢上，不異於修建空中樓閣。那些努力於為自己建立保障的人是最沒有保障的人。情感上缺乏保障的人累積大量的金錢來抵禦人格上所受的打擊，填補空洞脆弱的內心，宣洩不愉快的感覺。追求保障的人本質上極為缺乏安全感，因此試圖透過外部的事物，比如金錢、配偶、房屋、車子和名聲，來求得心理上的安穩和平衡，他們一旦失去了自己所擁有的金錢財富，就失去了自己，因為他們的安全感、對自己的認同感，完全是以金錢為根本。

以物質和金錢追求為基礎保障有很多褊狹之處，就算你是超級富翁，也可能遇車禍身亡，有錢人的健康狀況和沒錢的人一樣會逐漸衰敗，戰爭爆發影響窮人，也影響富人。以錢為保障的人還時刻擔心金融崩潰時他們會失去所有的錢財。他們不僅沒得到什麼確實的保障，反而還增加了許多讓自己恐慌的事。

那麼，錢和快樂到底有什麼關係？我們承認錢是生存的一項重要因素，但這並不能告訴我們，要多少錢才能夠快樂。為這個社會主流所認同的那些成功人士，總是時時刻刻在宣揚，百萬富翁才是生活的勝利者，也就是說，我們其他人就是失敗者。很多事實證明，大部分財力平平的人比我們在報紙上讀到的百萬富翁更有資格當勝利者。

卡內基指出，錢是生活中的權宜辦法，錢能夠對提高我們的生活品質產生多少作用，要看我們能有多聰明地運用手上的錢，而不是看我們到底有多少錢。

在我們的社會中，很多人都認為錢代表權力、地位和安全，但其實錢在本質上沒有一點能使我們快樂。要看清錢的本質，請做如下練習：現在把你身上或放在附近的錢拿出來，摸一摸，感覺它的溫度。注意，它是冷冰冰的，晚上不能使你溫暖。你和你的錢說話，它不會有任何反應，它的面目永遠是那麼僵硬，一成不變。不管你有多麼愛它，它也不會給你一點回報。

麥克．菲力普曾是一位銀行副總裁，他認為大多人把自己的身分牢牢地和錢結合在一起，在他的書《金錢七定律》中，他討論了幾種有趣的金錢觀：

一．如果你做了事情，錢自然會到你的手中。

二．金錢是個夢——像傳說中的花衣服吹笛手一樣吸引人。

三．金錢是夢魘。

四．你永遠都不能把錢當作禮物送走。

五．有的世界裡沒有錢這個東西。

當然錢的確有很多用途，沒有人會否認錢在社會上和商場上所扮演的重要角色，但是人人都可以推翻錯誤的觀點——認為錢越多就會越快樂。每個人所要做的就是留心。

卡內基透過對以下問題的觀察，提出了幾點重要的意見：如果錢使人快樂，那麼……

一．為什麼年薪七萬美元以上的人當中，對自己薪水不滿意的比率，比那些年薪七萬美元以下的人高？

二．阿爾伯伊斯基透過華爾街內線交易非法聚斂了一千萬美元，為什麼他累積到兩百萬美元或者是五百萬美元的時候還不願停止這種非法行為，卻繼續累積，直到被捕？

三．為什麼我所認識的一家人（他們的財產總值列居北美家庭的前一百名）告訴我，他們如果中了彩券贏了大獎會有多麼快樂？

四．為什麼紐約的一群中了彩券的人要組成一個自助團體來處理中獎後的各種痛苦和憂鬱的症狀，他們在贏得大筆獎金之前從來沒有經歷過這種嚴重的痛苦和憂鬱？

五．為什麼這麼多高薪的棒球、足球、曲棍球球員有毒品和酗酒的問題？

六．醫生是最有錢的行業之一，為什麼他們的離婚、自殺和酗酒比例高於其他行業？

七．為什麼窮人捐給慈善事業的錢比富人捐的多？

八．為什麼有這麼多有錢人犯法？

九．為什麼這麼多有錢人去看精神科醫生和心理治療師？

卡內基認為以上只是一些警訊，提醒我們錢並不能保證快樂。

卡內基有一個理論是關於人們比現在更有錢後，會有多快樂，感情上會有多豐富，他認為，當我們滿足了基本的生活需要後，錢不會使我們快樂，也不會使我們不快樂。如果我們每年賺到兩萬五千美元就能夠快樂，並且能夠妥善地處理各種問題，當我們比現在更有錢時，還是會快樂，還是能妥善地處理問題。如果我們一年只賺兩萬五千美元就使自己不快樂、神經過敏、而且不能很好地處理問題，那麼即使年薪一百萬美元也是如此，還是會神經過敏，不快樂，也不能好好地處理問題，差別只在於，我們是在豪華的住宅、豐富的物質享受裡神經過敏，不快樂。

厚黑怕經九：漫不經心

厚黑真經

過分聰明的人會因過分自信、得意而掉以輕心，最終可能被傻子打敗。厚黑之士要當笑到最後的「傻子」，越是形勢好的時候，越不能輕率。

厚黑妙用

家康在關原一戰中擊破了敵人，下午二時左右，大獲全勝。

家康將本陣置於略高的地形之上，這時，他已脫去了頭巾，戴上了頭盔，露出欣喜的笑容：「所謂繫上勝利之盔的帶子，指的就是這個吧！」

黑田長政、福島正則以下諸將紛紛前來祝賀。到了四時左右，由於下起了大雨，各隊都無法煮飯進食。

雨沒有停下，全身被淋濕的士兵個個饑寒交迫，有些士兵甚至把生米放在嘴裡咀嚼，但其他各部的將領卻沒有發現這個細節，全都沉浸在勝利的喜悅中。

唯獨家康注意到了部下的這種舉動。

家康立即召集各個將領，對他們說：「現在士兵們個個饑寒交迫，連生米都想用來充饑，但這對肚子可不好，直接吃下生米，一定會引起腹痛。如果雨繼續下，我們沒有地方煮飯，就把生米泡在水裡，過四個小時候後再吃，那樣就不會引起腹痛了！」

戰場經驗豐富的家康，對這樣的小事也想得面面俱到。

家康並沒有因為戰爭勝利而得意忘形，相反，卻依然保持著冷靜的頭腦，把部下的一舉一動都放在心上，這樣的難能可貴，正是他長期磨練的結果。

一時的勝利並不能代表什麼，生活中往往有很多人取得了一時的勝利後便沾沾自喜，沖昏了頭腦，其實這是極其危險的事情。

西元前五五九年，居魯士成為米底亞和波斯國的國王。他打敗了利比亞的統治者克里蘇斯；征服了愛奧尼亞群島及其他較小的王國；順利殲滅了巴比倫，成為世界之王——居魯士大帝。

之後，他又準備進攻由女王湯米莉絲領導的馬薩格它族。他根本不把馬薩格它族放在眼裡，並認為自己是打不敗的超人。

如果他能夠打敗馬薩格它族的話，他的帝國就會更加幅員遼闊了。

幾年後，居魯士朝著寬廣的阿瑞各斯河進攻。

他們一渡過河，就在河邊安營紮寨，並放上肉和烈酒，然後留下最弱的兵士守營，將其他軍隊撤回西岸，馬薩格它軍隊很快就攻占了營地。

勝利的士兵被現場留下來的不可思議的宴席所吸引，他們大吃大喝，一個個酩酊大醉。當晚居魯士的軍隊返回營地，俘虜了沉睡的士兵，其中包括年輕的史帕戈皮西斯，也就是女王湯米莉絲的兒子。

女王知道發生的事情後，送信給居魯士，斥責他用詭計打敗她的軍隊。她說：「如果你們離開我的國家，釋放我的兒子，我將把三分之一的土地讓給你。否則，我會讓你得到應有的回報。」居魯士對她的話置之不理。

不久，女王的兒子因為無法忍受屈辱而自殺了。兒子的死訊令湯米莉絲極其悲痛。她召集王國內可以徵調的所有軍隊，以報仇的狂熱激勵他們奮起反抗，和居魯士部隊展開猛烈而又血腥的戰鬥，終於戰勝了居魯士。

歷史上類似這樣的事情有很多，史卷上到處充斥著盛極一時的帝國的遺跡，以及那些無法學會停下來鞏固自身的勝利者屍體。

的確，沒有比勝利更令人陶醉的事了，但是勝利往往又是最危險的事。在勝利的衝動和興奮狀態下，傲慢與自負會推動你越過原來立下的目標。

因此，不要被勝利沖昏了頭腦，策略和審慎的計畫是成功的基礎。

「立下目標，到達時就停步。」這是許多取得最終勝利者的座右銘。

我們應該接受理智的引導，一時的興奮可能會導致致命的結果。當我們獲得成功時，應該更加小心謹慎。

人人都期待著勝利，然而面對接連不斷的勝利，往往很難做到心有所止，這是人本身的缺陷，但只有明智的人能夠控制這種缺陷。

要知道，勝利的果實得之不易，大多數人一心想著要不斷擴大勝利的成果，卻不懂得如何鞏固，結果只能使剛剛得到的也失去了。

不論什麼時候，世界上所有的事物都存在這樣一個永恆不變的規律：事物只要尚未達到至善的境界，它們就會一直不斷地得到補益；一旦達到至善的境地，它們就會趨於衰落。

我們應該學會警惕，只有這樣，才能控制事態的發展，讓自己立於不敗之地。不要讓勝利沖昏了頭腦，勝利時更需要冷靜和謹慎。

厚黑怕經十：忍氣吞聲

厚黑真經

一味束縛於強加在自己身上的種種指令，只能使人像在水上的船一樣受人擺佈，最終擱淺。因此，為了保障自己的權益，人應該有一點鋒芒，雖然不必像刺蝟那樣全副武裝、渾身帶刺，但至少也要讓那些兇猛的動物感到無從下口，得不償失。

厚黑妙用

吃柿子揀軟的捏，人們發火撒氣也往往找那些軟弱善良者，因為大家都清楚，這樣做並不會招致什麼值得憂慮的後果。在我們身邊到處都有這樣的受氣者，他們看起來軟弱可欺，最終也必然為人所欺。一個人表面上的軟弱事實上助長和縱容了別人侵犯你的欲望。

我們要知道保持勇氣的重要，不要過分抬高他人以致對之心懷敬畏。沒有誰能超越人性的局限。殺人犯也怕被殺，權威只是一種地位帶來的表面力量而已。

如果你是一個從不發火的君子，那請務必勇敢地進行一次真正的反抗，改變受氣包的形象。許多人選擇了忍氣吞聲的生存方式，往往是由於他們患得患失，怕這怕那，自己在主觀上就被嚇倒了。而無數的事實證明，挺身而出，捍衛自己的正當權益其實是再自然不過的事了。跨過這道門檻，你會發現，沒有什麼大不了的。卸掉了精神包袱，你會得到許多你想得到的東西。

我們應該勇敢地對強權進行反抗，如果你不敢進行第一次反抗，就不會有第二次反抗的發生，因為你永遠不知道新世界的滋味有多麼好。而有了第一次的反抗，嘗到了其中的美妙，你自然就有動力去進行更多次的反抗。久而久之，你就會修正你的心理模式和社會交往方式，由一個甘心受氣、只能受氣的人，變成一個不願受氣的人。

曾經在某大學的一個班上，有一位學生比較膽小怕事，遇事過分忍讓。因此，雖然班裡的絕大多數同學對他並無惡意，但在不知不覺中總是把他當作是一個理所當然應該犧牲個人利益的人。看電影時他的票被別人拿走，春遊時他被分配了看顧同學包包的任務……而實際上，他心裡非常渴望與別人一樣，得到屬於自己的那份利益與歡樂。但由於他的軟弱和極度的忍耐，這種事情一直持續了很久。終於有一天，他忍無可忍了，一向木訥的他來了個總爆發，原來他發現一場十分精彩的演出又沒有自己的票。他臉色鐵青，激動的聲音使所有人都驚呆了。雖然那場演出的票很少，但他還是在眾目睽睽之下拿走了兩張票，摔門而去。大家在驚訝之餘似乎也領悟到了什麼。在後來的日子裡，大家對他的態度好多了，再沒有人敢未經他的同意便輕易地拿走他的什麼東西了。

一個敢於生氣、敢於表達自己情緒的人，才是一個有骨氣的人。那些怯懦的人並不總是由於麻木，而通常是因為膽小。在關鍵時刻表達自己的強烈感受，並付諸行動，會使你成為一個真實的人。

一條大蛇危害人間，傷了不少人畜，以致農夫不敢下田耕地，商賈無法外出做買賣，大人不放心讓孩子上學，到最後，每個人都不敢外出了。

大家無奈之餘，便到寺廟的住持那兒求救，大夥兒聽說這位住持是位高僧，講道時連頑石都會被點化，無論多兇殘的野獸都會被馴服。

不久之後，大師就以自己的修為，馴服並教化了這條蛇，不但教牠不可隨意傷人，還告訴牠許多為人處世的道理，而蛇也從那天起彷彿有了靈性。

人們慢慢發現這條蛇變了，甚至還有些畏怯與懦弱，於是紛紛欺侮牠。有人拿竹棍打牠，有人拿石頭砸牠，連一些頑皮的小孩都敢去逗弄牠。

某日，蛇遍體鱗傷，氣喘吁吁地游到住持那兒。「你怎麼了？」住持見到蛇這個樣子，不禁大吃一驚。「我……我……我……」大蛇一時間語塞。「別急，有話慢慢說！」住持的眼中滿是關懷。「你不是一再教導我應該與世無爭，和大家和睦相處，不要做出傷害人畜的行為嗎？可是你看，人善被人欺，蛇善遭人戲，你的教導真的對嗎？」「唉！」住持歎了一口氣，說道：「我只是要求你不要傷害人畜，並沒有不讓你嚇唬他們啊！」「我……」大蛇又語塞。

一定的忍讓是應該的，但不要一味地忍，過分忍讓就變成了懦弱。凡事都有個度，把握好這個度，才是正確的處世之道。

但是，如何掌握忍讓這個度，是一種人生藝術和智慧，也是忍的關鍵。這裡，很難說有什麼通用的尺度和準則，更多的是隨著所忍之人、所忍之事、所忍之時空的不同而變化。它要求有一種對具體環境、具體情況做出具體分析的能力。比如在下列情況下，就不能一味採取忍讓的策略。

一．下不為例，事不過三

所謂事不過三，說的是人們對同一對象的寬容和忍讓，可以一次、兩次，但絕不可一讓再讓。忍讓到一定程度，必須有所表示，使對方真正認識到自己的退讓不是一種害怕和無能，而只是出於一種大度，從而不再繼續下去。

二．對方得寸進尺時，不可再忍

有些人在侵犯別人的某種利益之後，由於對方採取了忍的態度，便進一步對別人進行侵犯。這時，作為當事人，便不能依然保持一種忍的態度，而必須隨著事件性質的變化而考慮予以反擊和抵抗。

三．自己瀕臨絕境時，不能再忍

忍無可忍的情況通常出現在一些公共場合。有些人認為反正別人也不認識自己，而且以後彼此間很難會有相遇的時候，所以處於一種匿名者的狀態中。這樣一種狀態往往使人在一定程度上擺脫過去所承擔的某些義務和責任，也會不同程度地放鬆良心對自己的約束，因而做出一些不道德的、過分的行為舉止。例如，在火車上、公園裡、公共汽車裡等。非常有意思的是，在這種公共場合，有些人也常常抱著一種大事化小、小事化無，盡量少惹麻煩的心理，對於一些過分的、帶有攻擊性的行為持忍的態度。這樣一方咄咄逼人，另一方息事寧人，就很容易造成一種有利於某些人不斷膨脹其侵犯心理的環境和條件。但是，在這種情況下，有些人肆無忌憚地一意孤行，很容易把人們逼到一種絕境，以至於產生忍無可忍的心理。

成熟的人應懂得：要保持自己的骨氣，把自己的刀劍插入刀鞘，但需要自衛時要毫不猶豫地拔出來。既然你已經躲不過去了，還不如趁早解決。

四．人應該適當有一點鋒芒

人的行為很容易受習慣的支配，只要屈服一次，就會一而再、再而三地屈服下去，不失時機地在人前顯示勇氣，是不可忽略的處世之道。不要成為受氣包，一旦對方行為過分就應果斷地採取行動保護自己。

厚黑怕經十一：輕信上當

厚黑真經

人在花言巧語面前容易上當，在諂媚利誘之前容易吃虧。私心正是使自己吃虧上當的不二病根。

厚黑妙用

一隻狐狸不留神掉進了一口井裡，怎麼也爬不上來。

正當牠絕望的時候，一隻小山羊來到了井邊。狐狸一看，頓時高興起來，牠連忙帶著哭腔對小山羊說：「山羊兄弟呀，快救救我吧，再不上來我就會死在井裡了。」

狐狸見小山羊不為所動，眼珠子一轉又說：「山羊兄弟呀，你媽媽不是常常教育你要助人為樂，做一隻好山羊嗎？如果你見死不救，還能做一隻人見人誇的好山羊嗎？」

小山羊聽了狐狸這番話，顧不上思索就跳了下去，可是牠跳到井底抬頭一看，發現井口太高，沒辦法上去了，牠著急地問狐狸：「你最聰明，趕快想個辦法，咱們好出去呀！」

狐狸說：「山羊兄弟，別著急，我有一個辦法能使咱們兩個都出去，但就是得委屈你一下。」

「快說吧，只要能出去就行！」小山羊連忙說。狐狸接著說：「你用前腳扒著井壁，然後把犄角放平，等我從你身上跳出去後，就把你拉出來。」

小山羊欣然同意了，狐狸踩在小山羊的犄角上，兩隻前爪剛好扒住井沿，兩條後腿用力一蹬，就跳了出去。

「啊，終於出來了。」狐狸鬆了口氣，拍拍前爪，轉身就走。

小山羊在井裡一看可急了，對狐狸喊道：「你別走哇！你還沒把我拉上去呢！你可不能說話不算數啊！」

狐狸轉過身，趴在井口，冷笑著說：「你這隻愚蠢的小山羊，還是自己想辦法吧！如果你的腦筋像你的鬍子那麼多的話，你剛才就不會在沒看好出路之前跳下去了！」

說完，狐狸揚長而去，小山羊知道上了當，可是已經太遲了。

故事中的狐狸之所以能夠成功求生，靠的是一貫狡猾的伎倆，小山羊之所以上當受騙，就是因為太容易輕信別人。因為輕信而招致災難的故事，歷史上比比皆是。

胡人安祿山出生於營州。幽州長史張守首先發現他武勇善戰，讓他做軍中的戰將。但是在一次與奚、契丹的作戰中吃了敗仗，張守追究他的戰敗之罪，決定將他處斬。行刑時，安祿山大叫：「殺我安祿山，還有誰能破契丹？」

張守決定派人把安祿山送到長安，請唐玄宗處置。玄宗因為急需用人就赦免了安祿山。安祿山口齒伶俐，又善於阿諛逢迎。平日，從將相到宦官，不論尊卑，他都要進行籠絡。遇有機會便設宴相請，或行賄送禮以取悅於人。因此，唐玄宗聽到的是對安祿山的一片讚美之聲。於是，唐玄宗在溫泉宮初幸楊玉環的第二年，擢升安祿山為營州都督。

安祿山利用自己的胡人身分，故意以裝瘋賣傻來騙取玄宗的寵信。有一次，玄宗引他與太子李亨相見。安祿山對太子故意直立不拜。左右催他行禮，他卻故作糊塗地反問：「臣為藩人，不識朝儀，不知太子是什麼樣的官？」玄宗信以為真，便告訴他太子是儲君：「朕百歲之後，傳位於太子。」

安祿山這才做出恍然大悟的樣子謝罪說：「恕臣愚鈍，只知陛下，不知太子，臣罪該萬死。」玄宗見此，特別對他的淳樸坦誠讚許不已。安祿山當上了都督以後，更加賣力。同時，由於他在邊疆又立下了戰功，於天寶元年被封為平盧節度使。天寶四年，他又大破奚和契丹，兼任御史大夫。後又兼任河東節度使。

安祿山是個大腹便便的大漢。有一次，玄宗指著他的大肚子問：「愛卿的人肚腹內，到底裝滿何物？」

安祿山答道：「並沒有什麼稀奇之物，這裡滿裝的都是對陛下的赤膽忠心，故而如此龐大。」玄宗愛其應答機敏，大加讚賞。

細心的安祿山很早就發現了楊玉環對玄宗的影響力，所以他想方設法要取得楊玉環的信任。

一次安祿山看到玄宗和楊玉環並排坐在一起。他首先向楊玉環行禮拜見。玄宗一見，面露慍色，責其無禮。安祿山坦然答道：「如陛下所知，臣乃胡人。胡人之禮，總是以女為先。所以臣依胡俗，先朝拜國母。國母乃是大唐的母親，臣得以拜見如此花容月貌的國母，實在是榮幸之至。」楊貴妃聽後心花怒放，玄宗也隨之放聲大笑。於是，安祿山又趁機說：「臣請為國母跳胡人之舞，為國母遣懷。」然後，他就做出滑稽的姿態，開始為楊玉環跳舞。

在楊玉環的請求下，玄宗把長安御苑的永寧園賜給安祿山作為他的私邸。又讓他與楊家一族的楊國忠等人結成兄妹之誼。安祿山卻不滿足：「臣冒昧奏請，容臣將美麗的國母娘娘，奉為臣的母親。」

聽安祿山這樣說，唐玄宗並不責怪，反而覺得安祿山是個值得寵信的人。於是玄宗笑呵呵地問安祿山：「莫非這也是胡人的習俗嗎？若奉貴妃為母，朕又是你的什麼人？」「此事何須臣再奏明，臣本是陛下的赤子。」就這樣，安祿山成了楊貴妃的養子。

由於得到了玄宗的特殊批准，身為楊玉環「乾兒子」的安祿山可以自由地進出除了皇帝和宦官們才可以出入的地方。唐代有「三日洗兒」的風俗，小孩生下三天之後，母親要給他洗澡。天寶十年（七五一）正月三日，亦即安祿山過罷生日的第三天，楊貴妃為安祿山做「三日洗兒」。

安祿山為了讓楊貴妃高興，不僅讓她給自己洗澡，洗完後還躺在楊貴妃用錦繡料子特製的大被服中，讓宮女們抬著他在庭院中轉來轉去。

玄宗聽說此事後，責備安祿山太過分了，安祿山笑嘻嘻地說：「陛下所言甚是，雖是母后，這樣戲耍孩兒，也未免太過分了。」面對安祿山的嬉皮笑臉，玄宗哭笑不得。

安祿山憑藉著與楊玉環的裙帶關係，贏得了玄宗的寵信，也贏得了充分的準備時間。天寶十四年，他發動叛亂，攻城掠地，直逼長安。玄宗不得已，帶著楊玉環及其他人逃往西蜀避難。途中，士兵殺死楊國忠，並逼迫玄宗在馬嵬坡把楊玉環用白綾絞死。

諂媚者以奉承吹捧為手段，滿足對方的虛榮心。如果自己本身不能以一種健全的心理來抵制甜言蜜語，難免會陷入諂媚的泥潭。奉承吹捧不同於發自內心的真誠讚揚，它是為利己而譽人的。奉承者常常是不顧事實，沒有是非標準的，在吹捧者的口中，真的變成假的。死的說成活的。因此，在成長的歲月中要分清諂媚背後的真實意圖，潔身自好，才不至於讓自己迷失，才能對事物做出正確的判斷。

厚黑怕經十二：遭人算計

厚黑真經

在人生的叢林中，處處是陷阱，只要稍不留心，就可能著了別人的道。唯有多個心眼，才能學會閃展騰挪，逍遙自如。

厚黑妙用

古時有個讀書人叫張生，博學，口才極好，本來是可以有所作為的，但他愛占小便宜，被一個騙子騙去了一大筆銀子。張生自然又氣又恨，想到各地去巡遊，希望能抓住那個騙子。事有湊巧，忽然有一天，他在蘇州的閭門碰到了那個騙子。不等他開口，騙子就盛情邀請他去飲酒，並且誠懇地向他道歉，說上次很對不起，請他原諒。過了幾天，騙子又跟張生商量，說：「我們這種人，銀子一到手，馬上就都花了，當然也沒有錢還給您。不過我有個辦法，我最近一直在冒充三清觀的煉丹道士。東山有一個大富戶，和我已經說好了，等我的老師一來，就主持煉丹之事，可我的老師一時半會兒又來不了，您要是肯屈尊，權且當一回我的老師，從那富戶身上取來銀子，我們對半分，作為我對您的賠償，而且還能讓您多賺一筆，怎麼樣呢？」張生聽說有好處，就答應了那個騙子的要求。於是這個騙子就讓張生剪掉頭髮，裝成道士，自己裝作學生，用對待老師的禮節對待張生。那個大戶與扮成道士的張生交談之後，深為信服，兩人每天只管交談，而把煉丹的事交給了騙子。大戶覺得既然有師傅在，徒弟還能跑了？不想，那個騙子看時機成熟，就攜著大戶的銀子跑了，於是大戶抓住「老師」不放，要到官府去告他。倒楣的張生大哭，等待他的，將是一場牢獄之災。

張生是那種一有好處便昏了頭腦的人，甚至也沒考慮一下，便答應了騙子的要求，竟然為了一點錢財與騙子一起幹起行騙的勾當。他沒有想到，騙子許下的承諾根本不可能兌現。世上沒有白吃的午餐，也沒有白得的利益。抱著僥倖心理，被空幻的利益牽著鼻子走，就會像張生一樣被人利用，一步一步陷入別人挖好的陷阱，無法脫身。這種事情不僅在古代有，在現代社會也層出不窮。

一九九九年八月三十日，湖南省長沙市體育館路口華廈證券營業部外牆上貼著一張特別的「尋人啟事」，引起眾多路人的注意。其大意是：八月二十八日清晨，在此路段一位老太太摔倒在地，被一名騎車男子救起，搭車送往醫院診治。不料，老人及其家屬把責任推到他身上。這名男子感到委屈，卻又有口難辯，希望當時一位在場幫忙的女士能夠站出來作一見證。

這名寫啟事的男子是長沙市第一醫院職工王和平，摔倒的是家住開福區便河邊的鄧玉娥老婦人。王和平向記者說明，那天早晨七點五十分左右，他騎車出去辦點事。路過體育館路時，看見一位老太太顫巍巍地橫過馬路，他有意從左邊繞過去，並叮囑她要走穩點，沒想到他剛超過她不遠，老太太卻自己摔倒了。他下了車，扶起她，關心地問：「沒事吧？」那位老太太說：「腳有點疼，不能落地。」此時，一位三十多歲，身材高挑的女子趕過來幫忙，並把他的自行車推到路邊，上了鎖。他急忙打車送老太太到長沙第一醫院，一邊安排診治，一邊試圖與她的家人取得聯繫。

起初他還感到欣慰，因為那老太太一個勁兒地感謝他，說他心地好。她兒子劉放三趕過來了，她也沒說什麼。片子出來了，骨科主任看了後建議休息兩周。他要走了，門診主任好心地提醒他不要告訴老太太自己的單位、姓名，以免惹麻煩。

後來，劉放三一口咬定是他撞倒了老婦人，要到現場去求證，而他堅持說自己絕對沒有碰她。鄧的家屬蠻橫地說：「肇事的人就是你。」雙方吵吵鬧鬧，醫院保安科出面調解，他當時心情激動，加上他口頭表達能力差，對一些細節表述不清，以致保安科的一位幹事也認為他與這件事有關。

當天下午，他把鄧玉娥送回家中，不料，剛到家幾分鐘，她就口吐鮮血，他急了，叫來救護車，送到醫院搶救。鄧玉娥的家屬逼著他到處借錢辦住院手續。院方確診為骨盆骨折，並由此造成腹膜後血腫和大量失血，立即動員醫療小組動手術。

九月二日晚，七十四歲的鄧老太太在醫院去世，其家屬在醫院大鬧。醫院保衛科一位幹事出面作為仲介人，要王和平拿五千元了斷此事，王和平開始不同意，說沒這麼多錢，也沒義務出這筆錢。但他已被折騰得疲憊不堪。

最後，出於無奈，他與鄧的兒子劉放三簽訂協定，由王和平負擔鄧玉娥在醫院期間約七千元的治療費用，並補償給劉五千元，鄧玉娥的家屬不再追醫院與王的責任。

王和平稱這是被逼無奈，「破財消災」，「息事寧人」。

「我很冤！很冤！」王和平說，「我真的很苦惱，不知自己到底哪裡做錯了。」

其實，他沒做錯什麼，只是他忘了「人心叵測」這句成語，在做好事的時候忘了要多留個心眼，遠離是非之地。

遠離是非之地，就是說在遇到即將出現的危險時，要設法脫離困境，以保護自己為最終目的。

是是非非幾乎存在於社會的每一個角落。你可能是個很有正義感的人，忍不住要挺身而出；也可能你是個外向型的人，眼裡看不過的事嘴上就要說出來；也可能你是個……

但不管你是什麼樣的人，都要注意，不要輕易招惹是非，因為有時一旦沾上，就很難再脫身，從而給自己帶來無窮無盡的麻煩。

任職於某有線電視臺的科林先生不久前險些捲進了一場是非之中。事情是這樣的：

科林應朋友之邀去酒吧喝酒。喝酒時，朋友告訴他，自己和單位一位同事因什麼事發生了一點糾紛。並且說：「那傢伙狂得很，他膽敢再來找我，我非跟他拚命不可。」

科林知道，他的這位朋友和他的同事都是莽撞之人，易激動、好感情用事。於是他好言勸了幾句，要他冷靜，不要衝動。誰知，朋友笑了笑說：「那有什麼？還不是小事一件，你看我怎麼收拾他。」

科林以為朋友是酒後說的話，不能當真，就沒放在心上。沒想到第二天，那位朋友真的來找他，讓他去「幫忙」。

這時候，科林才意識到問題的嚴重性。如果自己去了，那自己不就成了別人的敵人，隨時有危險出現嗎？

想到這裡，他告訴朋友，他上午要開會，不能請假，以此為藉口支走了朋友。此後不久，聽說那位朋友與人打架，並動了刀子。

得知這些情況後，科林暗自慶幸自己沒有因為哥兒們義氣亂幫忙，如果自己捲進去，這次肯定脫不了干係，日後還不知道會有什麼麻煩。

社會上人心險惡，在好心幫人的同時說不定就會突然捲入是非之中，以致招來橫禍。這時候，聰明人採取的方法應當是不可留之地不要留，要及早脫身離開，以免禍及自身。

第三章　莫較勁：不和自己過不去

厚黑怕經　十三：一意孤行

厚黑真經

「一意孤行」原意為謝絕請託，按照自己的意見去處理案件，現指頑固按照自己的想法，獨斷獨行，不採納他人的意見。一味地按自己的思路去行事，最終會陷入進退兩難的境地，甚至走上絕路，往往還會牽連別人。

厚黑妙用

遼天慶二年（西元一一一二年），耶律洪基於混同江行宮去世，延禧即位，群臣上尊號為天祚皇帝。

天祚帝位後，女真族的反抗鬥爭波瀾壯闊。遼天慶五年（西元一一一五年），完顏阿骨打稱帝建立金朝。金太祖收國二年（西元一一一六年）正月，渤海人高永昌據遼東京遼陽府自立，遼宰相張玉林徵集了二萬餘饑民討伐。高永昌向金求援，阿骨打乘機派兵攻打遼東，占領東京。之後，陸續攻下上京，中京、西京、南京，天祚帝一直逃到天德軍（今內蒙古自治區烏梁海以北）與陰山之間。

金攻占遼五京的同時，宋宣和四年、金天輔六年（西完一一二二年），北宋工黼、童貫按照與金聯合攻遼的協定，大舉攻遼，充當先鋒的是郭藥師率領的常勝軍，十月間進兵燕京，交戰時，郭藥師被遼蕭幹擊敗。已處危急存亡的天祚帝這時依然不取孤行寡斷的政策，遼國多次分裂。遼保大三年（西元一一二三年）正月，蕭乾自立，郭藥師又乘機來報前仇，蕭乾戰敗，為其部下所殺。

天祚帝正值上天無路，入地無門之時，恰遇耶律大石率兵來歸，又得陰山室韋的兵馬，自以為得「天助」，不自量力，謀劃出兵收復燕、雲。大石勸阻，天祚帝一意孤行。保大四年（西元一一二四年）七月，耶律大石與天祚帝分裂，自立為王。次年二月，天祚帝在應州（今山西應縣）新城東六十里，被金兵所俘，遼朝滅亡。

天祚帝的一意孤行最終導致了遼的滅亡，這是古代帝王的悲哀。同樣，在現代社會中，也是很忌諱一意孤行的，尤其是企業家，更應注意不能犯此錯誤。

商人要有堅持自己的主張、與眾人觀點作對的勇氣，這是事業成功的要素之一。然而凡事不可失度，如果失度，變成剛愎自用，就會成為導致失敗的一個重要原因。

什麼都做對了，一定會成功，但成功並不等於什麼都做對了：有些人功成名就後，認為自己的做法肯定是對的，卻未意識到其中有很多偶然因素。如果他們一意孤行，按自己認為對的做，在沒有偶然因素幫忙時，結果就大不一樣了。

王安是一個成功的企業家。他的電腦公司在美國《財富》雜誌一九八八年世界五百家最大的工業企業排名中列第四十四位，他的個人財產超過二十億美元，是當時全美第五大富豪。他還是第一個進入美國「名人堂」的亞裔科學家。

王安公司發展如此迅猛，令人咋舌，但它隕落的速度之快，更讓人吃驚。短短幾年時間，便土崩瓦解，從成功典範一變而為失敗典型，實在令人扼腕歎息。正如老子所說：「禍兮，福之所倚：福兮，禍之所伏。」它的失敗早就隱藏在成功之中，只不過他未能及時察覺罷了！

首先，王安公司犯了戰略性錯誤，它在文字處理和中型電腦上取得了很大成功，便抓住這些成功產品不放，忽略了微型電腦的崛起，未能及時轉向。它後來之所以在中型電腦上取得領先優勢，很大原因是競爭對手轉向微型電腦開發，主動放棄了這一陣地。曾有不少頗具戰略眼光的部屬建議王安轉攻微型電腦，可惜遭到王安否決。

王安公司失敗的第二個原因是勉強與IBM公司競爭。王安不懼怕IBM這個巨人，決心與之一爭高下，其勇氣可嘉，卻未必明智。IBM畢竟是行業霸主，它的對手曾這樣形容它：「我們好比是全副武裝的獵人，正在逼近一頭獅子，突然，獅子跪下了。獵人問牠，你害怕了嗎？牠回答，哪兒會，我只不過是習慣於在飽餐之前作一番禱告罷了！這頭百獸之王就是國際商用機器公司，因此我們必須尊重它。」

但王安不打算尊重IBM，當所有電腦商都按IBM制定的行業標準開發電腦時，王安卻堅持生產該公司制式的電腦設備，堅決與IBM的產品不相容。許多客戶在選用王安產品的同時，大量使用IBM的產品，不相容給他們帶來極大的不便。當客戶向王安公司提出相容要求時，卻被拒絕了。這使客戶很不滿。

王安最大的失策是用人。他的長子弗雷德·王經營素質欠佳，且剛愎自用，難以服眾。王安卻不顧他人勸告，仍讓他出任公司總裁。公司決策層一時衝突迭起，引發了離職潮，大批高級人才掛冠而去。一九八九年，由於股東聯名控告王氏父子營私舞弊，王安才不得不撤掉弗雷德·王的總裁之職，但此時公司虧損已高達四．二億美元。

到一九九〇年，中型電腦基本被市場淘汰，王安公司的銷售額急劇下降，公司股票從最高時每股四二．五美元降至三．七五美元。市場價值從五十六億美元降至不足一億美元。在這風雨飄搖之時，王安又因食道癌病逝，公司人氣更是大打折扣。不久後，分佈在各地的王安子公司被大量拍賣、購併或破產，王安公司事實上已名存實亡。

有一句名言：權力導致腐敗，絕對的權力導致絕對的腐敗，因為它很容易使人一意孤行。當商人在他的企業取得絕對權力時，如果他一意孤行，做出違反常理和違反正道的事情，這意味著他的事業就要失敗了。

羅傑・史密斯成為美國通用汽車公司董事長後，進行了一系列令人眼花繚亂的改革。首先，他宣佈要創建「世界第一家二十一世紀的公司」，這將是一家擁有高級技術精英、不用紙、不用燈、無人操縱、全部電子化的製造公司。為實現這一目標，他到處投資建廠，並大量兼併那些他認為有利於實現目標的公司，即使與汽車業無關、財務狀況很差，也大量購進。

他設想的「二十一世紀的公司」只需要技術精英和技術，他認為機器人比人更有用而且成本更低，普通人在他眼裡都成了多餘之物。管理專家提醒他：「日本最重要的優勢不是廉價勞動力，而是人人參與管理。」史密斯對這一忠告毫不理會。他大量裁減工人，隨意把眾多熟悉本行業的技工調到他們根本不懂的新崗位上去，而且調動極頻繁，許多人行李還沒打開，新的調令又下來了。

史密斯還認為，公司虧損是由於員工待遇太高造成的，因此他要求員工「做出重大犧牲」，於是，這一年全公司普通員工沒拿到一分錢紅利，而公司六千名高級職員每人分得五萬多美元，他本人加薪十八．八%，年薪高達一九五萬美元！此舉引起了工人們的憤怒，導致多次規模不等的罷工。然而，罷工正好為史密斯裁員提供了藉口。

史密斯的專橫引起公司上下一致不滿。董事裴洛特公開揭露史密斯，工人也罷工回應，喊出了「要裴洛特，不要史密斯」的口號；股民們甚至提議裴洛特接管通用。史密斯釜底抽薪，以高價收買裴洛特的全部股票，並要求他退出通用。史密斯在通用汽車公司改革了七年，他的「二十一世紀的公司」沒有建成，通用轎車市場占有率卻由原來的四十七%下降到三十五%，創下通用五十年以來最低紀錄。利潤頭三年下降了三十五%，員工士氣的低迷更是無法估量。因此，驅逐史密斯的呼聲越來越高，以致「美國都不能再等待了」。

終於，公司董事會忍無可忍，終於集體表決，撤銷了史密斯的董事長職務。

史密斯希望成為美國企業界開創先河的英雄，結果，他的一意孤行卻使他成為一個不光彩的人物。商人什麼時候應該堅持自己的主張？什麼時候應該放棄個人意見？這是一道難題。要把握其度，需要克服情緒作用，審慎考慮世態人情，根據具體的需要而定。切忌一意孤行。面對衝突時的最佳心理準備是千萬記住：重點是解決問題，而非評定對和錯。比方說，大家對什麼是正確的都感到迷茫，應該堅持自己的意見；雖然自己的主張未必正確，但能鼓動大家遵行，也可堅持自己的意見；如果自己的主張遭到激烈抵抗，已難推行，不應固執己見；如果自己的主張在實行時已出現不良徵兆，應該趕快改弦易轍……總之，明智的商人不會執著於對或錯，更不會從面子考慮問題，一切以利弊為考慮問題的中心。

這正如一句名言所說的：「明人的眼睛長在頭上——最忌目中無人；盲人的眼睛長在腳下——最忌一意孤行。」

厚黑怕經 十四：抱殘守缺

厚黑真經

努力進取尚有可能跟不上時代的步伐，死守一種觀念和規則過活更會被生活淘汰——沒有人可以在一成不變中獲得生存和成功。因此，要想取得更好的結果，我們先要讓自己變得更好。

厚黑妙用

從前有一個老人在行駛的火車上，不小心把剛買的新鞋弄掉了一隻。旁邊的人都為他惋惜。但是誰也沒想到，這個老人立刻把第二隻鞋子從窗口扔了出去。這個動作讓大家大吃一驚，不明白老人為什麼要這麼做。老人跟大家解釋道：「這隻鞋無論多麼昂貴，對我來說已經沒有什麼作用了。如果別人撿到這雙鞋，可能還可以穿呢！」

與其抱殘守缺，不如斷然放棄——老人的這番覺悟，可能為讓大多數人慚愧不已。然而如果人們反其道而行之，老是不知道放棄，那麼遲早會付出更大的代價。很多人就犯過類似的錯誤。

小莫在學校裡學的是資訊化技術與軟體工程，所以畢業後小莫就下決心要成為一名軟體工程師。可是剛畢業的時候，工作比較難找。後來還是在親戚的幫助下，到了一家大型企業做了一個軟體開發人員。這家企業本身不是做軟體的，但是他們有一個IT部門，主要進行一些電子商務軟體的開發。小莫剛開始進入的時候，並不是以正式員工的身分進入。而是以應屆畢業生實習的身分進入，所以剛開始沒有簽訂合約。需要在三個月實習期滿後才簽訂勞動合約。三個月後，在小莫前面有兩條道路：一是在這家企業做下去。但是年薪只有兩萬元人民幣左右，而且要簽五年合約，以後的待遇是兩年一調。最主要的是這家企業不是專業做軟體發展的，他們設計的軟體主要就歸他們自己企業使用。所以小莫認為在這家企業中發展的前途不會很大。但是這是一家大型的企業，而且當地政府有一半的股份。雖然待遇不高，但是福利不錯。如果沒有關係還進不去。二是離開這家企業到一家台資企業去做ERP（企業資源規劃的簡稱）內部實施員。這家企業比較小，但是發展前途比較大。如這家企業正準備發展ERP項目，而這個軟體是很複雜的一個資訊化管理系統。如果能夠參加這個項目，那對於自己以後的軟體工程師的道路肯定有很大的幫助。

所以，小莫那時候所處的環境跟上述案例中那位老人的環境非常的相似。小莫當時所擁有的一份工作就好像那位老人手中的一隻鞋。雖然小莫擁有這項工作，但是這項工作有明顯的缺陷。小莫那時就面臨著一個艱難的選擇，是繼續持有這個有缺陷的工作，還是斷然放棄，去接受另外一份對自己的職業前途更有利的工作呢？小莫那時不知道該如何選擇。而家人則贊成小莫留在那家公司，因為從他們的觀念來說，這也算得上是一個國有大企業，是鐵飯碗。但是小莫實在不想在這企業中混日子。後來小莫徵求自己導師的意見。由於小莫在大三的時候跟這位導師做過研究，所以他知道小莫在軟體調研與開發方面的實力。聽了小莫的情況後，他建議小莫放棄那個國有企業的工作。因為他們的軟體只是自產自用，很難接觸到其他企業的項目。而ERP軟體是當前最複雜的幾個管理軟體之一。若能夠參與這個項目，那麼對未來的職業前途有很大的幫助。

小莫後來又考慮了很久，最後還是決定與其抱殘守缺，不如斷然放棄。最後小莫沒有簽勞動合約，放棄了那份穩定的工作，而到了台資企業上班。雖然小莫最終沒有走上軟體工程師的道路，而是走上了CIO（資訊長）的崗位。小莫現在回想起來，那時這個抉擇還是比較正確的。要是那時小莫不斷然放棄這隻「鞋」，到現在小莫可能還是一個小小的程式設計師。小莫四年之後遇到過這家企業的同事。從他們口中得知，他們那個IT部門人員基本上沒變動，程式設計師還是程式設計師。所以小莫還是慶幸那時的抉擇。

其實企業中，CIO不僅在工作選擇上會遇到這種艱難的抉擇，在日常工作中也會遇到類似的情況。

如CIO很重要的一項工作就是負責企業資訊化項目的實施。在資訊化項目的管理上，CIO經常會遇到這隻「鞋」。

小傑以前在企業中負責過進銷存管理項目，在考慮進銷存管理範圍的時候，企業員工在是否要把樣品也納入進銷存管理系統中有了分歧。有員工說樣品再怎麼說也是企業的資產，必須放到系統中進行管理，否則的話容易造成庫存不準確。而有的員工則說樣品比較複雜，需求部門也不光只是銷售部門。有時候品質部門出於檢驗的需求也會要求樣品，而且樣品的價值往往不大，若把樣品也透過進銷存軟體來管理，就有點小題大做了。

小傑那時候覺得雙方都有道理，不知道該聽誰的。後來小傑想了一天，還是不能夠拿定主意。但是小傑算了一下時間，如果再猶豫不決的話，那麼這個進銷存管理項目就不能夠在規定的時間完成了。後來小傑就決定堅持拋棄這隻「鞋」，既沒有贊成，也沒有反對，而是把這隻鞋整個拋棄了。小傑對他們說，先把這個樣品的事情放一邊。到底要不要納入到進銷存軟體管理中，我們先不定，先把常規的物料先管理起來，然後再根據實施後的效果來確定是否要把樣品也控制起來。經過小傑的努力後，大家還是贊成了小傑的意見。

三個月後進銷存管理軟體運行順利。然後再考慮樣品的時候，大家對此又有了一番新的認識。如果按照普通產品的流程那樣來控制樣品的話，確實有一番小題大做了。為此最後企業根據常規物料的管理措施，設計了一個專門針對樣品的簡單管理流程。這既可以保證樣品的安全與庫存的準確性，也不會增加過多的工作量。最後是皆大歡喜。

在這個項目中，小傑雖然在中途猶豫過，考慮過是否要繼續持有這隻鞋。但是小傑後來出於種種的原因，終於決定捨棄這隻鞋，而去爭取其他更好的鞋。小傑正是因為有與其抱殘守缺、不如斷然放棄這種態度，最後在這個項目上才有這個圓滿的結局。不過要做到這一點確實很難。學會放棄，本身就是一種淘汰，一種選擇。淘汰掉工作中的劣勢項目，選擇工作中的強勢項目。學會放棄不是不思進取，恰到好處的放棄，正是為了更好的進取。常言道，退一步海闊天空。但是，要真正學會放棄又不是那麼容易。為此有如下幾個忠告送給CIO：

一·對於一時難以確定的內容，先不要急著去下決定，可以先暫時放一放。CIO在日常工作中，可能由於種種的原因，會對是否執行某項作業猶豫不決。企業內的其他員工也可能會有不同的意見。在這種情況下CIO是等到大家意見統一了再去做呢還是先行決定？對於難以確定的內容，先不要急著去下決定。可以先把這隻鞋拋在一邊，去做其他的事情。如案例中一樣，先不要去考慮要不要把樣品也管理起來，既然大家對這事意見難以統一的話，那就不妨先暫時放下。先把這個項目的其他工作完成。不然的話，如果老是抱著這隻鞋，左思右想該入如何處理它，那麼其他的事情就不用做了。

二·對於難以取得效果的作業，要堅決放棄。而不要因為面子的關係，苦苦支撐。最後不但浪費了企業的資源，也給自己留下一個不可磨滅的污點。CIO在位這麼多年，肯定會有一些判斷上的失誤。這可能會導致某些工作沒有取得預計的效果。這也是CIO手中的鞋。此時，

CIO就面臨著艱難的選擇。是死要面子活受罪堅守這個沒有效益產出的項目，還是堅決放棄去尋找可能會產生價值的項目呢？在現實中，很多人會堅守沒有效益產出的項目。因為如果放棄的話，很可能會引來上級的不滿，甚至會被掃地出門。但是CIO要有這個勇氣去選擇放棄，這樣也會減少員工的工作量，從而得到員工的認同。

厚黑怕經 十五：作繭自縛

厚黑真經

很多時候，一個人沒有獲得成功，在境況不算差的時候，依然不能走上成功的道路是因為他常常陷入了自己所編織的「繭」中不能自拔。如果把自己包裹在一種框框中，為擔憂所累、恐懼所纏、自尊所困，他的生存空間就會變得非常狹小。因此，如果你渴望成功，在任何時候，都不要被自己所編織的「繭」束縛住。

厚黑妙用

一位公司職員，一天覺得自己好像生病了，就去圖書館借了本醫學手冊，看該怎樣治自己的病。他一口氣讀完了該讀的內容，然後又繼續讀下去。當他讀完介紹霍亂的內容時，方才明白，自己患霍亂已經幾個月了。他被嚇住了，呆呆地坐了好幾分鐘。

後來，他很想知道自己還患有什麼病，就依次讀完了整本醫學手冊。這下可明白了，除了膝蓋積水症外，自己什麼病都有！

他非常緊張，在屋子裡來回踱步。他認為：「醫學院的學生們，用不著去醫院實習了，我這個人就是一個各種病例都齊備的醫院，他們只要對我進行診斷治療，然後就可以得到畢業證書了。」

他迫不及待地想弄清楚自己到底還能活多久！於是，就做了一次自我診斷：先動手找脈搏，起初連脈搏也沒有了！後來才突然發現，一分鐘跳一百四十次！接著，又去找自己的心臟，但無論如何也找不到！他感到萬分恐懼，最後他認為，心臟總會在它應在的地方，只不過自己沒找到罷了……

他往圖書館走時，覺得自己是個幸福的人，而當他走出圖書館時，卻被自己營造的「心理牢籠」所監禁，完全變成了一個全身都有病的老頭。

他決心去找自己的醫生，一進醫生家門，他就說：「親愛的朋友！我不給你講我有哪些病，只說一下沒有什麼病，我活不久了！我只是沒有患膝蓋積水症。」

醫生給他做了診斷，坐在桌邊，在紙上寫了些字就遞給了他。他顧不得上看處方，就塞進口袋，立刻去取藥。趕到藥房，他匆匆把處方遞給藥劑師，藥劑師看了一眼，就退給他說：「這是藥房，不是食品店，也不是飯店。」

他很驚奇地望了藥劑師一眼，拿回處方一看，原來上面寫的是：煎牛排一份，啤酒一瓶，六小時一次。十英里路程，每天早上一次。他照這樣做了，一直健康地活到現在。

這位職員幸虧治療及時，否則一定會被自己營造的「心理牢籠」所囚禁，最後非得得病不可。

由此可見，世界上最難攻破的不是那些堅固的城堡和城池，而是自己為自己編織的「繭」，要想走上成功的道路，擺脫不順的現狀，必須衝出這個「繭」。

將自己束縛住的「繭」，除了恐懼擔憂外，還有過分的「自尊」。

人的「身段」是一種「自我認同」，並不是什麼不好的事。但這種「自我認同」一旦無限擴大，變成過分的「自尊」，也會變成一種「自我封閉」，也就是說，「因為我是這種人，所以我和別人不一樣」，而自我認同越強的人，自我封閉也越厲害。

所以，千金小姐不願意和傭人同桌吃飯，博士不願意當基層業務員，高級主管不願意主動去找下級職員……他們認為，如果那樣做，就有損他們的身分。

拿著「身段」做人，會讓你越來越清高孤傲，越來越孤寂。如果你想從自我封閉的圈子裡走出來，就要放下身段，也就是放下你的學歷、放下你的家庭背景、放下你的身分，讓自己回歸到「普通人」。

其實，每個人都希望自己得到公眾的尊重和喜歡，但是這種自尊的需要僅僅是自己本人的一種希冀，能否在事實上得到，則取決於公眾對自己言語、舉止、行動的評價和肯定。如果說將自尊的需要作為一種行動去指導自己的行為，這本沒有理論上的錯誤，問題是這種自尊。一個人在社交中讓過分自尊心理占據指導和支配地位，就會怕自己的行為是否失當，怕人們會怎麼看待自己，甚至有時會因為過分自尊心理之故，而不願與比自己強的人交往，擔心相比之下，會讓自己「價」跌，失去尊嚴。因為過分自尊，也不願與比自己「差」的人交往，覺得有失身分。如此思來想去，就會把自己封閉起來，不與外界往來，孤家寡人，慢慢地就難以適應現代社會了。

要想方圓做人，就要放下身段，走出自我封閉的圈子，就要克服自己的心理障礙，正確認識自己，勇敢面對社會、面對他人，走向圓滿成功的人生。

這裡介紹一些走出自我封閉的幾個原則：

一・要有社交成功的願望

只要你想進入大家的圈子，想成為社交的一員，想受到大家的歡迎，想有許多朋友，你就會努力去學習社交，你就會調動你的一切智慧去掌握社交的技能，你最終就會學會社交。

二・要敢於表現自己的長處

每個人都有自己的長處，只要你相信自己有能力去和別人交往，你就會發展自己的長處，不斷地顯示自己的長處，你就會吸引別人的注意，你就會找到自己的志同道合者。不要怕自己不行，要相信自己會比別人做得更好，只要你有自信，你就會使自己的長處得到充分的發揮。

三・要敢於承認自己的缺點和不足

在別人面前承認自己的缺陷與不足，不但不會丟臉，反而會贏得別人的尊敬。每個人都有自己的短處，敢於承認自己短處的人是最勇敢的人。很多人不敢在別人面前承認自己的缺陷和不足，害怕別人看不起他，其實「頭上的爛瘡疤，蓋是蓋不住的」，只有承認它的存在，才有改正的可能。另外，每個人都有不足，你承認自己的不足，也沒有什麼可丟人的。相反，你承認自己不足大家會認為你是個誠實的人，值得信賴，就會願意結交你，和你成為朋友。

四·多與別人交談

敞開心扉，能容他人，他人也就能容自己。語言是開心的鑰匙，只要與人交談就會收到交際的效果。多與人交談就會漸漸地敢於說出自己的心裡話，就會與人坦誠相待，就會容許別人發表自己的見解。彼此相容就會達成一致，就會建立友誼，你也就學會了交際。

厚黑怕經十六：貪得無厭

厚黑真經

世界真的是「天下熙熙皆為利來，天下攘攘皆為利往」嗎？人已死要財何為？鳥已亡要食何用？貪婪者往往自掘墳墓而不自知。

厚黑妙用

在人這一生中總是免不了有那麼一些時刻被物欲所裹挾，急著向前走，急著想享受一切，急著要得到想得到的東西，卻要到繁華落盡時才能明白，「我以為爭奪到手的也就是我拱手讓出的，我以為我從此得到的其實就是我從此失去的。」

法國傑出的啟蒙哲學家盧梭認為現代人物欲太盛，他說：「十歲時被點心，二十歲被戀人，三十歲被快樂，四十歲被野心，五十歲被貪婪所俘虜。人到什麼時候才能只追求睿智呢？」人心不能清靜，是因為物欲太盛。人生在世，不能沒有欲望。除了生存的欲望之外，人還有各種各樣的欲望，欲望在一定程度上是促進社會發展和自我實現的動力。可是，欲望是無止境的，尤其是現代社會物欲更具誘惑力，如果你管不住自己的欲望，任其發展，在行走時，就會因為身背重負而寸步難行。

托爾斯泰說：「欲望越小，人生就越幸福。」這句話蘊含著深邃的人生哲理，更是人生寶貴經驗的寫照。

「欲望越小，人生就越幸福。」這就好像一個小小的石洞，最容易被填滿，而浩瀚無垠的大海卻永遠填不滿。以人們的習性來看，凡事並非越大越好，但人的欲望越大，就變得越貪婪，人生就越容易導致災禍。古往今來，被難填的欲望溝壑所葬送的貪婪者，多得無以計數。

從前，有一個窮人想得到一塊土地，地主就對他說，你從這裡往外跑，跑一段就插個旗杆，只要你在太陽落山前趕回來，插上旗杆的地都歸你。那人就不要命地跑，太陽偏西了還不知足。太陽落山前，他是跑回來了，但已精疲力竭，摔了個跟頭就再也沒起來。於是有人挖了個坑，就地埋了他。牧師在給這個人做禱告的時候說：「一個人要多少土地呢？就這麼大。」

這個死者，正像《伊索寓言》裡一個故事所說：「有些人因為貪婪，想得到更多的東西，卻把現在所擁有的也失掉了。」

「人心不足蛇吞象」，當人們陷入對物質無止境的追求時，便會失去最高貴的一種追求——對精神自由的占有。

有位老總在自己的名片上印著「自由人」三個字。有人問他為何要給自己加上這個頭銜，他說：「我現在離婚了，無牽無掛，在公司裡我說了算，在外面可以隨心所欲。」他的話音剛落，公事包裡的手機就響了。他掏出手機聽了不一會兒，臉色驟變，匆匆向別人告辭說：「有人把我告了，我得馬上到工商局去一趟。」

其實，一個人自不自由，不在於生活中的隨心所欲，而在於能保持一種精神上的自由。這位老總雖然有權有錢，可以隨心所欲，但這一切並不等於自由。

哲人說：「人的自由並不僅僅在於做他願意做的事，而且在於永遠不做他不願做的事。」這句話提醒人們，任何自由都是有限度的，有規則的。有了行為的不自由，才能獲得精神上的真正自由。精神自由的人，大多能自甘平淡，保持一種寧靜的超然心境。做起事來，不慌不忙，不躁不亂，井然有序。面對外界的各種變化不驚不懼，不慍不火，不暴不躁。面對物質誘惑，心不動，手不癢。沒有小肚雞腸帶來的煩惱，沒有功名利祿的拖累。活得輕鬆，過得自在。白天知足常樂，夜裡睡覺安穩，走路感覺踏實，驀然回首時沒有遺憾。

人體的神經系統常處於一種穩定、平衡、有規律的正常狀態。這才是心靈的最大舒展，我們再看看那些拒絕平淡者，他們管不住自己的物欲，有的掉了腦袋，有的當了囚犯，有的雖然僥倖沒有被檢舉揭發，但他們整天心驚膽戰，心靈卻失去了自由。

在追名逐利的現代社會中，人對精神和物質的追求都是無止境的，所以最容易淪為貪婪的奴隸。究其一生，我們都在和自己的貪欲進行博弈，而博弈的最佳策略就是不妄求，不妄取。

一股細細的山泉，沿著窄窄的石縫，叮咚叮咚地往下流淌。多年後，在岩石上沖出了三個小坑，而且還被泉水帶來的金砂填滿了。

有一天，一位砍柴的老漢來喝山泉水，偶然發現了清冽泉水中閃閃的金砂。驚喜之下，他小心翼翼地捧走了金砂。

從此老漢不再受苦受窮，不再翻山越嶺砍柴。過個十天半月的，他就來取一次金砂，日子很快富裕起來。

人們很奇怪，不知老漢從哪裡發了財。

老漢的兒子跟蹤窺視，發現了父親的秘密。兒子認真看了看窄窄的石縫，細細的山泉，還有淺淺的小坑，他埋怨老漢不該將這事瞞著，不然早發大財了。兒子向老漢建議：「拓寬石縫，擴大山泉，不是能沖來更多的金砂嗎？」

老漢想了想，自己真是聰明一世，糊塗一時，怎麼就沒有想到這一點？

說幹就幹，父子倆把窄窄的石縫拓寬了，山泉比原來大了好幾倍，又鑿大鑿深石坑。

父子倆累得半死，卻異常高興。

父子倆天天跑來看，卻天天失望而歸，金砂不但沒有增多，反而從此消失得無影無蹤，父子倆百思不得其解。

因為一時的貪婪，父子倆連最基本的小金坑都沒有了。因為水流太大，金砂就沉下來了。我們經常說：「欲望是無底深淵。」是的，究其一生，我們都在和自己的欲望進行博弈。人，是欲望的動物，總是得隴望蜀，永遠得不到滿足；永遠在為自己攫取著，所以最容易淪為貪婪的奴隸，把自己的心靈變成地獄。權錢交易的根源也是人類自身的貪婪，正是因為貪婪，心智為之蒙蔽，剛正之氣由此消除。所以這些本應有大好前途的人，結果毀了自己的一生。

如果我們在生活中，處處克制自己的貪婪，那麼我們也就掌控了自己的人生。在與貪婪博弈的時候，選擇的策略就是無欲則剛。不管外在的誘惑有多麼大，都巋然不動，即使錯過時機也不後悔。因為我們對事物的真實情況瞭解得很少，在不瞭解真相的情況下，我們盡量不要被一時的貪婪所蒙蔽，就像金砂一樣，雖然表面看來是因為水流沖下來的，但這只是假象而已，迷惑了這對父子。在不確定一個事物的情況下，只靠想當然和表面現象是不行的，我們只能防止自己的貪欲膨大，不妄求，不妄取。

厚黑怕經十七：眼不揉沙

厚黑真經

在日常生活中，我們常見到這樣一種情況，有些人會因為某種瑕疵，而覺得痛苦異常。有人因為個子矮而自卑；有人因為眼睛小而心煩；有人因為肥胖而發愁……這些人往往只看到缺陷，而沒有發現瑕疵是完美的一部分。追求完美是一種好的現象，促使我們朝最好的方面發展，但是絕對完美的事物根本就不存在，因此，如果你還在刻意地追求完美的話，請放棄這種想法吧！

厚黑妙用

在印度佛教的《百喻經》中，有這樣一則可笑而發人深省的故事。

有一位先生娶了一個體態婀娜、面貌娟秀的太太，兩人恩恩愛愛，是人人羨慕的神仙美眷。這個太太眉清目秀、性情溫和，美中不足的是長了個酒糟鼻子。柳眉、鳳眼、櫻桃小嘴、瓜子臉蛋上，卻長了個酒糟鼻子，好像失職的藝術家，對於一件原本足以稱著於世間的藝術精品少雕刻了幾刀，顯得非常突兀、怪異。

這位丈夫對於太太的鼻子終日耿耿於懷。一日出外經商，行經販賣奴隸的市場，寬闊的廣場上，四周人聲鼎沸，爭相吆喝出價，搶購奴隸。廣場中央站了一個身材單薄清瘦的女孩子，正以一雙汪汪的淚眼，怯生生地環顧著這群如狼似虎，決定她一生命運的大男人。這位丈夫仔細端詳女孩子的容貌，突然間，他被深深地吸引住了。好極了！這個女孩子的臉上長著一個端端正正的鼻子，他不計一切買下了她！

這位丈夫以高價買下了長著端正鼻子的女孩子，興高采烈地帶著她趕回家中，想給心愛的妻子一個驚喜。到了家中，他把女孩子安頓好之後，以刀子割下女孩子漂亮的鼻子，拿著血淋淋而溫熱的鼻子，大聲疾呼：「太太！快出來喲！看我給你買回來最寶貴的禮物！」

「什麼樣貴重的禮物，讓你如此大呼小叫的？」太太疑惑不解地應聲走出來。

「喏！你看！我為你買了個端正美麗的鼻子，你戴上看看。」

丈夫說完，突然抽出懷中的利刀，一刀朝太太的酒糟鼻子砍去。霎時太太的鼻樑血流如注，酒糟鼻子掉落在地上，丈夫趕忙用雙手把端正的鼻子嵌貼在傷口處。但是無論他怎樣努力，那個漂亮的鼻子始終無法黏在妻子的鼻樑上。

可憐的妻子，既得不到丈夫苦心買回來的端正而美麗的鼻子，又失掉了自己那雖然醜陋但是貨真價實的酒糟鼻子，並且還受到無端的刀刃創痛。而那位糊塗丈夫的愚昧無知，更是讓人可憐！

有些事，可以透過努力改變，有些事，無論如何努力都難以改變。人生是沒有完美可言的，完美只存在於理想中。生活中處處都有遺憾，這才是真實的人生。因為追求完美而苦惱，可能會留給我們更多的遺憾和痛苦。對於我們不能改變的，不管喜歡與否，我們只能接受它們，不要抗拒。世界就是這樣，事情就是這樣，他人就是這樣，我們應當把這些當成水分子結構、當成地球形狀、當成宇宙組成一樣的自然事實來接受。我們可以心生懷疑或好奇，可以保有提問的權利，但不要試圖去改變什麼。因為有一些方面，像我們的國籍、父母、遺傳基因、膚色、家境、幼時所受的教育以及將要生長於其中的社會環境，在我們出生之前就註定了。

完美主義者在做任何事情之前，都不能克制自己追求完美的激情與衝動。他們想把事情做到盡善盡美，這當然是可取的，但他們在做一件事情之前，總是想使客觀條件和自己的能力也達到盡善盡美的完美程度然後才去做。因而，這些人的人生始終處於一種等待的狀態之中。他們沒有做成事情不是因為他們不想去做，而是因為他們一直在等待所有的條件成熟，結果就在等待完美中度過了自己不夠完美的人生。

完美主義者往往不願意接受自己或他人的缺點和不足，非常挑剔。有的人沒有什麼好朋友，總也找不著對象，跟誰也合不來，經常換單位，為什麼？那是因為他誰也看不上，甚至會因為別人的一些小毛病而忽略其優點。有的人不允許自己在公共場合講話時緊張，更不能容忍自己緊張時不自然的表情，一到發言時就拚命克制自己的緊張，結果越發緊張，形成惡性循環。有的人不允許自己身體有絲毫不舒服，經常懷疑自己得了重病，經常去醫院檢查。其實，每個人都有缺點和不足，都會有緊張、不適的體驗，這是正常的表現，必須學會接受它們，順其自然。如果非要抗拒自然規律，必然會愈抗愈烈。

完美主義者表面上很自負，內心深處卻很自卑。因為他很少看到優點，總是關注缺點，總是不知足，很少肯定自己，所以缺乏自信，當然會自卑了。不知足就不快樂，痛苦就常常跟隨著他，他周圍的人也一樣不快樂。

人生確實有許多的不完美，但我們可以選擇走出不完美的心境，而不是在「不完美」裡哀歎，當然，也不是一味地追求所謂的完美。

著名的音樂家湯瑪斯·傑弗遜其貌不揚，他在向他的妻子瑪莎求婚時，還有兩位情敵也在追求瑪莎。一個星期天，傑弗遜的兩個情敵在瑪莎家門口碰上了，於是，他們準備聯合起來，羞辱傑弗遜。可是，這時門裡傳來優美的小提琴聲，還有一個甜美的聲音在伴唱。如水的樂曲在房屋周圍流淌著，兩個情敵此時竟然沒有勇氣去推開瑪莎家的門。他們心照不宣地走了，再也沒有回來過。

傑弗遜並不完美，也不出眾，但是他有了小提琴和音樂才華，他就不戰而勝了。生活中，對自己的缺陷和弱點，不同的人會採取不同的辦法，傑弗遜有小提琴，我們呢？其實我們都有發現自己優點的武器。

對於每個人來講，不完美是客觀存在的，但無須怨天尤人，在羨慕別人的同時，不妨想想，怎樣才能走出誤區。或用善良美化，或用知識充實，或用一技之長發展自己。生命的可貴之處，在於看到自己的不足之後，能坦然面對並加以彌補。

謝爾·西爾弗斯坦在《丟失的那一塊》裡講過這樣一個故事：一個圓環被切掉了一塊，圓環想使自己重新完整起來，於是就到處去尋找丟失的那一塊。可是由於它不完整，因此滾得很慢，它欣賞路邊的花兒，它與蟲兒聊天，它享受陽光。它發現了許多不同的小塊，可是沒有一塊適合它。於是它繼續尋找著。

終於有一天，圓環找到了非常適合的小塊，它高興極了，將那小塊裝上，然後又滾了起來，它終於成為完美的圓環了。它滾得很快，以致無暇注意花兒或和蟲兒聊天。當它發現飛快的滾動使得它的世界再也不像以前那樣，它停住了，把那一小塊又放回路邊，繼續緩慢地向前滾去。

世界並不完美，人生當有不足。留些遺憾，倒可以使人清醒，催人奮進，反而是好事。有句話叫做沒有皺紋的祖母最可怕，沒有遺憾的過去無法連結人生。正因為有了殘缺，我們才有夢，才有追求。當我們為夢想和希望而付出努力時，我們就已經擁有了一個完整的自我。

人生就是充滿缺陷的旅程，要給缺憾留點餘地。沒有缺陷就意味著圓滿，絕對的圓滿便意味著沒有希望，便意味著停滯。人生若真達到了圓滿，人也便會停止追求的腳步。

厚黑怕經 十八：爭強好勝

厚黑真經

凡事都要爭個高低，只會衝撞，不懂低頭，這是一種不良的心態，結果往往碰壁，吃了不少苦頭。這是大多數人的通病，並不足為奇，重要的是在碰壁後，你要「吃一塹長一智」，慢慢學會暫時投降、暫時低頭、暫時認輸，才能踏上通暢的人生之路。如果你總是不懂低頭，結果就只能處處碰壁，四面楚歌，甚至身敗名裂，抱恨終生。

厚黑妙用

如果把我們的人生比作爬山，有的人在山腳剛剛起步，有的人正向山腰跋涉，有的人已信步頂峰。但此時，不管你處在什麼位置，請記住：要把自己放在山的最低處，即使「會當凌絕頂」，也要會低頭，因為，在你所經歷的漫長人生旅途中，難免有碰頭的時候。

富蘭克林年輕時曾去拜訪一位前輩。年輕氣盛的他，昂首挺胸邁著大步，一進門就撞在門框上。迎接他的前輩見此情景，笑笑說：「很疼嗎？但這將是你今天來訪的最大收穫。一個人活在世上，就必須時刻記住低頭。」

無獨有偶，有人問過蘇格拉底：「你是天下最有學問的人，那麼你說天與地之間的高度是多少？」蘇格拉底毫不遲疑地說：「三尺！」那人不以為然：「我們每個人都有五尺高，天與地之間只有三尺，那還不把天戳個窟窿？」蘇格拉底笑著說：「所以，凡是高度超過三尺的人，要長立於天地之間，就要懂得低頭啊。」

人在三十歲前，學會低頭、懂得低頭和敢於低頭是非常重要的。尤其是在社會競爭激烈的今天，生命的負載過多，人生的負載太沉，低一低頭，可以卸去多餘的沉重；面對自身的不足，低一低頭，就可以贏得別人的諒解和信任，除去不必要的糾紛。

要學會低頭，就必須懂得低頭是一種智慧，它需要求同存異、應時順勢、謙恭溫良。要懂得低頭，就必須理解低頭是一種境界。在處理人與人之間的衝突時，懂得低頭，適時投降，那是君子懷仁的風度，是創造和諧社會的必備品格；在處理人與社會的衝突時，懂得低頭，那是理性人生的閃光，是取得共贏的光明之路；在處理人與自然的衝突時，懂得低頭，那是避免盲目蠻幹的鎮靜劑，是實現人與自然相融共榮的有效途徑。

要敢於低頭，就必須知道低頭需要勇氣。面對別人的批評時，我們要勇敢地承擔責任，接受教訓；面對強大的敵人和困難時，我們同樣需要避其鋒芒，保存實力，以圖再戰。

不是所有人都能學會低頭、懂得低頭和敢於低頭。現實生活中，總有那麼一些人缺乏低頭的勇氣，漠視低頭的實踐，結果不是碰壁，就是觸網，對其教訓頗深。其實，何必總是一副寧死不屈的倔強樣子，低一低頭，給自己多一次機會，豈不是更好？

也許，當你明白了低頭的智慧，當你從困惑中走出來時，你會發現，一次善意的低頭，其實是一種難得的境界。低頭並不是自卑，也不是怯懦，而是一種能力的體現。

低頭是一種智慧，低頭也是一種能力。有時候，適時認輸，才能保存實力。美國有一位拳王說過，任何拳手都不可能打敗所有的對手，好的拳手知道在恰當的回合認輸。因為，及早認輸，下次還有贏的機會，如果逞能，讓對手把你打死了，或把你拖垮了，你不是連輸的機會也沒有了嗎？

拳擊還是光明磊落的競技，在人生的長河中，競爭卻是紛繁複雜的，其中不乏亂箭和暗器。面對不講競爭規則的陰損小人，碰上懷著「誰也別想比我好」的病態心理的嫉妒小人，你鬥得越勇，只會陷得越深。與其讓生命的價值在亂鬥中無端地折損，不如認個輸，離開是非圈，用自己保存下來的實力，去尋找真正的競技場。

當我們明白自己不如對手時，就應該認輸。生活中常有競爭和角逐，但深知自己「鬥」不過對手，還一味地跟人家「鬥」，這又有何益呢？「鬥」得越起勁，只會使自己輸得更慘。選擇認輸，急流勇退，將使我們避開鋒芒，以退為進，贏得潛心發展的主動權；將使我們得以冷靜下來去認識差距，虛心向對手學習，從而有可能真正打敗對手。

美國柯達公司在與日本富士公司競爭時，就頗有自知之明，勇於認輸，不跟富士爭「第一」。柯達公司甘拜富士下風，既減少了惡性競爭造成的大量人財物力浪費，又使他們能夠根據自己的實際情況制定適宜的發展策略，還使他們老老實實向富士取經。結果柯達快速發展了，成了和富士不相伯仲的膠捲大王。

當我們知道自己不可能做到時，就應該認輸。並不是所有的困難和挫折都可以逾越，並不是所有的機遇和好運我們都可以把握。在明知無力回天，敗局已定時，我們應該認輸。選擇認輸，不去堅持下完一盤根本下不贏的臭棋，而是棄之一邊，將使我們及早從「死胡同」裡走出來，避免付出更慘重的代價。

認輸不是自甘消沉，它有積極進取的內涵，使人以退為進，贏得潛心發展的主動權，揚長避短，奪取成功。如果硬認死理，逞強好勝，盲目蠻幹，一味地剛強，一味地硬撐，只會給自己帶來不必要的傷害，甚至犧牲，最終輸掉自己。只有做到審時度勢，隨機應變，剛柔相濟，懂得認輸，才能保護自己，立於不敗。

認輸也是一種自我認識，一種積極的自我評價，在與別人競爭時，認同他人優勢的同時，也看到了自己的缺陷與不足。面對自己的缺陷與不足，只有學會認輸，才能正視自己的缺陷與不足。有錯誤和不足並不可怕，只要學會認輸、知道自省，就能避免鑄成大錯以致最終抱憾終身；只要學會認輸，就能及時調整人生的航向，去爭取「贏」的機遇和時間。

總之，認輸不失為一種策略，它將使你徹底擺脫不健康的心理羈絆，使你調整好位置，進入最佳的心理狀態，它造就的將是一片心靈的淨區。人生有涯，時光匆匆，學會認輸，將有助於二十幾歲的你在短暫的人生旅途中成為更大的贏家！

第四章 莫耍滑：不可輕易玩心眼

厚黑怕經 十九：因小失大

厚黑真經

古人云：「顧小利則大利之殘。」很多人往往喜歡盯著蠅頭小利不放，而且還會自以為得計。殊不知，騙子的迷魂藥就是我們內心的貪欲。從古至今，只有能明事非、辨利害的人，才能克制自己的欲望，才能見利思害。讓自己多一些自控力，不要貪小便宜，不把那些看似美味的餡餅放在眼裡，才不會身受其害。

厚黑妙用

一八五六年，亞歷山大商場發生了一起盜竊案，共失竊八只金錶，損失十六萬美元，在當時，這是一筆相當龐大的數目。

案子尚未偵破時，有個紐約商人到此地批貨，隨身攜帶了四萬美元現金。當他到達下榻的酒店後，先辦理了貴重物品的保管手續，接著將錢存進了酒店的保險櫃中，隨即出門去吃早餐。

在咖啡廳裡，他聽見鄰桌的人在談論前一陣子的金錶失竊案，因為是一般社會新聞，這個商人並不當一回事。

中午吃飯時，他又聽見鄰桌的人談及此事，他們還說有人用一萬美元買了兩隻金錶，轉手後即淨賺三萬美元，其他人紛紛投以羨慕的眼光說：「如果讓我遇上，不知道該有多好！」然而，商人聽到後，卻懷疑地想：「哪有這麼好的事？」

到了晚餐時間，金錶的話題居然再次在他耳邊響起。他吃完飯，回到房間後，忽然接到一通神秘的電話：「你對金錶有興趣嗎？老實跟你說，我知道你是做大買賣的商人，這些金錶在本地並不好脫手，如果你有興趣，我們可以商量看看，品質方面，你可以到附近的珠寶店鑑定，如何？」

商人聽到後，不禁怦然心動，他想這筆生意可獲取的利潤比一般生意優厚許多，便答應與對方會面詳談，結果以四萬美元買下了傳說中被盜的八只金錶中的三只。

但是第二天，他拿起金錶仔細觀看後，卻覺得有些不對勁，於是他將金錶帶到熟人那裡鑑定。鑑定的結果是，這些金錶居然都是假貨，最多只值幾千美元而已。直到這幫騙子落網後，商人才明白，從他一進酒店存錢，這幫騙子就盯上了他，而他聽到的金錶話題也是他們故意安排的。

騙子的計畫是，如果第一天商人沒有上當，接下來他們還會有許多花招用來誘騙他，直到他掏出錢為止。

貪婪的人往往日光如豆，所以他們只瞧見眼前的利益，看不見身邊隱藏的危機，也看不見自己生活的方向。貪欲越多的人，往往生活得越痛苦，他們往往容易陷入對蠅頭小利的追逐，卻因此而因小失大。

有個電視節目曾經報導過一個老人受騙上當的事。

這個老人在某天突然收到了一封信，信裡有一張彩券，刮開一看，竟然中了一個叫美國遠東公司設置的二等獎：八．八萬元，下面附有兌獎電話。老人於是照上面的電話打了過去，一個女的接了電話，聽說老人中了獎，比老人還高興，叫老人先繳清個人所得稅才能給他兌獎。老人心想比起八．八萬來，這一千多塊個人所得稅不算什麼，於是到銀行把這個人所得稅匯到了指定的帳戶上。接著，那家公司又打電話要老人捐點錢給希望小學，後來又說他們搞錯了，是八．八萬美元，要老人補交個人所得稅……最後，老人沒拿到所謂的「八．八萬美元」，反而給那個公司匯了六十八萬元人民幣。後來，老人醒悟了，報了案。公安機關接到報案後立即著手調查，結果把這些騙子抓獲歸案。在破案的過程中，公安人員發現受騙上當的人還真不少，全國各地都有。

這個案件告訴我們：不管天上掉的是烙餅、餡餅還是披薩餅，最好是趁熱就扔掉，因為天上掉餡餅，不是圈套就是陷阱。

其實此類騙局在生活中經常發生，但還是不斷有人上當受騙，最根本的原因就是這些人喜歡貪小便宜。如果不貪小便宜，即使騙子的騙術再高明，人們都不會上當的。

那些白白提供給你的東西幾乎都是充滿危險的，因為它們通常不是涉及一個騙局，就是隱藏著你意想不到的、需要你為之付帳的東西。凡事有利必有害，「天上掉餡餅」背後更可能隱藏著大害。

對於商人而言，更不能貪小便宜，因小失大。

潮州商人翁錦通也是這一時期成功的中國商人代表之一。與陳弼臣不同的是，他以香港為經營的根據地。但雖然同是潮商，與同鄉李嘉誠、謝國民等比較起來，他則屬於大器晚成型。翁錦通作為老一代潮商，同樣注重個人品格的鑄造，他留給後代子孫的最大啟示就是：性格修練是成功的重要條件。

翁錦通的祖上曾輝煌一時，明朝出了個翁邁達，官至兵部尚書。但祖蔭太遠，五百年後翁錦通出世時，翁家早已不再是什麼官宦世家、書香門第。家道既然早已沒落，難免家貧子賤，窮人的孩子早當家。翁錦通六、七歲就參加繁重的農業生產，每天凌晨兩點鐘就要起床巡水灌田，起得遲了就被父親一頓痛罵。不需要幹農活時，他便去當童工。他曾在表親開的釀酒廠幹活，盛夏酷暑天裡要用鐵鍬不停地把穀糠燃料送進火爐裡，人都還沒有鐵鍬高，就得幹這種成年人的活，當然很辛苦。幹活期間他大病一場，幾乎送命。後來他又進賭場當打雜的小廝。翁錦通可以說是沒有幸福童年的，他的童年多災多難，只有勞動，沒有歡樂。但這樣的童年也給翁錦通帶來了終生受用不盡的好處，就是吃苦耐勞的品質，以及一種「活著，就得去賺錢」的信念。沒有這種信念，翁錦通也不可能在勞碌半生後，於晚年成為一代富豪。

十二歲時，翁錦通經姐夫介紹到厚生抽紗公司洗熨部做工，初步接觸了當時潮州的新生工藝——抽紗。三年後，厚生抽紗公司老闆計畫在山東煙臺創辦一家公司。翁錦通勤快好學，很得老闆看重，常被帶在身邊，此時老闆見翁錦通在工作上漸漸成熟，便將建分公司的事交給了他和自己的兩個弟弟，翁錦通從此成為煙臺新公司的工廠主管。

在這一時期，翁錦通對得自夏教授的儒家君子哲學作了一個世俗化的總結，其中有一條就是：「世途險惡，人心叵測，故勿貪小便宜。」意思是，世途中到處是陰謀圈套，圈套者，誘人以利，所以不要貪小便宜。不義之財即使是一毫也不要取，這樣就不怕奸人的伎倆了。這一條總結也成就了他以後的事業。

有了執著而強大的心靈，自然會有堅定的操守，不過分貪戀外物，自然也就不會為外物所蒙蔽。這一道理用在商業上，則能教人看清局勢，獨善其身，不因眼前小利而失大，也不會受非商業因素的過多影響。

一九六二年，翁錦通四年多來的勞動換得了資本。用這筆錢，他開始自行創業，興辦了「錦興繡花檯布公司」和「香港機繡床布廠」。公司設於安蘭街，工廠設在加多近街翁錦通家中。此時，翁家人均已先後定居香港。一家人全披掛上陣，在翁錦通指揮下進行生產，翁氏的家族事業就此拉開帷幕。

正是因為翁錦通做生意始終堅守這個鐵打的原則：不貪小便宜、不受利益引誘，他才能不貪多、不吝繁、不被一時的利益沖昏頭腦，才讓翁錦通立於不敗之地，讓他的品德改寫了一生，通向了成功的彼岸。

厚黑怕經 二十：弄巧成拙

厚黑真經

《圍爐夜話》中有這樣一段話：「打算精明，自謂得計，然敗祖父之家聲者，必此人也。樸實渾厚，初無甚奇，然培子孫之元氣者，必此人也。」意思是說：過於精明打算的人，自以為計謀得逞了，然而敗壞家族聲譽的肯定是他。樸實忠厚之人，初看起來似乎沒有特別之處，然而對子孫後代有影響的，正是此人。聰明形於外，耍點小手段、小心計、小伎倆，偶爾會一兩次僥倖成功，但是最終結果卻是洋相百出，與初衷大相逕庭。

厚黑妙用

有一隻高傲的烏鴉非常瞧不起自己的同伴。牠竟到處尋找孔雀的羽毛，一根一根地藏起來。等搜集得差不多了，牠就把這些孔雀的羽毛插在自己烏黑的身上，直至將自己打扮得五彩繽紛，看起來真點像孔雀為止。然後，牠離開烏鴉的隊伍，混到孔雀之中。但當孔雀們看到這位新同伴時，立即注意到這位來客穿著牠們的衣服，忸忸怩怩，裝腔作勢，並企圖超過牠們，大夥都氣憤極了。牠們扯去烏鴉所有的假羽毛，拚命地啄牠，扯牠，直揍得牠頭破血流，痛得昏死在地。

烏鴉甦醒後，牠不知該怎麼辦好。牠再也不好意思回到烏鴉同伴中去，想當初，自己插著孔雀羽毛，神氣活現的時候，是怎麼地看不起自己的同伴啊！

最後，牠終於決定還是老老實實地回到同伴們那兒去。有一隻烏鴉問牠：「請告訴我，你瞧不起自己的同伴，拚命想抬高自己，你可知道害羞？要是你老老實實地穿著這件天賜的黑衣服，如今也不至於受這麼大的痛苦和侮辱了。當人家扒下你那偽裝的外衣時，你不覺得難為情嗎？」說完，誰也不理睬牠，大夥一起高高飛走了。

地面上孤零零地只留下那隻夢想當孔雀的烏鴉。

這是一則因貪圖虛榮而弄巧成拙的故事。虛榮心是一種為了滿足自己榮譽、社會地位的欲望。虛榮是虛妄的榮耀，是掩耳盜鈴的現代解釋，是無知無能的你最想依賴而實際上最依靠不住的心靈稻草。稻草人是用來嚇唬烏鴉及其他動物的，而你是人，還有點智商，你想用稻草人來保護自己，真是愚蠢至極。

虛榮心強的人往往不惜玩弄欺騙、詭詐的手段來炫耀、顯示自己，藉此博取他人的稱讚和羡慕，最大限度地滿足自己的虛榮心。但是由於這種人自身素質低、修養差，經常是真善美與假惡醜不分，往往把肉麻當有趣，將粗俗當高雅，打扮不合時宜，矯揉造作，不倫不類，使人感到很不舒服，甚至產生噁心之感。

故事中的烏鴉，就是因為貪圖虛榮，盲目追求標新立異的效果，結果弄巧成拙，留下了笑柄。

沒錯，華麗的外表不會掩飾空虛的心靈。我很難想像一個愛慕虛榮的人能有多大的成就，因為他們總是把一些浮在表面上的東西作為提高自己地位的條件，而不是扎實的生活和工作。

由於虛榮心具有許多負面性，是一種扭曲的人格，它多半會遭到他人的反感和敵意，甚至攻擊，因此要盡量克服它。

要克服虛榮心，關鍵要樹立正確的榮辱觀，即對榮譽、地位、得失、面子要持有一種正確的認知和態度。不可過分追求榮華富貴、安逸享受，否則就真的陷入了愛慕虛榮的怪圈。

人生中，不僅虛榮，愛耍小聰明也很容易弄巧成拙。過於精明，善於打自己小算盤的人，常常為自己的小算盤自鳴得意，殊不知，這樣終會搬起石頭砸了自己的腳。

五年前王群還在一家行銷策劃公司工作，當時一位朋友找到他，說自己公司想做一個小規模的市場調查。朋友說，這個市場調查很簡單，他自己再找兩個人就完全能做，希望王群出面把業務接下來，他去運作，最後的市場調查報告由王群把關，當然了，會給王群一筆錢作為費用。

這的確是一筆很小的業務，沒什麼大的問題。市場調查報告出來以後，王群也很明顯地看出了其中的不實部分，但他只是做了些文字加工和修改，就把它交上去了。

一段時間以後，幾位朋友邀請王群組成一個項目小組，一塊完成一家大型娛樂場所的整體行銷方案。沒想到，對方業務主管明確提出對王群的印象不好，原來此位先生正是當年那個市場調查項目的委託人。

聽到這個消息後，王群大吃一驚，但是為時已晚，也無須過多解釋了。

事已至此，再回過頭來想想，當時王群得到的那點錢根本就不值一提，但當初認為「天衣無縫」的小把戲卻造成了如此之大的負面影響！

許多時候，我們會不經心地處理、打發掉一些自認為不重要的事情或人物，但這種隨意的不負責、不敬業或者是不道德的行為會造成一些很不好的影響和後果，在你以後的人生道路上，不一定在什麼時候，突然顯現出來，令你對當年自認為「聰明」的行為追悔不已。

所以，在工作中我們要謹記《圍爐夜話》給我們的告誡：為人處世，第一要務就是不能要玩小聰明，只有這樣才能獲得事業上長久的成功，並給子孫留下一份基業；如果一味地耍奸使滑，不僅弄巧成拙害了自己，恐怕連老祖宗的臉面也要丟掉。

厚黑怕經二十一：鋌而走險

厚黑真經

越是聰明的人，越可能對自己的形勢做出錯誤判斷，越可能對自己的能力做出過高的評估，越可能存在著僥倖的心理。不少人都看過《孫子兵法》，提到僥倖，很多人以為孫武的智慧就是從別人的身上找破綻，而不贊成強大自己，其實這是對《孫子兵法》的一種誤解。孫武的「慎戰」思想中，最重要的部分就是強調如何強大自己，也就是「內修」，而不是心存僥倖地去鋌而走險。

厚黑妙用

曾國藩剛剛兼任刑部左侍郎，就遇到了一件麻煩事。

一天，有一位同鄉來他的府上拜訪。這位同鄉在某地任知府，平日裡很少往來，此時突然來訪，還帶著一箱金子，曾國藩馬上感覺到有什麼事情要發生。

果然，話沒有說幾句，那位知府就講出了他此行的目的。原來，知府的侄子自持生在官宦世家，平日裡被寵壞了，總是做一些打架鬥毆的勾當，如今他與別人為了爭奪一個頭牌歌姬，不小心失手殺了人。死者的家屬得知此事，將知府的侄子告到了官府，被知府壓了下來。但是知府能夠控制了一時，卻不能在此事上有更進一步的定奪，想來想去，也只有曾國藩能夠幫他這個忙，保住他侄子的性命。

曾國藩聽聞此事，就安慰知府說：「你先回去。既然是誤殺，官府一定會給你侄子一個說法的，不會有事的。」知府見狀，忙給曾國藩遞上金子，說：「只要曾大人一句話，我侄子的性命就能夠保住了。」曾國藩無論如何也不肯收他的金子，可是知府哪裡肯將送來的金子再拿回去？留下了箱子，自己迅速離開了。

曾國藩看知府這番舉動，心裡頓時犯了嘀咕：按說，如果是誤殺，知府不應該這麼緊張，況且也用不著送上這箱金子啊。這其中一定還有什麼不可告人的秘密。想到此處，曾國藩趕緊派人去調查。

果真不出曾國藩所料。這個知府的侄子仗著有叔父撐腰，平日裡橫行鄉里，魚肉百姓，欺男霸女，無惡不作。老百姓都恨透了他。曾國藩知道後非常氣憤，下令一定要嚴懲那個惡賊，還要彈劾知府。

從這件事情中，曾國藩想到了自己在家鄉的兄弟侄子。官宦人家的孩子總是存有一種僥倖心理，覺得有人給自己撐腰，就可以隨意妄為，想做什麼就做什麼。可是，這樣想的結果常常是害了自己。於是，他寫信叮囑自己的親屬，做事情一定要腳踏實地，不能因為存在僥倖心理，就放任自己的行為。

不僅在對待生活方面，曾國藩提倡遠離僥倖心理，在軍事上，他也十分注重實力的修練。為此，他一直強調說：「至軍事之成敗利鈍，此關乎國家之福，吾惟力盡人事，不敢存絲毫僥倖之心，諸弟稟告堂上大人，不必懸念。」正是因為遠離僥倖心理，曾國藩以文人的心態自修，以武將的心態戰鬥。

遠離僥倖心理，只有腳踏實地才能一步一步走向成功。很多人把事情的成功與否寄託在運氣上，如果沒有達成自己的心願，就責怪自己時運不佳，這其實是沒有道理的。俗話說，一分耕耘一分收穫，只有全心地投入到對自己實力的修練當中，我們才能逐漸完善自己，最終戰勝種種困難，到達成功的彼岸。相反的，僥倖一時，鋌而走險，有可能耽誤我們一生的發展。因為獲得過於容易，就不知道努力，也就不懂得珍惜了。

因此，讓自己變得強大起來，而不要存在僥倖心理，期望不幸和困難不來進犯，這是我們應該學習的一種生活態度。曾經有一位作家在自己的傳記中寫道：「我不祈求上帝讓我平安無事，我只祈求上帝在考驗我的同時，賜予我戰勝困難的勇氣和力量。」真金不怕火煉，只要我們準備充分，擁有戰勝苦難的實力，無論何時都能夠經受住考驗。

怎樣讓自己實力雄厚呢？首先，我們的第一步就是要戰勝僥倖心理。生活中處處都是僥倖心理的影子，考試之前猜題、押題，考試時作弊；在口頭表達上，經常使用「可能、也許、萬一、大概」之類的詞彙；總是期待著「意外收穫」；不肯腳踏實地地努力，反而將成功的希望寄託在「好運」上。

提高實力的第二步就是要看到實力的累積是一個長期的過程，需要耐心和恆心。我們來看一看這樣一組資料：左思寫《三都賦》、曹雪芹寫《紅樓夢》用了十年；司馬遷寫《史記》用了十五年；達爾文寫《物種起源》用了二十年；歌德寫《浮士德》用了六十年……幾乎所有的偉大作品和偉大發明都不是幾天之內完成的，需要長久的累積和準備。

鋌而走險有時候會帶給我們驚喜，更多時候是一種始料未及的失敗。面對事物時不做好準備工作，卻希望能夠倖免，無疑是對自己的不負責任。將人生大廈建立在僥倖上，猶如空中樓閣、水中花月，只有遠離僥倖，我們才能處世穩妥，也才能逐步實現自己的目標，把握自己的命運車輪。

厚黑怕經二十二：害人害己

厚黑真經

常言道：「多個朋友多條路，少個仇人少堵牆」，「狗急了也跳牆」。因此，事情不能做得太絕，不能傷天害理，要記住，把別人逼進死胡同，自己也就進了死胡同。

厚黑妙用

有一天，狼發現山腳下有個洞，各種動物都會由此經過。狼非常高興，牠想，守住山洞就可以捕獲各種獵物，於是牠堵上洞的另一端，單等動物們來送死。

第一天，來了一隻羊，狼追上前去，羊拚命地逃。突然，羊找到一個可以逃生的小偏洞，從小洞倉皇逃竄。狼氣急敗壞地堵上這個小洞，心想，再也不會功敗垂成了吧！

第二天，來了一隻兔子，狼奮力追捕，結果，兔子從洞側面更小一點的洞裡逃走了。於是，狼把類似大小的洞全堵上了。狼心想，這下萬無一失了，別說羊，與兔子大小接近的狐狸、雞、鴨等小動物也都跑不了了。

第三天，來了一隻松鼠，狼飛奔過去，追得松鼠上躥下跳。最終，松鼠從洞頂上的一個通道跑掉了。狼非常氣憤，於是，牠堵塞了山洞裡的所有窟窿，把整個山洞堵得水泄不通。狼對自己的措施非常得意。

第四天，來了一隻老虎，狼嚇壞了，拔腿就跑。老虎窮追不捨，狼在山洞裡跑來跑去，由於沒有出口，無法逃脫，最終，這隻狼被老虎吃掉了。

如果我們把某件事做得太絕了，不僅傷害了別人，也會害了自己。當我們自認為把對手所有的機會都切斷的時候，卻可能使自己也失去機會。上則故事中的狼很可憐，做事做得太絕了，把所有的窟窿都堵上了，結果沒有逮到獵物不說，還因沒有退路而賠上性命。

生活中，總有一些始料未及的事，狗急了也會跳牆，所以，凡事不能做得太絕，有時候給別人留條退路，也是給自己一條退路。

《韓非子·林下篇》說：「刻削之道，鼻莫如大，目莫如小。鼻大可小，小不可大也；目小可大，大不可小也。舉事亦然，為其不可復也，則事寡敗也。」

這就是說一些為人處世的道理：如果鼻子刻得大了，我們還可以修得小一點，如果鼻子本來就刻得很小，那根本沒有辦法補救了；如果眼睛刻得小，還可以再加大，如果把眼睛刻得太大，就沒法再縮小。做事也是這樣，我們在任何時候都應該留餘地，這樣才不會招致失敗。

留餘地，其實包含兩方面的意思，一方面，給別人留餘地，無論在什麼情況下，也不要把別人推向絕路，萬不可逼人於絕境，迫使對方做出極端的反抗，這樣一來，對彼此都沒有好處；另一方面，給自己留餘地，讓自己行不至絕處，言不至極端，有進有退，以便日後更能機動靈活地處理事務，解決複雜多變的問題。

把事情做得太絕，不給別人留餘地，就等於伸手打別人耳光的同時，也在打自己的耳光。人生就是這樣，不讓別人為難，不讓自己為難，讓別人活得輕鬆，讓自己活得自在，這就是留餘地的妙處。

給別人留有餘地，他一定會感激你、協助你，這也就等於給了自己一次成功的機會。所以，你要培養自己的這種美德，切記如下「四絕」：權力不可使絕；金錢不可用絕；言語不可說絕；事情不可做絕。

放別人一條生路，讓他有個臺階下，為他留點面子和立足之地。人海茫茫，常常「後會有期」，你今天勢強不留任何餘地，焉知他日兩人不會狹路相逢？若屆時他勢旺你勢弱，你就有可能吃虧。所以，任何時候做任何事情都不能做得太絕，要留有餘地，給自己留條退路。

天黑了，一個貨郎走進一家小旅館。貨郎把盛著商品的籃子放在屋角裡，就要女主人趕快做晚飯。女主人趕緊跑到廚房裡去做飯。她一邊燒火一邊想著，不知這個旅客的籃子裡有些什麼？看來，這個籃子裡一定是裝滿了各種東西，因為剛才貨郎把籃子放在屋角裡時，地板都震動了一下。

晚飯很快就做好了，女主人把飯菜送到了客人的房間時，眼睛不停地注視著那只放在屋角的籃子。

貨郎大概是餓極了，他根本不在意女主人的眼神，只顧狼吞虎嚥地吃起飯來。飯菜很快就吃完了，他用手揩了一下嘴巴，很快就躺到舊木床上睡著了。

女主人跑到丈夫身邊，低聲說：「那個貨郎的籃子裡什麼都有，足夠給我們做好幾件衣服和褲子。你趕快想想看，我們怎樣才能讓那貨郎走掉，而把籃子留下來呢？」

「這事太簡單了，」丈夫說，「只要給他喝一點醉心草液，他的記憶力就會喪失了。明天他一離店，籃子保準忘在這裡。這樣，我們不就能輕而易舉地得到籃子了嗎？」

妻子聽了丈夫的計策，高興極了。她立即跑到附近的草地上，摘了許多醉心草，放在茶壺裡煮了好一陣子，然後把草液滴進了一杯酒中。

這時，貨郎早在床上睡到打起呼嚕來了。女主人端著酒杯，來到了貨郎的床前，好不容易才搖醒了他。她關切地說道：「醒醒吧，看來你是太勞累了，喝下這杯酒，解解疲勞吧！」

「我可沒有訂過酒啊。」貨郎說道。

「我們店裡有個規矩，」女主人解釋說，「凡是在我們旅館裡投宿的客人，我們都會免費供應他一杯酒。」

「你們真是想得太周到了，那就謝謝了！」貨郎感激地接過女主人送來的酒，痛痛快快地把它喝光了。然後繼續躺到床上呼呼大睡起來了。

當晚，老闆和老闆娘久久都未能入睡，他們興奮地談了一夜，商量要怎麼使用這筆意外之財。

第二天凌晨，太陽還沒有出來，女主人和她丈夫就急急忙忙地起了床，興沖沖地趕到貨郎歇息的房間，想看看他是否真的丟下籃子走了。可是她到了房間一看，就破口大罵起丈夫來了：「你總是相信別人的胡說八道！你欺騙我，你是老傻瓜！你說，你的醉心草有什麼用！籃子還是被貨郎帶走了！」

小旅店的女主人看到貨郎提著沉甸甸的籃子來住宿，就頓生貪念，與丈夫商量如何把顧客的籃子弄到手。丈夫告訴她醉心草可以使人失去記憶，她便騙貨郎喝下了混有醉心草液的免費酒。好不容易等到第二天早上，誰知客人不僅沒有把籃子留下，反而連房租和飯錢都沒有付。真是偷雞不著反蝕了一把米。

這則寓言辛辣地譏諷了那些見利忘義、負人錢財的壞傢伙，害人終害己。

貪財心理實際上是一種不想付出勞動而直接占有他人果實的心理。這樣的人希望天上掉餡餅，大發橫財。但是有的人心理需求極為強烈，為了搶奪別人的財物，甚至使出一些卑鄙手段害人。例如有的人因為貪圖對方的錢財，不顧自己的人格，設計騙局進行敲詐、勒索，有的人認為交友的目的就是互相利用，因此他們只結交對自己有用、能給自己帶來好處的人，而且常常是「過河拆橋」。但事實證明，害人終害己，這樣的人最終是會吃大虧的。

厚黑怕經二十三：誤入圈套

厚黑真經

世界上有形形色色的騙子，他們打著各種旗號騙人。只有練就過人的慧眼，善於從多角度考慮問題，並且還絕對不能有半點貪欲，才能夠避免上當受騙。釣人者人恆「釣」之。在人生的道路上行走，難免要面對眾多的誘惑，若你只貪圖眼前的小利，看不見「利」中的「鉤子」，誤食誘餌，那就非上當受騙、受人「箝制」不可。

厚黑妙用

燕王有收藏各種精巧玩物的嗜好。有時他為了追求一件新奇的東西，甚至不惜揮霍重金。「燕王好珍玩」的名聲不脛而走。

有一天，一個衛國人到燕都求見燕王。他見到燕王後說：「我聽說君王喜愛珍玩，所以特來為您在棘刺的頂尖上刻獮猴。」燕王一聽非常高興。雖然王宮內有金盤銀盞、牙雕玉器、鑽石珠寶、古玩真跡，可是從來還沒有聽說過棘刺上可以刻獮猴。因此，燕王當即賜給那衛人享用三十萬的俸祿。

隨後，燕王對那衛人說：「我想馬上看一看你在棘刺上刻的猴。」那衛人說：「棘刺上的獼猴不是一件凡物，只有有誠心的人才能看得見。如果君王在半年內不入後宮、不飲酒食肉，並且趕上一個雨過日出的天氣，搶在陰晴轉換的那一瞬間去看刻有獼猴的棘刺，屆時您將如願以償。」

不能馬上看到棘刺上刻的獼猴，燕王只好拿俸祿先養著那個衛人，等待有了機會再說。鄭國台下地方有個鐵匠聽說了這件事以後，覺得其中有詐，於是給燕王出了一個主意。這匠人對燕王說：「在竹、木上雕刻東西，需要有鋒利的刻刀。被雕刻的物體一定要容得下刻刀的鋒刃。我是一個打製刀斧的匠人，據我所知，棘刺的頂尖與一個技藝精湛的匠人專心製作的刻刀鋒刃相比，其銳利程度有過之而無不及。既然棘刺的頂尖連刻刀的鋒刃都容不下，那怎樣進行雕刻呢？如果那衛人真有鬼斧神工，必定有一把絕妙的刻刀。君王用不著等上半年，只要現在看一下他的刻刀，立即就可知道用這把刀能否刻出比針尖還小的獼猴。」

燕王一聽，拍手說道：「這主意真好！」

燕王把那衛人召來問道：「你在棘刺上刻猴用的是什麼工具？」

衛人說：「用的是刻刀。」

燕王說：「我一時看不到你刻的小猴，想先看一看你的刻刀。」

衛人說：「請君王稍等一下，我到住處取來便是。」

燕王和在場的人等了約一個時辰，還不見那衛人回來。燕王派侍者去找。侍者回來後稟報道：「那人已不知去向了。」

看來，再狡猾的騙子也會有破綻，只要我們不被其天花亂墜的吹噓語言所迷惑，冷靜地進行分析和判斷，就一定能夠看穿他們的真面目。因此，我們當練就一雙明辨善惡是非的慧眼，莫讓自身的利益受到損害。

要防止誤入別人圈套，除了必須會用慧眼明辨是非外，還絕對不能有半點貪欲。

某工廠從日本某企業引進一套發電設備，派人去日本驗收產品。人員一踏上日本本土，便受到該企業的「熱情接待」，一連幾天設宴招待，安排遊覽。直到回國前三四天，日方才拿出一大疊日文資料，廠方人員無法細細查對，只好帶回國再仔細研究，於是草草簽訂了合約。哪知貨到之後，仔細一查，大部分零件無法安裝使用，才知道上了人家的「鉤」，受了人家的騙。這種「拿錢買教訓」的事，當前著實不少。

若明知自己得小利，給企業和國家會帶來大損失，知「鉤」而進，那就是另一種性質的問題了。

以「回扣」為「鉤」，是當今國內商戰中的常用手法。一個自稱「外商代理人」的「吳老闆」到處活動，說給外商代銷通訊器材，訂貨者，可給經辦人三%的回扣，引得大批人中「鉤」上當，拱手交出了數千萬元。後來案發查明，這位「吳老闆」手中竟無一部通訊器材，也無任何貨源。

吳老闆以回扣為餌，「空手套白狼」滿載而歸，這個例子足以為很多容易上當的人敲響警鐘。

在商品經濟社會中，行奸詐騙者有之，上當受騙者則更多，其中一個很重要的原因，就是遇事缺乏深思熟慮，輕信對手宣傳，只見「餌」不見「鉤」。

不少上當受騙的實例告訴我們：如果在此之前做到不輕信、反覆思考，謹慎行事，遇事多問幾次為什麼，真正做到三思而行，相當多的上當受騙事件是完全可以避免的。

只要是在商品經濟社會中，騙子什麼時候都會存在，其行騙之術也會各式各樣。因此，無論任何時候都應牢記：輕信是幼稚的表現，深思是成熟的標誌。要力戒輕信，遇事頭腦清醒，三思而後行，就會少上當或不上當。

在這個世界裡，真實與謊言永遠並存，懷疑一切太悲觀，相信一切又過於天真了。有很多事，例如商情股市、產品質價，以及文化上的炒作宣傳等等，靠個人的智力，判斷不了也左右不了。我們稍稍可能把握的，大約僅限於周圍的人際關係。在學習傾聽與觀察的同時，有些人切勿輕信。

首先，不要輕信那些甜言蜜語的人。人最喜歡別人的誇獎，儘管有時做出拒絕奉承的姿態，可讚歌入耳，心裡總會甜滋滋的，神經都會酥麻如觸電。其實很多時候，某些人絞盡腦汁說出這些動聽的話，只是因為他們對你有所求，當你輕信讚美的時候，你的心將不再設防，對方也就可以輕易地達到目的。

另外，不要輕信那些喜歡許諾的人。各種各樣的許願、承諾、契約，司空見慣，如過眼雲煙。回想一下那些拍胸脯答應你的事，究竟兌現了多少？事實常常低於諾言與期望。如果你真的輕信這些沒有分量的許諾，抱著一絲幻想坐等對方實現承諾，結果只會耽誤時間，浪費生命。

拿出十二分的警惕來，假若你不想誤食誘餌，有朝一日躺在人家砧板上任人魚肉的話，就須謹慎，再謹慎一些，遠遠避開那些圈套和陷阱。

厚黑怕經二十四：不急人難

厚黑真經

古人說：「城門失火，殃及池魚。」「自掃門前雪，不管他人瓦上霜」的態度，會使自己陷入麻煩。其實很多人內心是有正義感的，只是「事不關己」的思想在不斷地腐蝕著這份正義感。在現實生活中，打算明哲保身，卻反而被火燒身的事層出不窮。因此，千萬不要為「消極避禍」而沾沾自喜。

厚黑妙用

一天中午，一輛客運汽車在街道上駛過，車上除了司機、售票員以外，只有一名乘客——某業餘體校女隊員。

又到了一站，司機靠邊停下了車。車門開了，從下邊上來三個男小夥子。汽車繼續朝前行去，一切都那麼平靜，女售票員正昏昏欲睡，見顧客上來，便亮開嗓子叫道：「上車買票。」

一個留著小鬍子的男小夥子湊過來說：「你要什麼，要買票，好哇！咱們先聊聊。」他不懷好意地盯著女售票員看，售票員忙扭過臉去，她不願意找麻煩。她心裡想：「可別招惹他們，這幫傢伙，一個個都不是好對付的，一看就知道是專愛惹是生非的搗蛋鬼。遇到這種事，千萬不能答理他們。」那三個男小夥子，又朝那名女隊員挪去。再看那名女隊員，正泰然自若地望著車窗外面，好像對剛才發生的一切絲毫也沒有覺察似的。

這時，小鬍子已經坐到了那女隊員身邊。女隊員警惕地將身子朝車窗這邊挪了挪，另一個年輕人坐在了女隊員身後。兩個人用一種不懷好意的目光盯著這個女隊員看，女隊員把臉扭向窗外。

「哥兒們，這女孩挺漂亮的。」一個小夥子說。

「是呀！看了真讓人動心。」另一小夥子應道。

另一個戴眼鏡的小夥子一臉酒氣地對著女隊員哈出一口菸，「小姐，貴姓，要往哪裡去呀？」

女隊員把臉扭過來說：「你們不要無理取鬧好不好。」

「什麼，說我們無理取鬧！這丫頭膽了也太大了，敢教訓我們，真是豈有此理。」他們叫道。

這時，女隊員實在已經忍無可忍了，她向那女售票員求援：「售票員大姐，你幫幫我，你是售票員，你勸勸他們不要這樣鬧了，這樣鬧下去有什麼意思。」

再看那女售票員，此時完全是一副事不關己，高高掛起的模樣：「喲，又教訓上我了，這事不在我的職權範圍之內，對不起，我可管不著。我呢！就只管賣我的票。」

三個小夥子見女隊員向售票人員求援，火氣就更來得猛了，他們用不堪入耳的語言辱罵那女隊員，並且開始對女隊員動手動腳。女隊員急了，實在無法容忍了，只見她猛地一下子站了起來，一拳便打倒了一個企圖對她亂動手腳的傢伙，接著又把第二個重重地打倒在了地上；第三個見狀，不敢再往上衝了，這時，女隊員衝著司機一聲大吼：「開門，我要下車。」司機趕忙把車停下，當女隊員走到門前時，回頭對那三個傢伙說：「敬酒不吃吃罰酒，自找罪受，活該！」

剛被女隊員震嚇一番，正憋著一股邪火，於是，他們打算拿女售票員出出氣，三個年輕人一個拿著刀子逼向司機，兩個奔向了那個女售票員。

「開車！一直往前開，繞著城走，不許你停車。記住，停下來我就紮死你。」司機嚇壞了，他可不想丟命呀！開吧！開吧！什麼話也別說了。

女售票員哀求那兩個年輕人：「求求你們放了我吧！我剛才一言不發地坐在這兒，我可是一點也沒得罪你們呀！你們放了我吧！」

兩個年輕人一前一後把女售票員按倒在車座上，然後一邊在她身上亂摸，一邊解她的衣服。任憑女售票員如何哀求，一點用也沒有。就這樣，在光天化日之下，在繁華的市區中心，女售票員被這兩個人折磨了兩個多小時。然後，他們把正在哭泣的女售票員扔開，又命令司機：「前面停車，老子要下車了。」

司機哆哆嗦嗦地把車停下了。可憐他在這一路上，不知路過了多少個交通口，可他都沒敢以任何一種方式通知員警。

前怕狼，後怕虎，缺乏正義感，毫無見義勇為的精神，其結果不僅保不了自身反而引火焚身。因此，厚黑怕經提醒世人：該出手時便出手。

第五章 莫露鋒：不能鋒芒畢露

厚黑怕經 二十五：功高震主

厚黑真經

當背叛與顛覆成為人們標新立異的表徵時，當個性的張揚成為這個社會所呼喚的精神時，有一些古老的法則仍然是你不得不遵循的厚黑潛規則。登山敬樹，進廟拜佛，這些潛在的規則也許會束縛你的手腳，卻是你生存的必備智慧。一個人需要背叛，這樣他才能在精神的世界中自由翱翔，而一旦回到現實中，則更多地需要服從和追隨。你要懂得適時將自己的稜角收起來，以免傷到那些能影響你生活軌跡的人。

厚黑妙用

三國時的許攸，本來是袁紹的部下，雖說是一名武將，卻足智多謀。官渡之戰時，他為袁紹出謀劃策，可袁紹不聽，他一怒之下投奔了曹操。曹操聽說他來，沒顧得上穿鞋，光著腳便出門迎接，鼓掌大笑道：「足下遠來，我的大事成了！」可見此時曹操對他很看重。

後來，在擊敗袁紹、占據冀州的戰鬥中，許攸又立了大功，他自恃有功，在曹操面前便開始不檢點起來。有時，他當著眾人的面直呼曹操的小名，說道：「阿瞞，要是沒有我，你是得不到冀州的！」曹操在人前不好發作，只好強笑著說：「是，是，你說得沒錯。」但心中已十分嫉恨，許攸並沒有察覺，還是那麼信口開河。

有一次，許攸隨曹操進了鄴城東門，他對身邊的人自誇道：「曹家要不是因為我，是不能從這個城門進進出出的！」

曹操終於忍耐不住，將他殺掉。

不管你的功勞有多大，你如果只是一個下屬，千萬不能在眾人，尤其是上司的面前，奪了上司的「光芒」，否則你也會像許攸一樣遭人摒棄。

許多上司最看不慣那些自吹自擂的人，有了一點點成績，就心高氣傲，不思進取，這樣的人是不會得到提拔和重用的。所以，下屬與上司相處時，一定要掌握分寸。

儘管有時上司在某一方面確實遠不如你，作為下屬的你還是要十分注意。在你與上司當面說話的時候，不要咄咄逼人，不要冷嘲熱諷；背地裡說話也不要評頭論足；更不要讓上司當眾出醜，如芒在背。要知道這些都是蔑視上司的行為，你很容易被上司認為是一個恃才傲物和喜歡頂撞權威的人，從而不信任你。

所以，在職場中，不管你才高幾鬥，不管你有多大功勞，學會在主管面前低頭，將功勞讓給上司，你將受益無窮。

好的東西，每一個人都喜歡；越是好吃的東西，越是捨不得給別人，這是人之常情。要是你有遠大的抱負，不要斤斤計較成績的取得究竟你占有多少份，而應大大方方地把功勞讓給你身邊的人，特別是讓給你的上司。這樣，做了一件事，你感到喜悅，上司臉上也光彩，以後，上司少不了再給你更多建功立業的機會。否則，如果只會打眼前的算盤，急功近利，則會得罪身邊的人，將來一定會吃虧。對上司讓功一事絕不可到處宣傳，如果你不能做到這一點，倒不如不讓功的好。對於讓功的事，讓功者本人是不適合宣傳的，自我宣傳總有些邀功請賞、不尊重上司的味道，千萬使不得，你讓功的事只能由被讓者來宣傳。雖然這樣做有點埋沒了你的才華，但你的同事和上司總有機會設法還給你這筆人情債，給你一份獎勵。

因此，做善就要做到底，不要讓人覺得你讓功是虛偽的。

將自己的功勞歸成上司的，把本該屬於自己的鏡頭悄悄地讓給上司。擅長處理上下級關係的人，都會將自己的功勞淡化，不顯山不露水，必要的時候將一切功勞、成績、好名聲都歸之於上司，那麼，你離「平步青雲」的日子也就不遠了。

安史之亂之際，各地節度使紛紛叛唐，時任朔方節度使的郭子儀力主勤王。已成驚弓之鳥的唐玄宗在逃命途中讓出帝位，手無兵將的唐肅宗在靈武即位。靈武正是朔方軍的治所、郭子儀的地盤。

此時，郭子儀如果學曹操「挾天子以令諸侯」，歷史就會改寫。但是，郭子儀沒有那樣做，而是力挽狂瀾，收復長安和洛陽二京，這讓唐肅宗感激涕零：「這雖是我的家國，但實由卿再造！」

話雖說得好聽，但是面對功高蓋世的郭子儀，唐肅宗不能不防。在對叛將安慶緒用兵時，肅宗沒有讓最負名望的郭子儀掛帥，甚至在對史思明用兵失敗後，仍聽信讒言，斥責郭子儀作戰不力，並把他召回，免去軍職，閒置起來。直到朔方軍發動以擁護郭子儀為名的兵變，唐肅宗才不得已起用他，平定兵變。

唐代宗即位，郭子儀成了三朝元老，也成了新君的心頭隱憂。為了防範郭子儀，唐代宗仿效唐肅宗的做法，解除郭子儀的兵權，將他調回長安閒置起來。可是，不久吐蕃進犯，攻陷長安，唐代宗只得重新起用這位能征善戰的老將。郭子儀以弱對強，用疑兵之計擊退吐蕃，第二次收復長安。後來，唐將僕固懷恩勾結吐蕃、回紇進犯長安，又是郭子儀臨危受命，憑自己的威望，分化聯軍，直至粉碎聯軍，保衛了長安。

可以說，在平定安史之亂、抵禦吐蕃的過程中，郭子儀有好幾次機會可以擁兵自立。郭子儀為什麼沒有自立？或許，在長期的平叛鬥爭中，他認識到，唐皇室雖已衰微，但人心尚在，自己冒險自立，沒準落個身敗名裂，不如效忠李唐皇室，建功立業，博個封妻蔭子。另一方面，鳥盡弓藏的道理，郭子儀不可能不懂，如何防備君主的猜忌，成了他的一門保身學問。

對唐代宗來說，如何對待這位「再造唐室」的功臣，也是一件棘手的事。儘管安史之亂已平定，但李唐皇室仍然處在內憂外患之中。內憂主要是宦官專權，外患則是藩鎮坐大。在內外交困之下，唐代宗要守住這副爛攤子，需要依靠郭子儀的武功威望，但又擔心他功高蓋主，圖謀生變，唐代宗內心的糾結可想而知。

唐代宗曾三次拜郭子儀為尚書令，都遭到郭子儀拒絕。這一舉動看似感激郭子儀的功動，其實是試探郭子儀究竟是忠臣，還是個野心家。要知道，尚書令一職在唐朝很特別，是最高職位的宰相。因為李世民曾任此職，此後此職長期不授，有職無人的狀況，已成慣例。唐代宗登基伊始，為了提高太子李適的政治地位，才一度將尚書令授予李適，可以說，尚書令是皇室的禁臠。

郭子儀自然懂得皇帝的用心，因而，無論如何也不接受，此舉實際上是向唐代宗表白心跡，證明自己是一個別無他圖的忠臣，化解君主的疑心。

代宗心裡懸著的石頭放下了。但是，他還是覺得沒有十分的把握，為了進 步籠絡郭子儀，他把女兒升平公主嫁給郭子儀的兒子郭曖，皇帝的感激與防備之心，從中可見一斑。

因此，在戲曲《打金枝》中，唐代宗面對駙馬爺的逆鱗之言，就算他有一肚子怒火，也不能不承認現實，不能不直面現實，順水推舟地擺出賢君模樣來。其實，唐代宗並不是沒有辦法對付郭子儀，有史家認為，有擁立代宗登基之功，囂張得不可一世的宦官李輔國，就是被代宗派刺客暗殺的，然後，唐代宗假惺惺地緝拿兇手，厚葬李輔國。這麼一個陰險的皇帝，要烹掉郭子儀這隻「走狗」並非難事。不過，郭子儀不同於李輔國，他始終韜光養晦，隨遇而安，讓唐代宗抓不到任何把柄，也因此成為歷史上不多的保全善終的功臣。

不讓自己的光芒遮蓋上司，心理基礎是對上司有足夠的尊重。只有謙虛守禮、盡心盡力，才能得到主管的看重、關心和愛護，上下級關係才能做到良性互動，才能更為融洽和諧。

厚黑怕經二十六：狂放不羈

厚黑真經

在現實生活中，有些人心無城府，總是不由自主地以張揚的個性示人，這樣做，很可能會傷害到自己。記住：永遠不要太張揚，否則，意圖性太強，你的觀點、主張、決策便很容易被對方掌握，那麼，玩弄你於股掌之間就是很簡單的事。你所要做的是為自己塗抹一層「保護色」，低調、謹慎地做事，在暗中修練自己，等待機會。在這種情況下，別人尚未察覺你的真實意圖，而你卻早已對對方了然於胸。

厚黑妙用

漢獻帝建安初年，曹操考慮派一個使者到荊州勸說荊州牧劉表投降。孔融推薦很有才能的禰衡出任使者。曹操叫人去把禰衡喊了來。禰衡來後，按例行了禮，曹操給禰衡安排座位。禰衡仰頭向天，說：「天地雖然這樣寬闊，為什麼眼前連一個像樣的人都沒有呢？」

曹操說：「我手下有幾十位能人，都是當代英雄，憑什麼說沒有人呢？」

禰衡又笑了一聲：「那就說給我聽聽吧！」

曹操說：「荀攸、郭嘉、程昱見識高遠，前朝的蕭何、陳平都不如他們。張遼、許褚、李典、樂進勇猛無敵，過去的岑彭、馬武也不是他們的對手。呂虔和滿寵替我主管文書，于禁和徐晃擔任我的先鋒官。夏侯惇是天下的奇才，曹子奇是世上的福將。這怎能說沒有人呢？」

禰衡大笑道：「閣下全講錯了，這些人我都認識。荀攸只能看墳墓；程昱僅能開開門；郭嘉倒還可以讀幾篇辭賦；張遼在戰場上只配打打鼓，敲敲鑼；許褚也許能放放牛，牧牧馬；樂進和李典當個傳令兵勉強湊合；呂虔不過能給人家磨磨刀，鑄幾把劍；滿寵是喝酒的能手；于禁是打磚的泥水匠；徐晃只有殺豬、提狗的本事；夏侯惇是一個僅能保全性命的將軍；曹子奇被人稱為只知道要錢的太守，其餘都是飯袋酒桶而已！」

這時，張遼在旁邊，聽到禰衡這樣狂妄，公開侮辱大家，氣得抽出寶劍要砍，被曹操止住。張遼恨恨地問曹操：「這個傢伙講話這般放肆，為什麼不讓我殺他？」曹操笑笑說：「這個人在外面有點虛名，我今天殺了他，人家就會議論我容不得人。」

曹操雖然沒有殺禰衡，但是派禰衡出使荊州，命他說服劉表歸降。禰衡知道劉表是不會歸附曹操的，派去的人也會凶多吉少，這分明是曹操在使借刀殺人的伎倆，不肯答應。曹操立即傳令侍從，要他們備下三匹馬，由兩人挾持禰衡去荊州，一面還通知自己手下的文武官員，都到東門外擺酒送行。

禰衡在多疑善妒的曹操面前仍然不知收斂，毫無顧忌地張揚個性，終於埋下了禍端。

時下是一個崇尚個性的時代，但是個性的張揚也要選擇適當的場合。你的個性到了有些人那裡，也許投其所好，可以淋漓盡致地發揮，但是在互相不瞭解的情況下，無論你的個性多麼「可愛」，隨意張揚也會招人厭惡，所以做人還是平和點好。如果不顧忌任何因素，只是為了一味宣揚自己與眾不同的「酷」，那麼張揚的個性就會如同皮膚上的肉刺，使別人看了欲除之而後快。

真人不露相，露相非真人。在競爭激烈的職場，聰明人都很謹慎，不會輕易張揚。而很多新人往往因修行不夠，在不知不覺中鑄成大錯，自毀前程，令人嘆惜。

一位剛畢業的大學生被一家大企業錄用了，他信心十足，鼓足幹勁，在自己的銷售崗位上做得相當出色。他頭腦靈活，喜歡思考，很快就發現了公司管理存在的一些弊端，於是經常向主管反映，然而每次得到的答覆總是：「你的意見很好，我會在下次會議上提出來讓大家討論。」

他很不滿，對主管的平庸和懦弱也很不服氣，幾次萌生了取而代之的念頭。在一次全公司大會上，他坦陳了自己的想法，並建議公司實行競爭上崗，能者上，庸者下。會場頓時寂靜無聲，主管早就氣得臉色發白。總經理稱讚了他的想法，認為很有新意，卻並沒有深入討論的意思。

會議結束後，他忽然發現一切都變了。同事對他敬而遠之，主管更是冷語相向；更嚴重的是，有人向總經理投訴他收受回扣、違規操作、洩露公司機密……任何一項罪名都能將一個小小的銷售員壓垮。主管們當然明白事情的來龍去脈，但為了照顧大多數人的情緒，還是辭退了他。

沒有人不想出人頭地，每個人都有自己的「野心」，但是切忌太過外露。你的「志向」和「企圖」即使是正當的，一旦在你身上得到表現，總會有人感到受了威脅。他們可能會利用手中的權力或影響力對你進行打擊，使你過去的一切努力都化為泡影。上面所說的銷售員的遭遇，不正給我們上了生動的一課嗎？

在一個群體或團體中，人人都希望自己首先「邁出眾人行列」，成為脫穎而出的佼佼者。但社會競爭又暗藏著一個悖理的法則，這就是「槍打出頭鳥」，或「出頭的椽子先爛」。如果一個羽翼未豐的人積貯的能量尚不夠，是萬不可輕易張揚、過早捲入殘酷的社會競爭的。在這種時候，最需要保持低調，只有首先學會當「孫子」，日後才能理直氣壯地成為資深的「爺爺」。

厚黑怕經二十七：自吹自擂

厚黑真經

生活中，確實有些人總認為自己比別人技高一籌，事事比人強。他們總喜歡把得意掛在嘴上，逢人便誇耀自己如何如何能幹，如何如何富有，完全不顧及別人的感受，甚至沒有顧及當時的聽者是不是一個正處於人生低潮的人。他們夸夸其談後總以為就能夠得到別人的敬佩與欣賞，而事實上，別人並不願意聽你的得意之事，自我炫耀效果往往是適得其反。

厚黑妙用

王昭的母親就是一個喜歡炫耀的人，不論誰到她家去，椅子還沒有坐熱，他母親就把自己家值得炫耀的事情一件一件地告訴人家，說話的表情還是一副十分得意的樣子。王昭一個同學的父親下崗了，經濟上有點窘迫，他母親知道了，非但沒有安慰人家，反而對這位同學的父親說：「我家老頭子每月工資三千元，我們家花也花不完。」她女兒給她買了一件漂亮的衣服，因為很值錢，她就跑到人家那裡去炫耀：「這是我女兒在上海給我買的衣服，猜一猜多少錢？一千八百元。」說完，臉上露出得意的表情，意思是：怎麼樣，買不起吧。就因為她的這個毛病，現在到她家裡去的客人越來越少，因為沒有人願意聽她的長篇大論，充當她炫耀自己的陪襯。

在別人面前一定要多一點謙虛，少一點炫耀，尤其不能在失意者面前炫耀你的得意，因為你的得意往往會襯托出別人的失意，甚至會讓對方認為你炫耀自己的得意之事便是嘲笑他的無能，讓他產生一種被比下去的感覺，讓失意的人更加惱火，甚至討厭你。

一次，李仁約了幾個朋友來家裡吃飯，這些朋友彼此都是熟識的。李仁把他們聚攏來，主要是想藉著熱鬧的氣氛，讓一位目前正處於人生低潮的朋友心情好一些。

這位朋友不久前因經營不善，關閉了一家公司，妻子也因為不堪生活的壓力，正與他談離婚的事。內外交迫，他實在痛苦極了。

來吃飯的朋友都知道這位朋友目前的遭遇，大家都避免去談與事業有關的事。可是其中一位朋友因為目前賺了很多錢，酒一下肚，忍不住就開始談他的賺錢本領和花錢功夫，那種得意的神情，連李仁看了都有些不舒服。那位失意的朋友低頭不語，臉色非常難看，一會兒去上廁所，一會兒去洗臉，後來提早離開了。李仁送他出去，在巷口，他忿忿地說：「老吳會賺錢也不必在我面前說得那麼神氣。」

李仁瞭解他的心情，因為在多年前他也有過低潮，而當時正風光的親戚在他面前炫耀自己的薪水、年終獎金，那種感受，就如同把針一支支插在心上那般，說不出的苦楚。

在朋友面前，千萬不要炫耀自己的得意，沒人願意聽這樣的消息。如果你只顧炫耀自己的得意事，對方就會疏遠你，於是你不知不覺中就失去了一個朋友。聰明的人會將自己的得意事放在心裡，把朋友的得意事掛在嘴邊。當你和朋友交談時，最好多談他關心和得意的事，這樣可以贏得對方的好感和認同，從而加深你們之間的感情。

有一個人剛調到市人事局的那段日子裡，幾乎在同事中連一個朋友也沒有，他自己也搞不清是什麼原因。

原來，這個人認為自己正春風得意，對自己的機遇和才能滿意得不得了，幾乎每天都使勁向同事們炫耀他在工作中的成績，炫耀每天有多少人找他請求幫忙，那個幾乎說不出名字的人昨天又硬是給他送了禮等「得意事」。但同事們聽了之後不僅沒有人分享他的「得意」，而且還極不高興。

後來，還是他當了多年主管的老父親一語點破，他才意識到自己的癥結到底在哪裡。以後，每當他有時間與同事閒聊的時候，他總是讓對方把自己的得意炫耀出來，與其分享，久而久之，他的同事們都成了他的好朋友。

生活中，與人相處，一定要謹記——不要在失意者面前談論你的得意。

誠然，人在得意之時難免有張揚的欲望，但是要談論你的得意時，要注意場合和對象。你可以在演說的公開場合談，對你的員工談，享受他們投給你的欽羨目光，也可以對你的家人談，讓他們以你為榮，但就是不要對失意的人談。因為失意的人最脆弱，也最敏感，你的談論在他聽來都充滿了諷刺與嘲諷的味道，讓失意的人感受到你「看不起」他。當然有些人不在乎，你說你的，他聽他的，但這麼豪放的人畢竟不太多。因此，你所談論的得意，對大部分失意的人是一種傷害，這種滋味也只有嘗過的人才知道。

一般來說，失意的人較少攻擊性，鬱鬱寡歡是最普遍的心態，但別以為他們只是如此。聽你談論了你的得意後，他們普遍會有一種心理——懷恨。這是一種轉移到心底深處的對你的不滿的反擊，你說得口沫橫飛，不知不覺已在失意者心中埋下一顆不定時炸彈，多划不來。

失意者對你的懷恨不會立即顯現出來，因為他無力顯現，但他會透過各種方式來洩恨，例如說你壞話、扯你後腿、故意與你為敵，主要目的則是——看你得意到幾時，而最明顯的則是疏遠你，避免和你碰面，以免再見到你，於是你不知不覺就失去了一個朋友。

所以說，自吹自擂是不善做人者的通病，為此常會敗事。只有改變這一點，不被人討厭，才有可能真正被人接納，找到成事的「切入點」。

厚黑怕經二十八：仗勢欺人

厚黑真經

飛揚跋扈者往往只看重一點近利，得到一點非分的好處。卻不知他們仗勢欺人，終將「欺」己，而且還會失掉很多更寶貴的東西，那就是別人的支持。

厚黑妙用

朱元璋出身貧民，曾入皇覺寺為僧，從他投入「紅巾軍」，到建立了大明政權，戎馬征戰十幾年。他的成功，得益於身邊一批運籌帷幄、能征善戰的文臣武將。朱元璋稱帝後就把這些開國功臣都封了大官。他們以李善長、胡惟庸為中心，組成了勢力強大的「淮西幫」。

胡惟庸當了丞相後，飛揚跋扈，獨掌生殺大權。他竟敢拆閱呈給皇帝的奏摺，逕自處理，對不利自己的奏摺隱匿不報；他還時常不奏報朱元璋，獨斷專行官員的生殺升黜大事。他還在朝廷中不斷培植私人勢力，並拉攏軍界。於是他的門下出現了一個文臣武將齊集的小集團。朱元璋為此深感不安，皇權與相權產生了激烈的衝突。

洪武十三年，朱元璋以「擅權植黨」的罪名殺了左丞相胡惟庸，同時對和胡來往密切的官員也進行抄家滅族。以後又幾興大獄，使「胡惟庸獄」不斷牽連擴大，到洪武二十三年，功臣太師李善長等人也以與胡惟庸「交通謀反」被殺。著名儒臣、文學家宋濂只因受孫子連累，全家被貶到四川，他也病死於途中。此案延續了十年之久，前後被殺的幾十家王公貴族共三萬多人。

藍玉是開國功臣常遇春的妻弟，因南征北戰平定邊疆有功，被封為涼國公。但是藍玉為人驕橫，霸占民田、廣蓄莊奴，有許多義子仗勢欺人。朱元璋對其多次申斥。洪武二十六年，特務頭子錦衣衛指揮控告藍玉「謀反」並嚴刑拷打成案。不但藍玉全家被殺，受此案株連被殺的達一萬五千人。

除胡、藍兩案被誅殺者之外，還有其他功臣也被朱元璋以各種藉口除去。如朱元璋的親侄兒朱文正，曾在與陳友諒大戰中堅守南昌八十五日，立有大功，卻被朱元璋加以「親近儒生，胸懷囚望」，鞭撻致死；開國第一功臣徐達，曾是朱元璋患難與共的戰友，但在洪武十八年他生背疽時，朱元璋明知此病最忌吃蒸鵝，偏偏賜蒸鵝給他，逼著徐達當著使者之面吃下，不久病重而死。殺來殺去，最後，只剩下一個告老還鄉的湯和倖免於難。

明太祖洪武二十六年（一三九三），朱元璋藉口涼國公藍玉謀反，株連殺戮功臣宿將的政治案件。

藍玉，鳳陽府定遠縣（今屬安徽）人，開平王常遇春內弟。有謀略，作戰英勇，屢立戰功。洪武十四年封永昌侯。二十年拜為大將軍，屯薊州。二十一年捕魚兒海（今內蒙古東部貝爾湖）之戰，殺北元太尉蠻子等，降其眾，獲馬駝牛羊十五萬餘，焚其甲仗蓄積；又破哈剌章營，獲人畜甚多。朱元璋對其寵遇甚隆，封為涼國公。但藍玉居功自傲，驕橫跋扈。他蓄莊奴假子達數千人之多，並仗勢侵占民田。北征時私占珍寶駝馬無算。回師夜經喜峰關，因守關吏未及時開門，竟縱兵毀關而入。他的所作所為，引起朱元璋不滿。洪武二十六年，錦衣衛指揮蔣告發藍玉謀反，下獄鞫訊後，獄詞稱同景川侯曹震、鶴慶侯張翼、舳艫侯朱壽、定遠侯王弼、東莞伯何榮及吏部尚書詹徽、戶部侍郎傅友文等謀反，擬乘朱元璋籍田時發動叛亂。朱元璋遂族誅藍玉等，並株連蔓引，自公侯伯以至文武官員，被殺者約兩萬人。該案與胡惟庸案合稱為胡藍之獄。

胡惟庸、藍玉的悲慘結局，概而言之，還是一個「仗勢欺人」的問題。

俗話說：「人上一百，種種色色」，仗勢欺人的情況難以枚舉，例如：妻仗夫勢，夫仗妻勢；父仗子勢，子仗父勢；祖父仗孫子的勢，孫子仗爺爺的勢；甚或還有老丈人仗女婿的勢，女婿仗岳父的勢等等，難列其詳。近些年來，不是盛行「關係學」嗎？總之，人與人有點關係的，都可以互仗其勢。但是，任你何等複雜，歸結起來也不過是一個——官仗權勢，不然，任你有多麼深厚的、密切的關係，不是當官的，沒有掌權的，終歸還是無勢可仗。

官仗權勢的社會效應也是很明顯的。例如，按公理應該為平民百姓辦的事，就能拖到很久很久，總要逼著你孝敬點什麼，總想著要設法把平民百姓的血汗錢，弄到自己腰包裡去，供其揮霍或享受。難怪有些人寧可賣掉祖宗，也要拿錢去買通官府衙門，以仗其勢。有的乾脆買一個官當當，想來也並非只是為了過過官癮，事實上也是想求得一個可仗之勢。試看那些愛耍權勢之官，平民百姓求他時，往往蹺起二郎腿，閉上關公眼，愛答不理，哼哼哈哈，官味兒十足有餘。這種人一旦做了官，他的下級如果稍微有點頭腦，有點主見，缺乏依附性，不願在他面前搖尾巴，點腦袋，或者伸出長舌頭去舔他的臭腳丫子，他就可以一腳踢掉你。

人和人都是同類，為什麼不能和睦相處，要去「仗勢」呢？這恐怕是一個關鍵問題。翻完了成語詞典和辭海、詞源的「仗」字部，發現「仗勢」一詞並不獨立存在，下面還有「欺人」二字。因此說，凡「仗勢」者，都反映在「欺人」行為上。狗仗勢，欺的是貧窮的人，人仗勢，欺的是善良的人；狗仗勢，欺的是年幼的人，人仗勢，欺的是年老的人；狗仗勢，是張牙舞爪，人仗勢，則笑裡藏刀；狗仗勢，蹦跳狂吠，人仗勢，不擇手段等等。從這裡可以看出，凡「仗勢」者，都是為了「欺人」，不欺人何須仗勢？

仗勢欺人，終會「欺」到自己，我們萬不可重蹈此覆轍。

厚黑怕經二十九：驕傲自滿

厚黑真經

達文西曾經說過：「微小的知識使人驕傲，豐富的知識則使人謙遜，所以空心的禾穗、高傲地舉頭向天，而充實的禾穗則低頭向著大地，向著它們的母親。」謙遜不僅是一種美德，還是你無往不勝的要訣，因為謙和、溫恭的態度常常會讓別人難以拒絕你的要求。這也是巨大收穫的開頭，正如亞里斯多德所說：「對上級謙恭是本分，對平輩謙遜是和善，對下級謙遜是高貴，對所有的人謙遜是安全。」

厚黑妙用

有人問蘇格拉底是不是生來就是超人，他回答說：「我並不是什麼超人，我和平常人一樣。有一點不同的是，我知道自己無知。」這就是一種謙遜。無怪乎，古羅馬政治家和哲學家西塞羅會說：「沒有什麼能比謙虛和容忍，更適合一位偉人。」

一顆謙遜的心是自覺成長的開始，也就是說，在我們承認自己並不知道一切之前，不會學到新東西。許多年輕人都有這種通病，他們只學到一點點，卻自以為已經學到一切。他們的心關閉起來，再沒有東西進得去，他們自以為是萬事通，這就會成為他們所會犯的最嚴重的錯誤。

西方哲學家卡萊爾說：「人生最大的缺點，就是茫然不知自己還有缺點。」因為人們只知道自我陶醉，一副自以為是、唯我獨尊的態度，殊不知這種態度會遭到多數人的排斥，使自己處於不利地位。

老子曾用「水」來敘述處世的哲學：「上善若水，水善利萬物而不爭。」意思是說，上善的人，就好比水一樣，水總是利萬物的，而且水最不善爭。水總是往下流，處在眾人最厭惡的地方，注入最卑微之處，站在卑下的地方去支持一切。它與天道一樣恩澤萬物，所以水沒有形狀，在圓形的器皿中，它是圓形；放入方形的容器，則是方形。它可以是液體，也可以是氣體、固體。這正是我們必須學習的「謙遜」。

《荀子》中記載了一段故事：

有一天，孔子參觀魯國的宗廟，留意到一種叫「欹器」的裝水容器，便叫弟子倒水進去。水一倒滿，欹器立刻翻覆。孔子看了，便感慨地說：「啊！是裝滿就會翻覆的東西。」

《菜根譚》中有句話說：「欹器以滿覆。」也是告誡人不可太自滿，所謂「謙受益，滿招損」就是這個道理。《易經》亦云：「人道惡盈而好謙。」你足以豪氣萬千，但絕不能傲氣半分，縱然有超人的才識，也要虛懷若谷。

謙遜永遠是一個人建功立業的前提和基礎。不論你從事何種職業，擔任什麼職務，只有謙虛謹慎，才能保持不斷進取的精神，才能增長更多的知識和才幹。因為謙虛謹慎的品格能夠幫助你看到自己的差距。永不自滿，不斷前進可以使人能冷靜地傾聽他人的意見和批評，謹慎從事。否則，驕傲自大，滿足現狀，停步不前，主觀武斷，輕者使工作受到損失，重者會使事業半途而廢。

蕭恩是一個剛剛畢業的大學生，不但相貌英俊，而且熱情開朗。他決定找一份與人交往的工作，以發揮自己的長處。很快，他就得到一個好機會——一家五星級賓館正在招聘前臺工作人員。

蕭恩決定去試試，於是第二天清早就去了那家賓館。主持面試的經理接待了他。看得出來，經理對蕭恩俊朗的外表和富有感染力的熱情相當滿意。他拿定主意，只要蕭恩符合這項工作的幾個關鍵指標的要求，他就留下這個小夥子。

他讓蕭恩坐在自己對面，並且開門見山地說：「我們賓館經常接待外賓，所有前臺人員必須會說四國語言，這一指標你能達到嗎？」

「我大學學的是外語，精通法語、德語、日語和阿拉伯語。我的外語成績是相當優秀的，有時我提出的問題，教授們都支支吾吾答不上來。」蕭恩回答說。事實上，蕭恩的外語成績並不突出，他是為了獲取經理的信賴，自己標榜自己。但顯然，他低估了經理的智商。

事實上，在蕭恩提交自己的求職簡歷時，公司已經收集了有關的詳細資訊，其中包括蕭恩的大學成績單。

聽了蕭恩的回答，經理笑了一下，那顯然不是賞識的笑容。接著他又問道：「做一名合格的前臺人員，需要多方面的知識和能力，你……」經理的話還沒說完，蕭恩就搶先說：「我想我是不成問題的。我的接受能力和反應能力在我所認識的人中是最快的，做前臺絕對會很出色的。」

聽完他的回答，經理站了起來，並且嚴肅地對他說：「對於你今天的表現，我感到很遺憾，因為你沒能實事求是地說明自己的能力。你的外語成績並不優秀，平均成績只有七十分，而且法語還連續兩個學期不及格；你的反應能力也很平庸，幾次班上的活動你都險些出醜。年輕人，在你想要夸夸其談時，最好給自己一個警告。因為每夸夸其談一次，誠實和謙遜都要被減去十分。」

在我們的生活中，像蕭恩這樣的人並不少見。很多人只知吹噓自己曾經取得的輝煌，誇耀自己的能力學識，以為這樣可以博得別人的好感和讚揚，贏得別人的信任。但事實上，他們越吹噓自己，越會被人討厭，越誇耀自己的能力，越受人懷疑。

俄國作家契訶夫曾說：「人應該謙虛，不要讓自己的名字像水塘上的氣泡那樣一閃就過去了。」如果你認為自己擁有廣博的知識、高超的技能、卓越的智慧，但如果沒有謙虛鑲邊的話，你就不可能取得燦爛奪目的成就。你要永遠記住：「偉人多謙遜，小人多驕傲，太陽穿一件樸素的光衣，白雲卻披了燦爛的裙裾。」謙遜就像蹺蹺板，你在這頭，對方在那頭。只要你謙遜地壓低了自己這頭，對方就高了起來，而這最終會為你打開成長之門。

厚黑怕經三十：夜郎自大

厚黑真經

妄自尊大的人頭腦容易發熱，他們往往充滿夢想，只相信自己的智慧和能力，堅信只有自己才是正確的；他們從來不接受別人的意見和勸告，認為採納了別人的意見就等於是對自己的否定和貶低。這些人其實是典型的外強中乾，他們的固執恰恰證明了他們並不是真正的強者，正因為心虛，所以他們才不願服輸。殊不知，承認自己的偉大，就是認同自己的愚蠢。

厚黑妙用

有一位將軍，在大軍撤退時總是斷後，回到京城後，人們都稱讚他很勇敢，將軍卻說：「並非吾勇，馬不進也。」將軍把自己斷後的無畏行為說成是由於馬走得太慢。其實，在人們心目中，「馬走得太慢」絕對無法抵消將軍的英雄形象。

那些深諳做人之道的人，大都是在社會群體中能夠擺正自己位置的人，而把自己看成比別人高人一等的人，一定是世界上最愚蠢的人。

有時我們的煩惱來自於我們有顆狂妄自大的心。一個人如果妄自尊大，把誰都不放在眼裡，一切皆以自我為中心，那麼他一定會一天到晚被煩惱重重包圍著。

若一個人太自負了，就很容易陷入一種莫名其妙的自我陶醉之中，變得自高自大起來，他會無視所有人對他的不滿和提醒，終日沉浸在自我滿足之中，對一切功名利祿都要捷足先登，這樣的人反而永遠也得不到人們對他的理解和尊重。

自傲者對自我失去了客觀評價，覺得在這個世界上，唯我最大，捨我其誰，一副不知天高地厚的架勢，以顯示自己偉大的魄力和氣度。可是靠說空話解決不了任何問題，人們尊敬的是那些腳踏實地做實事的人，而不是自吹自擂的謊話專家。

其實越偉大的人越會謙卑待人，人們也越會敬重他。

有這樣一件趣事：

在美國紐約一個既髒又亂的候車室裡，靠門的座位上坐著一個滿臉疲憊的老人，背上的塵土及鞋子上的污泥表明他走了很長的路。列車進站，開始檢票了，老人不疾不徐地站起來，準備往檢票口走。忽然，從候車室外走進一個胖太太，她提著一個很大的箱子，顯然也要趕這班列車，可箱子太重，累得她氣喘吁吁的。胖太太看到了那個老人，衝他大喊：「喂，老頭，你給我提一下箱子，我一會兒給你小費。」那個老人想都沒想，拎起箱子就和胖太太朝檢票口走去。

他們剛剛檢票上車，火車就開動了。胖太太抹了一把汗，慶幸地說：「還真多虧你，不然我非誤車不可。」說著，她掏出一美元遞給那個老人，老人微笑著接過。這時，列車長走了過來：「洛克菲勒先生，請問我能為您做點什麼嗎？」

「謝謝，不用了，我只是剛剛做了一個為期三天的徒步旅行，現在我要回紐約總部。」老人客氣地回答。

「什麼？洛克菲勒？」胖太太驚叫了起來，「上帝，我竟讓著名的石油大王洛克菲勒先生給我提箱子，居然還給了他一美元小費，我這是在幹什麼啊？」她忙向洛克菲勒道歉，並誠惶誠恐地請洛克菲勒把那一美元小費退給她。

「太太，你不必道歉，你根本沒有做錯什麼。」洛克菲勒微笑著說道，「這一美元是我賺的，所以我收下了。」說著，洛克菲勒把那一美元鄭重地放進了口袋裡。

真正的大人物是那種成就了不平凡的事業卻仍然像平凡人一樣生活著的人。他們從來都是虛懷若谷的，他們不會因為自己腰纏萬貫而盛氣凌人，他們從來不會見人就喋喋不休地訴說自己是如何成功和發跡的，他們也從不痛恨自己的同仁是「居心叵測之人」，他們只是「不以物喜，不以己悲」，平和地做著自己該做的事情。

何晶是新加坡總理李顯龍的夫人，隨著李顯龍的宣誓就職，何晶也開始走到了新加坡的政治前臺。何晶是位精明能幹卻始終保持低調，尤其不願被媒體曝光的商業女強人，因此她的身世和成就，在新加坡鮮為人知。如今，隨著夫君正式宣誓就職，何晶不得不開始在媒體面前「曝光」。

如果稍加留意就不難發現，在美國《財富》雜誌首次選出的亞洲二十五位最具影響力的企業家排行榜上，何晶排名第十八位，與索尼集團行政總裁出井伸之、日本豐田汽車社長張富士夫及香港富商李嘉誠齊名。只是當時並沒有多少人將她與李顯龍聯繫在一起。

身為新加坡官方最重要的投資控股公司——淡馬錫控股公司執行董事的何晶，目前掌管著新加坡遍佈全球各地的數百億美元資產。淡馬錫控股公司成立於一九七四年，轄下大型企業包括新加坡航空公司、新加坡電信、新加坡發展銀行乃至世界有名的新加坡動物園等。

她在一次接受媒體的採訪時曾說：「我和他（李顯龍）時常意見相左，但我們在這些問題上常進行有益的辯論。李顯龍（當時）雖然是財政部長，但他不能做任何片面決策，他只是一個團隊的一分子而已。」

新加坡雖然是一個小國，但在亞洲來說卻是一個經濟強國，作為新加坡的第一夫人，何晶卻喜歡樸素的裝扮，她經常留著一頭短髮。何晶曾在美國接受電子工程教育，因此她也是一位出色的政府學者。在一九八五年嫁給李顯龍時，何晶正在新加坡國防部任職，當時李顯龍剛以准將一職自軍中退役。

當記者問她為什麼這麼低調時，何晶給記者講了一個寓言故事：兩隻大雁與一隻青蛙結成了朋友。秋天來了，大雁要飛回南方，三個朋友捨不得分開。大雁對青蛙說：「要是你也能飛上天多好呀，我們就可以經常在一起了。」青蛙靈機一動：牠讓兩隻大雁銜住一根樹枝，然後牠自己用嘴銜在樹枝中間，三個朋友一起飛上了天。地上的青蛙們都羨慕地拍手叫絕。這時有人問：是誰這麼聰明？那隻青蛙生怕錯過了表現自己的機會，於是大聲說：「這是我想出來的……」話還沒說完，牠便從空中掉下來了。

不把自己太當回事，坦誠而平淡地生活，別人是不會把你看成卑微、怯懦和無能的。如果你老是把自己當作珍珠，那麼就時時有被埋沒的危險。

一個有內涵、有實力的人也不一定永遠站在最高峰。忘記曾經的成功、曾經的輝煌，正視現實，這樣的人即使退居幕後，人們給予他們的仍然是掌聲和鮮花。

第六章 莫忿速：不要失去理智

厚黑怕經 三十：心胸狹窄

厚黑真經

「世界上最寬闊的是海洋，比海洋更寬闊的是天空，比天空更寬闊的是人的心靈。」雨果的話具有穿越時空的力量。這句箴言亙古未衰自有它的深刻之處。心靈本該是最寬闊的地方，但現實中常有人心胸狹窄。心胸狹窄的人常妄自尊大或充滿抱怨，這種心態限制個人的發展，會在人生路上設置障礙。然而心靈若是克服了狹隘的侵擾就猶如久旱後的甘霖，使人從瑣碎的煩惱中掙脫，變得坦蕩，變得清靈，變得心胸開闊。所謂：心無芥蒂，天地自寬。容納須有一個豁達的胸襟。

厚黑妙用

在生活中，常常會見到這樣一類人：他們受到一點委屈便斤斤計較、耿耿於懷；聽到別人的批評就接受不了，甚至痛哭流涕；對學習、生活中一點小失誤就認為是莫大的失敗、挫折，長時間寢食難安；人際交往面窄，只和與自己一致或不超過自己的人交往，容不下那些與自己意見有分歧或比自己強的人……這些人就是典型的心胸狹隘的人。狹隘作為一種感情體驗，是對生命的不完善的震怒，是對生活產生不滿的消極反抗。

具有這種性格的人極易受外界暗示，引起內心衝突。心胸狹隘的人神經敏感、意志薄弱、行事刻板、謹小慎微，甚至發展到自我封閉的程度，他們不願與人進行物質上的交往。心胸狹隘的人會循環往復地自我折磨，甚至會罹患憂鬱症或消化系統疾病。

狹隘的人用一層厚厚的殼把自己嚴嚴實實地包裹起來，生活在自己狹小冷漠的世界裡。他們處處以自我利益為核心，無朋友之情，無惻隱之心，不懂得寬容、謙讓、理解、體貼、關心別人。他們始終生活在憤怒及痛苦的陰影下，阻礙了正常的人際交往，影響了自己的生活、學習和工作。因此，心胸狹隘的人必須學會克服狹隘，以一種豁達、寬容的態度對待生活中的人和事。

比如，在面對別人的攻擊和欺負時，我們必須保持開闊的胸襟，只有這樣才可保證人際關係的順暢。因為胸襟開闊的人，往往眼光高遠，不計小利，以大局為重；相反，胸襟狹窄的人，往往只看重蠅頭小利。

有時候，一些小事情會使人偏離自己本來的主要目標和重要事項，因此，心胸寬闊的人不會把時間花在這些小事上。如果一個人對一件無足輕重的小事情做出反應——小題大做的反應——這種偏離就產生了。

一六五四年的瑞典與波蘭之戰僅僅是因為在一份官方文書中，瑞典國王的附加頭銜比波蘭國王少了一個。

大約九百年前，一場蹂躪了整個歐洲的戰爭竟然是因桶子的爭吵而爆發的。

一個小男孩向格魯伊斯公爵扔鵝卵石，導致瓦西大屠殺和三十年戰爭。

有人不小心把一個玻璃杯裡的水濺在托萊侯爵的頭上，就導致了一場英法大戰。

儘管像上面這樣由一件小事引發一場戰爭的可能性在我們的身上不大，但我們也可能會因小事而使周圍的人不愉快。因此說，一個人為多大的事發怒也就說明了他的心胸有多大。

我們要成大事，一定要有開闊的胸懷，只有坦然面對、包容一些人和事，才能取得事業上的成功與輝煌。

牛頓一六六一年中學畢業後，考入英國劍橋大學三一學院。當時，他還是個年僅十八歲的清貧學生，有幸得到導師伊薩克·巴羅博士的悉心教導。巴羅是當時知名的學者，以研究數學、天文學和希臘文聞名於世，還有詩人和旅行家的稱號，英王查理二世還稱讚他是「歐洲最優秀的學者」，他把畢生所學毫無保留地傳授給了牛頓。牛頓大學畢業後，繼續留在該校當研究生，不久就獲得了碩士學位。又過了一年，牛頓二十六歲，巴羅以年邁為由，辭去數學教授的職務，積極推薦牛頓接任他的職務。其實巴羅這時還不到花甲，更談不上年邁，他辭職是為了讓賢。從此，牛頓就成了劍橋大學公認的大數學家，還被選為三一學院管理委員會成員之一，在這座高等學府中從事教學和科研工作長達三十年之久。他的淵博學識和輝煌的科學成就，都是在這裡取得的。而牛頓這些成績的取得與巴羅博士的教導、讓賢密不可分。可以說，牛頓的獎章中，巴羅也有一半。

在這個故事中，巴羅用他的豁達和寬容為我們做了很好的榜樣。那麼，我們要怎麼做才能克服狹隘、豁達處世呢？

一・待人要寬容

在生活中，人與人之間難免會出現一些磕磕碰碰，如有的人傷了自己的面子，有的人讓自己下不了臺，有的人當眾給自己難堪，有的人對自己抱有成見等等。遇到這些事情，我們應該寬容大度以促使他人反躬自省。如果針鋒相對，互不相讓，就會把事態擴大，甚至激化衝突，於己於人都沒有好處。「退一步海闊天空」，我們應該以這種胸懷，妥善處理日常工作、生活中遇到的問題，這樣才能處理好人際關係，更好地享受工作、學習、生活的樂趣。

二・辦事要理智

很多人不夠成熟，遇事易受情緒控制，一旦受了委屈，遇到挫折，容易失去理智而做出一些蠢事傻事來。因此，遇事都要先問問自己：「這樣做對不對？這樣做的後果是什麼？」多問幾個為什麼之後，就可以有效地避免「豁出去」的想法和做法，避免更大衝突的發生。

三・處世要豁達

凡事要想開一些，不能像《紅樓夢》中的林黛玉那樣小心眼，連一粒沙子都容不下。要胸懷寬廣，能容人，能容事，能容批評，能容誤解。遇到衝突時，只要不是原則性問題，都可以大而化小、小而化了。即使有人故意「冒犯」自己，也應以團結為重，冷靜對待和處理。

每個人都希望自己開開心心、順順利利，可是生活中總會有那麼一些小波瀾、小浪花。在這種情況下，斤斤計較會讓自己的生活陰暗乏味，只有寬容豁達些才能讓自己每天的生活充滿陽光。

人生不售回程票，在人生的旅途中，只有豁達的人才能走出狹隘，擁有幸福，他們能隨時隨地背起自己的行囊，奔向遠方陌生的旅程。

厚黑怕經三十二：怒髮衝冠

厚黑真經

憤怒的人其內耗是極大的，其理智的判斷和美好的前程都可能喪失在自己偏激的怒海之中。

厚黑妙用

古人說：「自行本忍者為上。」做人要忍，尤其是那些性情暴躁之人，一定要控制好自己的情緒。當然在人生當中，不利的情緒有很多種，我們在此暫不一一指出，只單獨談談憤怒對於人生的不利影響。遇事不要輕易發火，要學會克制，否則，得罪的人多了不利於自己日後的發展。

現實生活中，因一時憤怒釀成大錯或大禍的事，絕非少見。其中，美國著名的巴頓將軍就有過這麼一次。

巴頓將軍某日來到前線醫院看望傷患。他走到一病號前，病號正在抽泣。

巴頓將軍問：「為什麼抽泣？」病號抽泣說：「我的神經不好。」

巴頓又問：「你說什麼？」病號回答說：「我的神經不好，我聽不得炮聲。」

巴頓將軍立刻毫無理智地大發雷霆：「對你的神經我無能為力，但你是個膽小鬼，你是混蛋！」之後，巴頓又給了這個病號一個耳光，並喊道：「我不允許一個膽小鬼在我們這些勇敢戰士面前抽泣。」他火上澆油，又毫不猶豫地給了那個病號一耳光，把病號的軍帽丟至門外，接著大聲對醫務人員說：「你們以後不能接受這種混蛋，他們一點事也沒有，我不允許這種沒有半點男子漢氣概的膽小鬼在醫院內占位置。」

巴頓將軍轉頭又對病號吼道：「你必須到前線去，你可能被打死，但你必須上前線。如果你不去，我就命令列刑隊把你斃了。說實話，我現在就想親手把你給斃了。」

這件事很快被披露，在美國國內引起了強烈反響。好多母親要求撤巴頓的職，有一個人權團體還要求對巴頓進行軍法審判。

儘管後來馬歇爾從大局出發，巧妙解決了這件事，但巴頓還是因為打罵士兵而聲名狼藉。這種輕率、浮躁的作風以及政治上的偏見，也為他戰後被撤職埋下了禍根。

輕易動怒，既傷身又損財，明智的人是不會那麼衝動，隨便宣洩自己憤怒的情緒的。因為一些小事而跟人爭鬥甚至打官司，是不利於延年益壽的。

人的一生中，誰都難免會遭到誤解，遭到他人不公正的對待、批評甚至辱罵，不論是卑鄙的、惡毒的、殘酷的，你千萬不要被對方一句不公正的批評或難聽的辱罵而變得像對方一樣失去理智。獲勝的明智戰術，就是保持沉默，不和別人發生正面衝突，就連多餘的解釋也沒必要。因為在這種情況下，相互爭吵、辱罵既不會給任何一方帶來快樂，也不會給任何一方帶來勝利，只會帶來更大的煩惱、更大的怨恨、更大的傷害。退一步講，在對罵中沒有占上風的一方，當眾出醜，帶來的只是對自己魯莽行為的悔恨。占了上風的一方，雖然把對方罵得體無完膚，又能怎麼樣？只能加深對立情緒，加深對方的怨恨。

當你對別人的行為憤怒時，你也許會在心裡說：「你為什麼不跟我一樣呢？這樣我就不會動怒，甚至會喜歡你。」然而，別人不會永遠像你希望的那樣說話、辦事，實際上，他們在大多數情況下都不會按照你的意願行事。所以，每當你為自己不喜歡的人或事動怒時，你其實是不敢正視現實的，你寧願讓自己經受情感的折磨，從而陷入一種惰性。為根本不能改變的事物自尋煩惱真是太愚蠢了。其實，你大可不必這樣。只要你想到，別人是有權以不同於你所希望的方式說話、行事的，你就會對世事採取更為寬容的態度。對於別人的言行，你或許不喜歡，但絕不應動怒。動怒只會使別人繼續氣你，甚至會導致你生理上和心理上的病症。

古代素有「怒傷肝、喜傷心、憂傷肺、思傷脾、恐傷腎」的說法。生理研究表明，人在發怒時，會有一系列生理變化，如心跳加快、膽汁增多、呼吸緊迫、臉色改變，甚至全身發抖。這種情況對人的健康的危害是不言而喻的。而就人際關係中衝突的產生而言，憤怒常常是衝突產生的最直接的原因。

那麼，怎樣才能控制好自己的情緒做到不發怒呢？

首先，生活中遇到可能引起人發怒的刺激時，應當力求避開，眼不見，心不煩。這是自我保護性的制怒方法。

其次，在受到令人發怒的刺激時，大腦會產生強烈的興奮點，如果這時主動在大腦皮層裡建立另外一個興奮點，用它去找到或消除引起發怒的興奮點，就會使怒氣平息。

再次，憤怒常常是由虛榮心強、心胸狹窄、感情脆弱、盛氣凌人所致，因此，可以用疏導的方法將煩惱與怒氣導引到高層次，昇華到積極的追求上，以此激勵起發憤的行動，達到轉化的目的。

最後，要用自己的道德修養、意志修養來緩解和降低憤怒的情緒。在要發洩怒氣時，心中默念「不要發火，息怒，息怒」，會收到一定效果。

清朝光緒年間流行一首歌曲：「他人氣我我不氣，我本無心他來氣。倘若生氣中他計，氣出病來無人替。請來大夫將病醫，他說氣病治非易。氣之為害太可懼，不氣不氣真不氣。」這首歌通俗易懂，寓意深刻。其中雖然有消極的一面，但仍不失為有益的養生之道、為人處世之道，尤其對那些一遇事就跳、一說就叫的人，算是一劑良方。

因此，你應當提高自己控制憤怒情緒的能力，時時提醒自己，有意識地控制自己情緒的波動。千萬別動不動就指責別人，喜怒無常。改掉這些壞毛病，努力使自己成為一個容易接受別人和被人接受的性格隨和的人。只有這樣的人才能成大事。

厚黑怕經三十三：妒火中燒

厚黑真經

嫉妒心人人都有，它是一種很正常的情感，也是擁有健康心態的證明。看見自己很難做到的事，別人可以輕易地完成，因而出現嫉妒的情緒，這純屬正常且不至於造成別人的困擾。如果你只是一味地嫉妒，讓人生充斥著不滿的情緒，就無法享有快樂的生活。如果將嫉妒的負面情緒轉換成正面情緒，那就成了快樂生活的出發點。

厚黑妙用

為人處世，最忌「螃蟹心理」。

什麼是「螃蟹心理」呢？漁民們抓螃蟹的簍子有底，但是沒有蓋子。本來螃蟹可以很容易地從簍子裡爬出來跑掉，但是，每一隻螃蟹都不願同類跑在自己前面，當一隻螃蟹開始往上爬的時候，另一隻螃蟹就把牠擠下來，最終牠們都成了餐桌上的美味佳餚。

有些人一旦嫉妒起來，就好像那些螃蟹一樣，寧可自己吃虧，也要把別人拉下來，損人不利己。

嫉妒的人以消極的人生觀為基礎，他們信奉你好我就不好的信條，一旦發現別人比他們做得更好、比他們擁有更多，心裡就忿忿不平。嫉妒有推動力，但它不能給我們正確的導航。它給我們指明一條道路，卻是讓我們去妨礙和傷害別人，用扯別人後腿的方式來贏得勝利或者至少保持不輸，是非常愚蠢的做法。

有一個人遇見上帝。上帝說：「現在我可以滿足你任何一個願望，但前提就是你的鄰居會得到雙份的報酬。」那個人高興不已。但他細心一想：如果我得到一份田產，鄰居就會得到兩份田產；如果我要一箱金子，鄰居就會得到兩箱金子；更要命的是，如果我要一個絕色美女，那麼那個看起來原本要打一輩子光棍的傢伙就會得到兩個絕色美女……他想來想去總不知道提出什麼要求才好，他實在不甘心被鄰居白占便宜。最後，他一咬牙：「哎，你挖掉我一隻眼睛吧！」

嫉妒是心靈的地獄。嫉妒的人總是拿別人的優點來折磨自己。別人身材好他嫉妒，別人瀟灑他嫉妒，別人有才學他嫉妒，別人富有他嫉妒，別人的妻子漂亮他嫉妒，別人學歷高他嫉妒……德國有一句諺語：「好嫉妒的人會因為鄰居的身體發福而越發憔悴。」所以，好嫉妒的人總是四十歲的臉上就寫滿五十歲的滄桑。

嫉妒害己又害人。從自身來講，嫉妒傷身，嫉妒使人把時間精力用在阻礙和限制別人身上，而不是潛心於自我的開發。就他人而言，嫉妒者的流言、惡語、陷害、阻撓、拆臺、造謠等，往往造成惡劣的後果。在中國古代，龐涓嫉妒孫臏、李斯嫉妒韓非子、潘仁美嫉妒楊令公等，都是害人又害己。

因此，我們不妨利用嫉妒心理的正面作用，激勵自己不斷地向上奮進。大發明家、製作家馬克沁曾說：「人們想從別人那兒獲得的，不外是兩種意見：一是『頌揚』，一是『親愛』。然而立身行世，要把頌揚拋開，讓別人對你親愛。因為一經頌揚，就有人嫉妒，嫉妒便造成仇恨了。」為了避免這種可怕的嫉妒擾亂人們的正常生活，就要把它消除。事實證明，如果人們除去嫉妒心理，就會更容易獲得成功。

有一位名叫卡萊爾的書店經理，無意間發現了店員寫的一封對他極盡辱罵諷刺的信，說他是個差勁的經理，希望副經理能馬上接替他的職務。卡萊爾讀了這封信以後，就帶著信跑到老闆的辦公室裡。他對老闆說：「我雖然是一個沒有才能的經理，但我居然能用到這樣的一位副經理，連我雇用的店員們都認為他勝過我了，我對此感到非常自豪。」卡萊爾一點也沒有嫉妒，也沒有感到損害自己的虛榮心，只是為自己用了那樣能幹的副經理而感到自豪。後來，他的老闆不但沒有撤換他，反而更重用他了。

卡萊爾是一個心胸寬廣的人，他對比自己能幹的人非但毫不嫉妒，反而大加肯定，為別人感到高興，這種人的精神著實可嘉。最終他還是得到老闆的信任與重用。

麥可．喬丹是馳名世界的籃球明星，他在籃球場上的高超技藝舉世公認，而他待人處世方面的品格更為人稱道。皮蓬是公牛隊最有希望超越喬丹的新秀，但喬丹沒有把隊友當作自己最危險的對手而嫉妒，反而處處加以讚揚、鼓勵。

為了使芝加哥公牛隊連續奪取冠軍，喬丹意識到必須推倒「喬丹偶像」，以證明公牛隊不等於「喬丹隊」，一個人絕對勝不了五個人。一次，喬丹問皮蓬：「咱倆三分球誰投得好？」「你！」「不，是你！」喬丹十分肯定。喬丹投三分球的成功率是二十八．六％，而皮蓬是二十六．四％，但喬丹對別人解釋說：「皮蓬投三分球動作合乎規範。自然，在這方面他很有天賦，以後還會更好，而我投三分球還有許多弱點！」喬丹還告訴皮蓬，自己扣籃時多用右手，或習慣用左手幫一下，而皮蓬雙手都行，用左手更好一些，這一細節連皮蓬自己都沒有注意到。喬丹把比他小三歲的皮蓬視為親兄弟，「每回看他打得好，我就特別高興，反之則很難受。」喬丹的話語中流露出他們之間的情誼。

正是喬丹這種無私與慷慨，樹立起了全體隊員的信心並增強了凝聚力，公牛隊取得了一場又一場勝利。一九九一年六月，美國職業籃球聯賽的決戰中，皮蓬獨得三十三分，比喬丹多三分，成為公牛隊該期的十七場比賽個人得分首次超過喬丹的球員。這是皮蓬的勝利，也是喬丹的勝利，更是公牛隊的勝利。

嫉妒往往是個人才能與意志缺乏的體現，伏爾泰說：「凡缺乏才能和意志的人，最易產生嫉妒。」因為自己技不如人，就只能用嫉妒的心理去排解心中的不平。一旦任由嫉妒心理橫行，你就會疏遠那些各方面比自己強的人，到頭來不僅孤立了自己，而且也會阻礙自己的前進。

倘若你已經努力了卻仍無法完成你的人生目標，就只有放棄這件事，再尋找其他可以讓你快樂的事。放棄那些難以捨棄的欲望，或許可以讓你成長。

無論如何，嫉妒別人不如努力去實現自己生命的價值，畢竟人不能靠嫉妒來推動生命，更不能因嫉妒而停止前行。

厚黑怕經三十四：寧折不彎

厚黑真經

成功者多是懂得「彎曲」妙處的，為了達到最大化利益，他們往往會彎曲自己，達到目的。

厚黑妙用

劉備為得到諸葛亮，曾經去請了三次諸葛亮，最後一次去的時候，關羽老大不高興，張飛乾脆說用一根麻繩把諸葛亮捆來算了。劉備耐心地解釋，跟他們說了周文王謁請姜子牙的故事，作為大聖人的周文王尚且如此禮賢下士，自己怎麼能對賢人無禮呢。三個人遠遠地看見諸葛亮的茅屋，還有半里遠，劉備就下馬步行，表示對諸葛亮的尊重。來到諸葛亮的家裡，正好碰上諸葛亮在睡覺，劉備沒有打擾他，恭恭敬敬在階前站立了半晌又一個時辰，直到諸葛亮醒來。

劉備身為國君，能這樣低三下四對一個儒生，著實不易。但他最後得到的，遠比一時的彎曲多得多。

美國有位總統馬辛利，因為用人問題常遭到一些人強烈的反對。在一次國會會議上，有位議員當面粗野地譏罵他。他極力忍耐，沒有發作。

等對方罵完了，他才用溫和的口吻道：「你現在怒氣應該平和了吧，照理你是沒有權利這樣責問我的，但現在我仍願詳細解釋給你聽。」他的這種低調讓人姿態，使那位議員頓時紅了臉，衝突立即緩和下來。

試想，如果馬辛利得理不讓人，利用自己的職位和得理的優勢，咄咄逼人進行反擊的話，那對方絕不會服氣的。可見，當雙方處於尖銳對抗狀態時，得理者的忍讓態度，能使對立情緒「降溫」。

為人處世，要像彈簧那樣能伸能縮，在不同的外力下呈現出不同的狀態。像彈簧一樣屈伸自如，是古今中外為人處世之妙法。寧折不彎在氣節上也許值得讚美，可是在事情上往往於事無補，自己吃了虧，也沒有達到目的。而彈簧人則「可以仕則仕，可以久則久，可以速則速」，完全是因時、因事、因人而變。所以說，做個像彈簧那樣的人，是為人處世的必需，為了達到最終的目的，彎曲一下又如何？

有一句話乍聽起來頗為蒼涼，卻也大有深意：一個不成熟的男人想要為他的事業獻身；一個成熟的男人願意為了他的事業卑賤地活著。

這句話說出了現實中的一種「事必如此」時不得不「忍辱負重」以求他日輝煌的悲壯心

態。在一個人的事業或者人生遭遇困境的時候，意氣用事是不成熟的表現，只有能承受屈辱和苦難的人，才能真正笑到最後，成為真正的勝利者。從這個角度講，「寧為瓦全」才是高策。

在此，講一個關於劉勰的成名逸事。

劉勰是南朝梁時期的文學理論家，他很小的時候就失去了父親，生活極為貧窮。但他篤志好學、博經通史，《文心雕龍》就是他的代表作。他生活的年代盛行門第制度，一個人出身的貴賤決定了這個人社會地位的高低。像劉勰這樣出身低微的平民，自然默默無聞，無人知曉。因其社會地位，《文心雕龍》寫成後也根本得不到重視。但劉勰本人十分自信，深知自己著作的價值，他不願意看到自己用心血寫成的書稿被湮沒，便決心設法改變這種局面。沈約是當時的文壇領袖，有著很高的聲望，劉勰想請他評定寫成的《文心雕龍》，藉以贏得聲譽。但是沈約身為名流，哪能輕易見到？於是劉勰想出了一個主意。他事先打聽到沈約外出的時間，背上自己的書稿，裝成賣書的小販，早早地等在離沈府不遠的路上。當沈約乘坐的馬車經過時，劉勰便乘機兜售。沈約喜歡讀書，當即停下來，順手取出一部《文心雕龍》，見是自己沒有讀過的書，便隨手翻閱起來。這一看，沈約被深深地吸引住了，當即買了一部帶回家去，放在案頭認真閱讀。在之後上流社會舉行的聚會中，沈約還不時地向別人推薦這本書。當時文壇的人見沈約對這本《文心雕龍》如此推崇，也注意到此書的價值，繼而爭相傳閱，劉勰很快名聲大噪。

如果沒有借得沈約之力，劉勰是無法成名的，他的文藝思想也大有可能被湮沒於浩瀚書海，何談流傳千古？

講述這個故事，看起來是教人使用手段，事實上任何人、任何時代都應該借鑑於此。雖然有時為了獲得他人的幫助，甚至要不惜承受巨大的損失。

乍看之下，這好像是和中國傳統文化中「寧為玉碎，不為瓦全」的觀念相衝突，細細思量，卻不盡然。大丈夫要能屈能伸，當你的力量還很薄弱的時候，你只有背靠大樹。以卵擊石只能徒傷元氣，還談什麼理想呢？

「彎曲」之妙不僅存在於事業中，在婚姻中同樣能得到完美的體現。

「這個世界上沒有完美的人，你不是完美的，我不是完美的，但重要的是我們能否完美地走在一起。」正由於每個人都不是完美的，婚姻中才會出現各式各樣的摩擦，面對這些瑣碎的，然而一不經意就會毀掉婚姻的不完美，彼此之間應該學會彎曲一下，向對方做出讓步，這樣才能讓兩個本不完美的人擁有一段完美的婚姻。

加拿大的魁北克有一條南北走向的山谷。山谷沒有什麼特別之處，唯一能引人注意的是，它的西坡長滿松、柏、女貞等樹，而東坡只有雪松。

這一奇異景觀是個謎，許多地質學家一再對其進行研究，都一直沒有令人滿意的結論。

揭開這個謎的，竟是一對尋常的夫婦。

那是一九八三年的冬天，這對夫婦的婚姻正瀕於破裂的邊緣。為了重新找回昔日的愛情，他們打算做一次浪漫之旅，如果能找回就繼續生活，如果不能就友好分手。他們來到這個山谷的時候，下起了大雪。他們支起帳篷，望著滿天飛舞的大雪，發現由於特殊的風向，東坡的雪總比西坡的雪來得大，來得密。不一會兒，雪松上就落了厚厚的一層雪。不過當雪積到一定的程度，雪松那富有彈性的枝椏就會向下彎曲，直到雪從枝上滑落。這樣反覆地積，反覆地彎，反覆地落，雪松完好無損。可是其他的樹因沒有這個本領，樹枝被壓斷了。西坡由於雪小，總有些樹挺了過來，所以西坡除了雪松，還有柘、柏和女貞之類。

帳篷中的妻子發現了這一景觀，對丈夫說：「東坡肯定也長過雜樹，只是不會彎曲才被大雪摧毀了。」

丈夫點頭稱是。少頃，兩人像突然明白了什麼似的，緊緊擁抱在一起。

對於婚姻的壓力要盡可能地去承受，在承受不了的時候，學會彎曲一下，像雪松一樣讓一步，這樣就不會被壓垮。彎曲不是倒下和毀滅，它是婚姻的一種藝術。在該彎曲的時候不肯低頭，你的婚姻也就不會向你低頭。不要去苛求對方是完美的，因為你也不是完美的，向他（她）低一下頭，你們的婚姻就會自有一番風景。

厚黑怕經 三十五：得意忘形

厚黑真經

沒有比勝利更令人陶醉的事了，但是勝利往往是最危險的事。成功者即使在功成名就時也應該時刻保持清醒的頭腦，居安思危，輕敵得意忘形的結果只會給自己帶來麻煩。

厚黑妙用

人們往往會被勝利沖昏頭腦，興奮取代了以往的理智與警惕。在勝利到來時，驕傲也隨之跟來了。這個時候，是最危險的時候。

人人都渴望成功、勝利，但是在面對接連不斷地勝利時，卻往往難以做到心有所止。明慎的人懂得在這個時候，繼續保持低調，控制自己在取得勝利時的自滿情緒。

因此，我們應該接受理智的約束，當我們獲得成功時，更要加倍小心謹慎。

在當今世界彩色膠片市場上，只有兩個對手的爭雄：美國的柯達和日本的富士。

二十世紀七〇年代，柯達壟斷了彩色膠片市場的九十%。但是，一九八四年，富士公司取得「第二十三屆奧運會專用卷」特權後扶搖直上，直逼柯達的霸主地位。

為什麼會這樣呢?第二十三屆奧運會是在美國召開的，為什麼在天時、地利、人和的情況下，柯達反而打了敗仗呢?

主要原因在於柯達的驕傲輕敵。它被排出奧運會贊助單位名單之外，是一個嚴重的戰略性錯誤，正是這一原因，富士公司才有了一個發展的大好機會。

奧運會前夕，柯達公司的營業部主任、廣告部主任等高級管理人員十分自信地認為，按照柯達的信譽，奧運會要選擇大會指定膠捲，非它莫屬。因此，他們認為再花四百萬美元在奧運會做廣告不值得。當美國奧會來聯繫時，柯達公司的官員們盛氣凌人，愛理不理地還要求組委會降低贊助費。這時，富士公司卻乘虛而入，出價七百萬美元，爭取到了奧運會指定彩色膠片的專用權。

此後，富士公司竭盡全力地展開奧運攻勢，在奧運場地周圍樹立起鋪天蓋地的富士標誌，膠捲也都換上了「奧運專用」字樣的新包裝，各比賽場館設滿了富士的服務中心，一天可沖洗一千三百卷的設備和人力安排停當，承辦放大剪輯業務的網點處處可見，富士攝影頻頻展出……「要參加奧運會的運動員、觀眾能在奧運會上時時、處處看到『富士』」——這就是富士公司的廣告宣傳策略。

富士的強大宣傳攻勢，給柯達帶來了巨大的衝擊，隨之，柯達銷量明顯減少。這下柯達公司才著急了，在十萬火急的情況下召開了董事會研究對策。廣告部主管立即被撤職，亡羊補牢的緊急措施一條又一條地下來：撥款一千萬美元作為廣告費，挽回廣告戰敗局。於是，在各地公路出現了柯達的巨幅看板；聘請世界級運動員大做廣告；主動資助美國奧運會和運動員；贈給三百名美國運動員每人一架特製柯達照相機。這些措施雖然產生了一點作用，但對於失去奧運會的獨家贊助權來說，它已為時過晚，收效甚微了。

對於企業的發展來說最忌諱得意忘形，一招不慎帶來的可能是巨大的損失。對於個人來說，也要做到得意不可忘形。

宋太宗曾在北陪園與兩個重臣一起喝酒，邊喝邊聊，兩重臣喝醉了，竟在皇帝面前相互比起功勞來。他們越比越來勁，乾脆鬥起嘴來，完全忘了在皇帝面前應有的君臣禮節，侍衛在旁看著實在不像話，便奏請宋太宗，要將這兩人抓起來送吏部治罪。宋太宗沒有同意，只是草草撤了酒宴，派人分別把他倆送回了家。次日上午，他倆都從沉醉中醒來，想起昨天的事，惶恐萬分，連忙進宮來請罪。宋太宗看著他們戰戰兢兢的樣子，便輕描淡寫地說：「朕昨天也喝醉了，記不起這件事了。」既不處罰，也不表態，以一句「朕昨天也喝醉了」打發他們。

宋太宗這樣處理不失為明智之舉，是作為一國之君對臣子的仁厚，但是試想一下如果君主有意治罪臣子的話，那麼這兩位大臣因為他們的得意忘形輕則被降職，重則喪命都是有可能的，因此圓潤為人，通曉人情世故必須做到得意而不可忘形。

厚黑怕經三十六：錙銖必較

厚黑真經

「大人不計小人過」，即不與別人一般見識，首先在氣度上戰勝對方，讓對方感覺到他自己是錙銖必較的小人，心裡無招架之功。洪應明的《菜根譚》中有這樣一句話：「處世讓一步為高，退步即進步的根本；待人寬一分是福，利人實利己的根基。」為人處世隨和，一面後退，一面心情愉悅地讚賞別人，這是「君子」風範，是「大人」的處世哲學。寬厚的性情在與人交往過程中容易讓對方感到安全，沒有戒備的鬆懈有利於彼此交流真實的情感，通往對方內心深處的大門也會因此而暢通無阻。

厚黑妙用

現實生活中，人們常常會做錯一些事，引起一些衝突，而你恰恰處在有理的一方、得勢的一方、管束人和裁決者一方。比如你是一位考官、老師或員警，你會怎樣做呢？尤其是他們的那些錯處或什麼事情牽涉到你的利益時，甚或他們與你有著深仇大恨時，你會怎樣做呢？你很認真，很講原則？你有些得意，很刁難，貓玩老鼠？還是給人家一個臺階，放人家過關，不苛難對方，就是仇人也放他一馬呢？不同的人可能有不同的做法。

一般來說，心胸狹窄的人愛為難別人，他們不願意幫助人，不為人粉飾或遮掩難堪，不寬容或原諒人。他們甚至會乘人之危，供己開心，雞蛋裡挑骨頭，抓住把柄不放，洋洋自得。這種人的行為正是他們自己陰暗心理的下意識表露。若是和他們有著深仇大恨，那更不可能息事寧人了。但是這樣做人不好，因為在生活中，你也會經常處在難堪、有錯、有求於人的位置上，比如你不巧弄髒了別人的衣褲，或違反了交通規則，或為講義氣與別人結了仇，在這些情況下，你極需要的便是他人的寬容、體諒、不苛責。將心比心，同情他人，寬容他人，不為難他人是一種美德。這種美德能夠感化人，提升人們之間的互助親善關係，讓社會形成一種寬厚、達觀的向善風氣，小人就可能會少一些，陰暗的東西也會少一些，自己有了不幸的時候，也更容易得到他人的幫助。反過來看，苛責人，為難人，不饒人，只有百害而無一利。

首先，它會立刻激化衝突，讓雙方都槓在不能逾越、不能通融的死結上，最後只有魚死網破。俗話說：狗急跳牆。其實人急了，也會跳牆。跳牆就是拚命。逼得人家跟你拚命，就實在犯不著了。

其次，苛難人可能會引起對方長久的記恨。這種記恨甚至會是刻骨銘心的。而對方若有機會報復，一定會是歇斯底里的。

最後，苛責人、為難人、不饒人會顯得自己心胸狹窄、小人見識，被人鄙夷，甚至會犯眾怒。想一想，有什麼必要非如此這般呢？做人，活著，大家都不容易。能不認真的時候，能不苛責的時候，多給人臺階下，多放人過關，這樣不挺好嗎？

不苛責人，不為難人，得饒人處且饒人，這樣不僅會減少衝突的產生，讓人感激，也是一種善良的品質，甚至會形成一種良好的社會風氣。事實上，這種與人為善、悲憫眾生的品德，正是造物者的意志和提倡。有缺陷，有急難，甚至有原罪的芸芸眾生，誰沒有需要別人幫助的時候呢？誰沒有偶爾疏忽或急中出錯，需要別人寬恕的時候呢？如果人拘泥於這種低層次的偏執，不僅會使他人尷尬難堪，也會讓自己無端生仇，天上降下個大災難。而且在人的這種相互計較中，社會的陰暗面也更多了。因此，孔子教導我們說：「君子坦蕩蕩，小人長戚戚。」坦為平，蕩為寬，平坦寬蕩，心寬體胖，才能寢食無憂，與人交而無怨，是做人寬容的處世藝術。難怪諺語亦云：「月過十五光明少，人到中年萬事和。」其中「和」字的確意味深長，「和」能容事容人，故可致樂致祥。人生本不必過於苛人苛己，得寬容處且寬容，因為寬容不僅是人與人之間交往的一種藝術，也是立身處世的一種態度，更是一種人格的涵養。

先秦畫家大都崇尚寬容為懷的精神，其中以儒、道、佛三家尤為突出。在儒、道、佛的寬容教義中，佛家講寬厚容忍是最無條件的。「滅卻心頭火，剔起佛前燈」，天大的委屈也能逆來順受。有一則禪話為證：白隱禪師附近住著一對夫婦，家有一女，未曾出嫁卻懷了孩子。父母苦逼追問下，女兒竟指白隱禪師說他是孩子的父親。父母當然怒髮衝冠，搶上門去找白隱。白隱聽完了最後一句辱罵，才開口說了一句話：「就是這樣嗎？」大師雖然惡名在外，卻並不介意，不但收留了孩子，而且精心照顧撫育孩子長大。幾年之後，終於真相大白，原來孩子的親生父親是一名市井之徒。曾經侮辱大師的夫婦無地自容，於是上門向大師賠禮道歉，並要求「物」歸原主。白隱禪師在交回孩子時仍然只是輕輕地說了一句話：「就是這樣嗎？」我們從中不難看出佛家教人以德報怨，其寬容之度無有能比。

有人問儒家聖人孔子：「以德報怨，何如？」

孔子說：「何以報德？以直報怨，以德報德。」

儒家教誨人們寬以待人，表面上是為人，實質上有利己色彩。儒家以仁愛求得人際的和睦相處，其實這種仁愛也是一種謀略，是以利己為目的的。

子張問：「何以為仁耳？」

孔子答曰：「能行五者於天下為仁矣。恭、寬、信、敏、惠。恭則不侮，寬則得眾，信則人任焉，敏則有功，惠足以使人。」其利己役人的宗旨昭然若揭。

寬則得眾，因而欲得眾者必須寬厚。政治家最欲得眾，故政治家最能顯得寬容。翻開歷史一看便知，凡是有點成就的政治家，無不具備寬容的氣度。《後漢書》中記載：東漢有一士大夫劉寬嘗行，有失牛者，乃就寬車中認之。寬無所言，下駕步歸。有頃，認音得牛而送還，叩頭謝曰：「慚負長者，隨所刑罪。」寬曰：「物有相類，事容鋭誤。幸勞見歸，何為謝之？」劉寬其人，確名副其實。其妻為了試試他到底寬容到什麼程度，伺他欲入朝上奏，妝嚴已畢，故意讓侍婢奉肉羹，翻汙朝衣。劉寬神色不變，卻輕聲問道：「燙了手嗎？」此足可見他寬容的度量之大，無怪乎一時海內稱為長者。寬容別人的無禮或過錯，會使對方覺得欠你一筆人情債，而後往往能有意外收穫。林語堂有一句關於寬容的格言：「寬容是中國文化最偉大的品質，它也將成為成熟後的世界文化的最偉大的品質。」

儒家學說的精華就在於協調人際關係的藝術，即化解糾紛，協調衝突。寬容則是這種藝術重要的組成部分。而寬容在生活中的具體運用就是隨和。用孔子的話說便是：「毋意，毋固，毋必，毋我。」即：這樣也好，那樣也罷，無可無不可，隨緣順勢。這種性情隨和之人，國人稱之為「好好先生」。

名氣最大的好好先生，恐怕首推後漢司馬德操，也就是向劉備薦諸葛亮的水鏡先生。司馬與人談話，美惡皆言「好」。有人問他：「安否？」他即答：「好。」有人向他訴說孩子死了。他答道：「大好。」人若責之：「人以君有德，故此相告，何聞人子死，反亦言好？」他則答道：「卿之言亦大好。」據此「好好先生」傳於今天。

司馬先生何嘗不能明辨是非得失，不過是不屑細究生活瑣事而已。人的隨和雖不必像司馬德操一樣，但其精神在待人處世時還是有益處的。

在生活中，「大人不計小人過」的寬容處世態度是值得推崇的。在「大丈夫」的心中，天地是寬闊的，生活是快樂的，精神是自由的。所以，襟懷坦蕩的人對生活便總是能夠抱著豁達寬容的態度去面對人世紛爭和衝突。得勢饒人，不僅能夠緩解糾紛，而且能夠提升自我形象，何樂而不為呢？

城市狼族

01	狼噬：狼性生存法則	麥道莫	定價：240元
02	狼魂：狼性經營法則		
03	狼謀：智慧生存的72條狼性法則		
04	狼顧：狼性的經營與管理		

世界菁英

01	拿破崙全傳：世界在我的馬背上	艾米爾路德維希	定價：320元
02	曼德拉傳：風雨中的自由鬥士	謝東	定價：350元
03	朴槿惠傳：不絕望就有希望		

職場生活

01	公司就是我的家	王寶瑩	定價：240元
02	改變一生的156個小習慣	憨氏	定價：230元
03	職場新人教戰手冊	魏一龍	定價：240元
04	面試聖經	Rock Forward	定價：350元
05	世界頂級CEO的商道智慧	葉光森 劉紅強	定價：280元
06	在公司這些事，沒有人會教你	魏成晉	定價：230元
07	上學時不知，畢業後要懂	賈宇	定價：260元
08	在公司這樣做討人喜歡	大川修一	定價：250元
09	一流人絕不做二流事	陳宏威	定價：260元
10	聰明女孩的職場聖經	李娜	定價：220元
11	像貓一樣生活，像狗一樣工作	任悅	定價：320元
12	小業務創大財富一直銷致富	鄭鴻	定價：240元
13	跑業務的第一本Sales Key	趙建國	定價：240元
14	直銷寓言--激勵自己再次奮發的寓言故事	鄭鴻	定價：240元
15	日本經營之神松下幸之助的經營智慧	大川修一	定價：220元
16	世界推銷大師實戰實錄	大川修一	定價：240元
17	上班那檔事--職場中的讀心術	劉鵬飛	定價：280元
18	一切成功始於銷售	鄭鴻	定價：240元
19	職來職往--如何找份好工作	耿文國	定價：250元
20	世界上最偉大的推銷員	曼尼斯	定價：240元
21	畢業5年決定你一生的成敗	賈司丁	定價：260元
22	我富有，因爲我這麼做	張俊杰	定價：260元

23	搞定自己 搞定別人	張家名	定價：260元
24	銷售攻心術	王擁軍	定價：220元
25	給大學生的10項建議：祖克柏創業心得分享	張樂	定價：300元
26	給菁英的24堂心理課	李娜	定價：280元
27	20幾歲定好位；30幾歲有地位	姜文波	定價：280元

身心靈成長

01	心靈導師帶來的36堂靈性覺醒課	姜波	定價：300元
02	內向革命-心靈導師A.H.阿瑪斯的心靈語錄	姜波	定價：280元
03	生死講座——與智者一起聊生死	姜波	定價：280元
04	圓滿人生不等待	姜波	定價：240元
05	看得開放得下——本煥長老最後的啓示	淨因	定價：300元
06	安頓身心--喚醒內心最美好的感覺	麥克羅	定價：280元
07	捨不得 捨得是一種用金錢買不到的獲得	檸檬公爵	定價：260元
08	放不開--你爲什麼不想放過自己？	檸檬公爵	定價：260元

典藏中國：

01	三國志--限量精裝版	秦漢唐	定價：199元
02	三十六計--限量精裝版	秦漢唐	定價：199元
03	資治通鑑的故事--限量精裝版	秦漢唐	定價：249元
04-1	史記的故事	秦漢唐	定價：250元
05	大話孫子兵法--中國第一智慧書	黃樸民	定價：249元
06	速讀二十四史--上下	汪高鑫李傳印	定價：720元
08	速讀資治通鑑	汪高鑫李傳印	定價：380元
09	速讀中國古代文學名著	汪龍麟主編	定價：450元
10	速讀世界文學名著	楊坤　主編	定價：380元
11	易經的人生64個感悟	魯衛賓	定價：280元
12	心經心得	曾琦雲	定價：280元
13	淺讀《金剛經》	夏春芬	定價：210元
14	讀《三國演義》悟人生大智慧	王　峰	定價：240元
15	生命的箴言《菜根譚》	秦漢唐	定價：168元
16	讀孔孟老莊悟人生智慧	張永生	定價：220元

17	厚黑學全集【壹】絕處逢生	李宗吾	定價：300元
18	厚黑學全集【貳】舌燦蓮花	李宗吾	定價：300元
19	論語的人生64個感悟	馮麗莎	定價：280元
20	老子的人生64個感悟	馮麗莎	定價：280元
21	讀墨學法家悟人生智慧	張永生	定價：220元
22	左傳的故事	秦漢唐	定價：240元
23	歷代經典絕句三百首	張曉清 張笑吟	定價：260元
24	商用生活版《現代36計》	耿文國	定價：240元
25	禪話•禪音•禪心禪宗經典智慧故事全集	李偉楠	定價：280元
26	老子看破沒有說破的智慧	麥迪	定價：320元
27	莊子看破沒有說破的智慧	吳金衛	定價：320元
28	菜根譚看破沒有說破的智慧	吳金衛	定價：320元
29	孫子看破沒有說破的智慧	吳金衛	定價：320元
30	小沙彌說解《心經》	禾慧居士	定價：250元
31	每天讀點《道德經》	王福振	定價：320元
32	推背圖和燒餅歌裡的歷史	邢群麟	定價：360元
33	易經：現代生活的智慧	孫三寶	定價：280元
34	《傳習錄》白話本	姜波	定價：330元
35	《史記》故事導讀	姜波	定價：340元
36	《資治通鑑》故事導讀	姜波	定價：300元
37	厚黑學全集【參】厚黑心術	李宗吾	定價：300元
38	《碧巖錄》中的100大智慧	于水音	定價：280元
39	入骨相思知不知一醉倒在中國古代情詩裡	維小詞	定價：300元
40	厚黑學全集【肆】厚黑之道	李宗吾	定價：300元
41	一本書讀懂戰國史	秦漢唐	定價：420元
42	厚黑學全集【伍】厚黑妙法	李宗吾	定價：300元

經典中的感悟

01	莊子的人生64個感悟	秦漢唐	定價：280元
02	孫子的人生64個感悟	秦漢唐	定價：280元
03	三國演義的人生64個感悟	秦漢唐	定價：280元
04	菜根譚的人生88個感悟	秦漢唐	定價：280元
05	心經的人生88個感悟	魯衛賓	定價：280元
06	論語的人生64個感悟	馮麗莎	定價：280元

07	老子的人生64個感悟	馮麗莎	定價：280元
05	易經的人生64個感悟	魯衛賓	定價：280元

人物中國：

01	解密商豪胡雪巖《五字商訓》	侯書森	定價：220元
02	睜眼看曹操-雙面曹操的陰陽謀略	長　浩	定價：220元
03	第一大貪官-和珅傳奇（精裝）	王輝盛珂	定價：249元
04	撼動歷史的女中豪傑	秦漢唐	定價：220元
05	睜眼看慈禧	李　傲	定價：240元
06	睜眼看雍正	李　傲	定價：240元
07	睜眼看秦皇	李　傲	定價：240元
08	風流倜儻-蘇東坡	門冀華	定價：200元
09	機智詼諧大學士-紀曉嵐	郭力行	定價：200元
10	貞觀之治-唐太宗之王者之道	黃錦波	定價：220元
11	傾聽大師李叔同	梁　靜	定價：240元
12	品中國古代帥哥	頤　程	定價：240元
13	禪讓--中國歷史上的一種權力遊戲	張　程	定價：240元
14	商賈豪俠胡雪巖（精裝）	秦漢唐	定價：169元
15	歷代后妃宮闈傳奇	秦漢唐	定價：260元
16	歷代后妃權力之爭	秦漢唐	定價：220元
17	大明叛降吳三桂	鳳　娟	定價：220元
18	鐵膽英雄一趙子龍	戴宗立	定價：260元
19	一代天驕成吉思汗	郝鳳娟	定價：230元
20	弘一大師李叔同的後半生-精裝	王湜華	定價：450元
21	末代皇帝溥儀與我	李淑賢口述	定價：280元
22	品關羽	東方誠明	定價：260元
23	明朝一哥　王陽明	呂　崢	定價：280元
24	季羨林的世紀人生	李　琴	定價：260元
25	民國十大奇女子的美麗與哀愁	蕭素均	定價：260元
26	這個宰相不簡單--張居正	逸　鳴	定價：260元
27	六世達賴喇嘛倉央嘉措的情與詩	任倬灝	定價：260元
28	曾國藩經世101智慧	吳金衛	定價：280元
29	魏晉原來是這麼瘋狂	姚勝祥	定價：280元
30	王陽明悟人生大智慧	秦漢唐	定價：280元

31	不同於戲裡說的雍正皇帝	秦漢唐	定價：240元
32	不同於戲裡說的慈禧太后	秦漢唐	定價：240元
33	~~不同於戲裡說的一代女皇武則天~~	~~秦漢唐~~	~~定價：240元~~
34	後宮女人心計	秦漢唐	定價：220元
35	心學大師王陽明	秦漢唐	定價：200元
36	大明帝王師：劉伯溫	秦漢唐	定價：320元

三國文學館

01	三國之五虎上將 關雲長	東方誠明	定價：260元
02	三國志人物故事集	秦漢唐	定價：260元
03	三國之鐵膽英雄　趙子龍	戴宗立	定價：260元

中國四大美女新傳

01	壹 沉魚篇--西施	張雲風	定價：260元
02	貳 落雁篇--王昭君	張雲風	定價：260元
03	參 閉月篇--貂蟬	張雲風	定價：260元
04	肆 羞花篇--楊貴妃	張雲風	定價：260元

智慧中國

01	莊子的智慧	葉　舟	定價：240元
01-1	莊子的智慧-軟皮精裝版	葉　舟	定價：280元
02	老子的智慧	葉　舟	定價：240元
02-1	老子的智慧-軟皮精裝版	葉　舟	定價：280元
03	易經的智慧	葉　舟	定價：240元
03-1	易經的智慧-軟皮精裝版	葉　舟	定價：280元
04	論語的智慧	葉　舟	定價：240元
04-1	論語的智慧-軟皮精裝版	葉　舟	定價：280元
05	佛經的智慧	葉　舟	定價：240元
06	法家的智慧	張　易	定價：240元
07	兵家的智慧	葉　舟	定價：240元
08	帝王的智慧	葉　舟	定價：240元
09	百喻經的智慧	魏晉風	定價：240元
10	道家的智慧	張　易	定價：240元
10-1	道家的智慧-軟皮精裝版	張　易	定價：280元

11	菜根譚大智慧	魏晉風	定價：280元
12	心經的智慧	何躍青	定價：240元

心理學大師講座

01	北大教授講解脫之道	葉　舟	定價：240元
02	北大教授講包容之道	葉　舟	定價：240元
03	北大教授給的24項人緣法則	葉　舟	定價：240元
04	北大教授給的28項快樂法則	葉　舟	定價：240元

商海巨擘

01	台灣首富郭台銘生意經	穆志濱	定價：280元
02	投資大師巴菲特生意經	王寶瑩	定價：280元
03	企業教父柳傳志生意經	王福振	定價：280元
04	華人首富李嘉誠生意經	禾　田	定價：280元
05	贏在中國李開復生意經	喬政輝	定價：280元
06	阿里巴巴馬　雲生意經	林雪花	定價：280元
07	海爾巨人張瑞敏生意經	田　文	定價：280元
08	中國地產大鱷潘石屹生意經	王寶瑩	定價：280元

歷史中國

01	大清的崛起	任吉東	定價：240元
02	大明的崛起	沈一民	定價：240元

中華經世方略

01	權商合璧--呂不韋投機方略	秦漢唐	定價：230元
02	武霸天下--秦始皇創業方略	秦漢唐	定價：230元
03	亂世奸雄--曹操造勢方略	秦漢唐	定價：230元
04	楚漢爭霸--劉邦用人方略	秦漢唐	定價：230元
05	貞觀盛世--李世民創世方略	秦漢唐	定價：230元
06	紅顏至尊--武則天統馭方略	秦漢唐	定價：230元
07	鐵血建軍--朱元璋成事方略	秦漢唐	定價：230元
08	外柔內剛--雍正隱忍方略	秦漢唐	定價：230元
09	內聖外王--曾國藩用世方略	秦漢唐	定價：230元
10	紅頂商人--胡雪巖經商方略	秦漢唐	定價：230元

國家圖書館出版品預行編目資料

厚黑學全集.伍.厚黑妙法 / 李宗吾 作--
一版. -- 臺北市：廣達文化, 2014.4
面 ; 公分. -- （典藏中國：42）（文經閣）
ISBN 978-957-713-546-9(平裝)
1.應用心理學 2.成功法

177　　103004298

書山有路勤為徑
學海無涯苦作舟

厚黑學全集【伍】厚黑妙法

作　者：李宗吾
叢書別：典藏中國：42
出版者：廣達文化事業有限公司

文經閣企畫出版
Quanta Association Cultural Enterprises Co. Ltd
編輯執行總監：秦漢唐

編輯所：臺北市信義區中坡南路 287 號 5 樓
通訊：南港福德郵政 7-49 號
電話：27283588　傳真：27264126

E-mail：siraviko@seed.net.tw
www.quantabooks.com.tw

製　版：卡樂製版有限公司
印　刷：大裕印刷排版公司
裝　訂：秉成裝訂有限公司

代理行銷：創智文化有限公司
23674 新北市土城區忠承路 89 號 6 樓
電話：02-2268-3489　傳真：02-2269-6560

CVS 代理：美璟文化有限公司
電話：02-27239968　傳真：27239668

版　刷：2014 年 4 月
定 價：300 元

書山有路勤為徑
學海無涯苦作舟

書山有路勤為徑
學海無涯苦作舟